中国劳动关系学院公共管理 MPA 教材
中国劳动关系学院"十三五"规划教材

应急决策理论与方法

任国友　主编

北京大学出版社
PEKING UNIVERSITY PRESS

内容简介

本书主要介绍应急决策的基本理论和基本分析方法,并对应急决策案例分析技能做了一定的阐述。目的是通过该门课程的学习,掌握应急决策的基础知识和基本分析方法。本书共分 5 章,具体内容包括:现代决策论基础、应急决策理论、应急决策方法、应急决策系统和应急决策案例研究及实例。本书采用导入案例的编写方式,知识讲解由浅入深、通俗易懂,以如何进行正确的应急决策为主线,系统阐述了公共危机状态下应急决策的内在机理、方法步骤以及技术规范,建立了完整的应急决策理论框架,提出了具体的应急决策方法。同时充分考虑国内应急管理工作改革及"互联网+"教材大背景,对于核心知识点提供相应的二维码资源,突出了应急决策的理论性与实践性,同时给广大读者选用本书预留一定的空间。

本书可作为高等院校 MPA(公共管理硕士)专业学生的教材,也可供应急技术与管理、应急管理、安全工程本科专业学生使用,还可供各级政府公共管理、应急管理部门从业人员和自学人员及相关专业的教师参考。

图书在版编目(CIP)数据

应急决策理论与方法/任国友主编. —北京: 北京大学出版社,2020.8
ISBN 978-7-301-31443-2

Ⅰ. ①应… Ⅱ. ①任… Ⅲ. ①突发事件—应争对策—高等学校—教材 Ⅳ. ①D035.34

中国版本图书馆 CIP 数据核字 (2020) 第 127135 号

书 名	应急决策理论与方法 YINGJI JUECE LILUN YU FANGFA
著作责任者	任国友 主编
策划编辑	罗丽丽
责任编辑	罗丽丽
数字编辑	金常伟
标准书号	ISBN 978-7-301-31443-2
出版发行	北京大学出版社
地 址	北京市海淀区成府路 205 号 100871
网 址	http://www.pup.cn 新浪微博:@北京大学出版社
电子邮箱	编辑部 pup6@pup.cn 总编室 zpup@pup.cn
电 话	邮购部 010-62752015 发行部 010-62750672 编辑部 010-62750667
印刷者	北京虎彩文化传播有限公司
经销者	新华书店
	787 毫米×1092 毫米 16 开本 12 印张 288 千字 2020 年 8 月第 1 版 2024 年 7 月第 5 次印刷
定 价	39.00 元

未经许可,不得以任何方式复制或抄袭本书之部分或全部内容。
版权所有,侵权必究
举报电话:010-62752024 电子邮箱:fd@pup.cn
图书如有印装质量问题,请与出版部联系,电话:010-62756370

前　言

2017年10月18日，习近平总书记在党的十九大报告中，首次明确提出："经过长期努力，中国特色社会主义进入了新时代，这是我国发展新的历史方位。"这是对我们党和国家所处新的历史方位做出的科学判断和战略性决策。

当前，中国正处在机遇与风险并存的时期，务必重视从源头上防范化解重大安全风险，真正把问题解决在萌芽之时、成灾之前，切实推动公共安全治理模式向事前预防转型。党的二十大报告提出，"坚持安全第一、预防为主，建立大安全大应急框架，完善公共安全体系，推动公共安全治理模式向事前预防转型"。当前，在风险社会的背景下，社会的急速变化加上各种自然灾害与人为事故纠结在一起，公共危机问题被迅速集中和放大，蕴含着各类不可忽视的风险。能源安全、环境安全、生态安全、金融安全、网络安全、信息安全、卫生安全、文化安全等涉及社会生活的多个领域，具有隐蔽性、危险性、突发性和非确定性的特点。这些风险是当代发展中国家走现代化、城市化荆棘之路的共性，也是正处于追赶型、跨越式发展的中国社会不得不面对与思考的问题。21世纪以来，各种自然灾害、事故灾难、公共卫生事件、社会安全事件等频频发生，往往使国家遭受重大损失。研究社会转型期各类重大的突发公共事件和社会经济风险，以及自然条件状态下的各种自然灾害和次生灾害所带来的应急管理问题，提高突发公共事件决策能力成为政府不可回避且亟待解决的现实课题。

公共危机与突发事件已成为构建和谐社会和可持续发展的重要隐患，如何妥善预防和处理危机越来越受到社会各界的高度重视。2006年1月，国务院公布《国家突发公共事件总体应急预案》；2007年8月，全国人民代表大会常务委员会通过了《中华人民共和国突发事件应对法》（简称《突发事件应对法》），标志着从战略上应对公共危机已被提升至国家高度。2018年，中华人民共和国应急管理部设立，中央进一步明确提出，要建立健全社会预警体系，提高保障公共安全和处置突发事件的能力。2019年10月31日，中国共产党第十九届中央委员会第四次全体会议通过《中共中央关于坚持和完善中国特色社会主义制度　推进国家治理体系和治理能力现代化若干重大问题的决定》（以下简称《决定》）提出，必须加强和创新社会治理，完善党委领导、政府负责、民主协商、社会协同、公众参与、法治保障、科技支撑的社会治理体系，建设人人有责、人人尽责、人人享有的社会治理共同体，确保人民安居乐业、社会安定有序，建设更高水平的平安中国。2019年11月30日，习近平在中央政治局第十九次集体学习时强调，要充分发挥我国应急管理体系特色和优势，积极推进我国应急管理体系和能力现代化。当前，我国改革发展正处在关键时期，并且我国人均国内生产总值突破1000美元，跨上了一个重要台阶。一些国家和地区的发展历程表明，在人均国内生产总值从1000美元到3000美元这个时期，往往受着人口、资源、环境、效率和公平等各种社会因素的制约，形成一些不稳定的情况。这个时期，公共危机已由非常态变为常态、由偶发变为多发，及时有效地处理危机事件，已成为各级领导干部不可回避的重大问题。提升公共危机的防范和应对能力，是对领导干部能否驾驭复杂局面的最好考量，而应急决策始终是危机管理的核心，它直接关系着危机处置的成败。因此，在我国当今这个特殊的发展阶段，提高领导干部的应急决策水平十分紧要。

应急决策理论与方法既是理论上的一个新的研究领域，也是实践中的一个重大的现实课题。本书在理论与实践结合的基础上对突发事件应急决策的相关问题做了很好的阐述。本书以公共危机状态下的应急决策系统为研究对象，以构建科学合理的应急决策系统为主线，系统地探讨了公共危机状态下应急决策的内在机理、方法步骤以及技术规范，建立了完整的应急决策理论框架并提出了具体的决策方法。

全书共分5章，各章主要内容如下。

第1章　现代决策论基础。本章主要介绍了理性决策、有限理性决策、渐进决策和混合扫描决策等4种现代西方决策模式，以及中国特色的决策文化与路径；分析了从常规决策到应急决策的理论演进过程，探讨了应急决策分析范式及应急决策分析流程。

第2章　应急决策理论。本章从法制视角分析了应急决策责任分析模型；从信息视角分析了应急决策本土化解释模型，进而介绍中国本土化的应急决策理论。

第3章　应急决策方法。本章从定性和定量两个方面，客观分析应急决策方法。

第4章　应急决策系统。本章主要介绍了应急决策系统及实践应用。

第5章　应急决策案例研究及实例。本章主要介绍了案例教学理论及应急决策案例研究。

本书的部分内容为中国劳动关系学院2020年研究生教育教学改革立项项目"公共安全管理专业主文献建设与完善"（YJG2002）和2020年教育部教育教学改革专项项目-特色项目-学科带头人工作室建设项目（JYJG202031）的阶段研究成果。

对应急决策理论与方法的探索刚刚起步，其中相关的内容问题很多，本书的编写只是应急决策理论与实践的初步总结，难免存在误漏、不当之处，敬请读者多提宝贵意见。特别感谢北京大学出版社罗丽丽编辑的辛勤付出。

最后，感谢每一位《应急决策理论与方法》的读者，如果你们在阅读过程中发现任何不妥或需要改进之处，欢迎与我联系，以便通过大家的共同努力，不断完善教材内容。

我的 E-mail：renguoyou@culr.edu.cn

任国友
于北京中关村

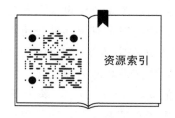

目 录

第1章 现代决策论基础 ... 1
1.1 现代西方决策模式 ... 2
1.2 中国特色的决策文化与途径 ... 8
1.3 决策要素及应急决策分析流程 ... 11
本章小结 ... 24
关键术语 ... 24
案例思考与讨论 ... 25

第2章 应急决策理论 ... 27
2.1 基于法制的应急决策责任分析模型 ... 28
2.2 基于信息的应急决策本土化解释模型 ... 52
本章小结 ... 83
关键术语 ... 84
案例思考与讨论 ... 84

第3章 应急决策方法 ... 87
3.1 应急决策定性分析方法 ... 88
3.2 应急决策定量分析方法 ... 101
本章小结 ... 122
关键术语 ... 122
案例思考与讨论 ... 122

第4章 应急决策系统 ... 125
4.1 应急决策系统及其构成 ... 126
4.2 地铁突发事件应急决策系统应用实例 ... 130
本章小结 ... 134
关键术语 ... 134
案例思考与讨论 ... 135

第5章 应急决策案例研究及实例 ... 139
5.1 应急决策案例研究 ... 140

  5.2 应急决策研究实例 ·· 147
  本章小结 ··· 158
  关键术语 ··· 158
  案例思考与讨论 ·· 158

附录 ·· 160
  附录1 Y市H校致学生家长公开信 ·· 160
  附录2 Y市H校学生家长信访处理情况 ·· 162
  附录3 中华人民共和国突发事件应对法（2007） ······························· 165
  附录4 生产安全事故应急预案管理办法（2019修正） ························ 177

参考文献 ·· 185

第1章

现代决策论基础

教学目标

通过本章学习，了解决策、决策要素、决策模式的含义，应急决策流程与基本原理；掌握现代西方决策模式、中国特色的决策文化观和应急决策分析流程。

教学要求

知识要点	能力要求	相关知识
现代西方决策模式	能够结合实际背景判断研究对象的理性决策模式、有限理性决策模式、渐进决策模式、混合扫描决策模式	理性决策模式、有限理性决策模式、渐进决策模式、混合扫描决策模式
中国特色的决策文化与路径	能够结合中国传统决策文化与路径科学认识判断研究对象的决策途径	传统决策文化观、民主-集中的决策途径、群众路线的决策途径、两两结合的决策途径、"摸石过河"的决策途径
决策要素及应急决策分析流程	能够结合实际背景判断研究对象的决策要素与决策流程	决策的定义、决策的要素、应急决策分析范式、应急决策分析流程

现代决策理论是现代西方管理理论中的一种重要理论，它是在第二次世界大战以后吸收了行为科学、系统理论、运筹学和计算机科学等学科内容的基础上发展起来的。目前现代决策理论的影响广泛，已成为一个管理理论分支。这标志着现代决策理论成为管理理论的一个重要组成部分。在现代西方的决策

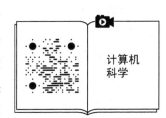

计算机科学

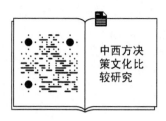

理论中存在多种理论模式,这些理论模式都是从不同的角度对人类决策行为规律性的概括,虽然每一种理论模式难免存在片面性,但它们都有其合理之处。研究这些不同的理论模式,对于我们探讨应急决策的规律性具有重要的参考价值。

1.1　现代西方决策模式

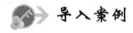 导入案例

加勒比海危机

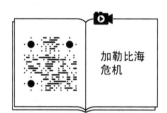

1962年10月,刚刚上任不久的美国总统肯尼迪面临一个巨大的难题:加勒比海危机。此事源于1961年4月的一天凌晨,美国军舰载着千余人的军队入侵古巴海岸的猪湾海滩。然而令美国没有想到的是,这支军队很快被古巴军队全歼,让美国政府脸面丢尽。在此种情况下,肯尼迪总统下令与古巴断交,并对古巴实行经济封锁。美国与古巴关系的紧张,促使古巴进一步靠近苏联。1962年10月,盘旋在古巴上空的美国U-2型高空侦察机很快发现:苏联正在部署导弹及可携带核炸弹的重型轰炸机。这就是所谓的加勒比海危机。如何解决这一危机?美国政府邀请了各路高级智囊团,就如何实现这一目标的具体方案进行了多方反复研究。决策参与者们各自从不同的角度提出了解决这一危机的具体方案,归纳起来主要有以下六个:一是置若罔闻;二是施加外交压力;三是通过各种渠道同当时古巴领导人卡斯特罗谈判;四是全面入侵;五是空袭摧毁导弹基地;六是采取间接军事行动——封锁海面。美国政府经过研究,决定实行第六个方案,即采取间接军事行动,出兵封锁了加勒比海海面。面对强国,苏联也不得不考虑由此可能引起的严重后果。因此,不出美国政府所料,苏联撤走了已经部署好了的导弹和重型轰炸机,从而使美国政府从加勒比海危机中解脱出来,肯尼迪终于松了一口气。

资料来源:胡象明. 公共部门决策的理论与方法 [M]. 3版. 北京:高等教育出版社,2016.

思考问题:

1. 在上述案例中,从美国政府解决加勒比海危机决策的过程来看,美国政府的决策过程有什么特点?

2. 如何对个人或组织的决策行为进行理论上的概括?

现代西方决策模式是决策理论的一个重要组成部分，它随着决策理论的发展而发展，基本理论模式主要有理性决策模式、有限理性决策模式、渐进决策模式和混合扫描决策模式。

1.1.1 理性决策模式

1. 模式渊源及其内涵

理性决策模式（Rational Decision-making Model，RDMM），通常也称为科学决策模式。就其思想渊源而言，可以追溯到古典经济学和管理学理论。主要代表人物有英国学者边沁（Bentham）、美国学者泰勒（Taylor）。该理论最大的贡献是提出了有关人类行为决策的一个绝对标准，即人们在决策时所遵循的是最大化原则。这就是谋求最大效益，在经济领域则是求得最大利润；在抉择方案时则是进行最优选择，即从诸多方案中选择最优方案。

构成理性决策模式的六个要点如下。

（1）发现问题。决策者之所以要进行决策，首先是因为在实际的管理过程中发现的问题，需要对这个问题加以解决。

（2）提出目标。理性决策模式理论假设作为决策主体的人是完全理性的，他根据自己的目的或价值观，针对已发现的问题提出解决问题的目标，并将这些目标进行排列或组合。

（3）设计方案。决策者将所有可能解决问题的方案全部列举出来，以备选择和使用。

（4）预测后果。决策者运用一系列的科学方法对每一个决策方案进行评估，预测执行该方案后所达到的结果及其可能带来的新问题。

（5）分析比较。决策者将各个方案进行对比，在比较的基础上列出先后顺序。

（6）选择最优方案。决策者在对各个方案进行比较分析后，选取其中一个预期效果与目标最为一致的方案作为决策的最佳方案。

在上述六个要点中，作为决策者的人始终是理性的，每一步都是理性的活动，不存在任何非理性的成分，整个决策过程都是理性化的。

2. 模式特点

从理想的角度而言，这一模式确实是一个非常科学化的模式。但是，决策活动是一项非常现实的活动，它受到很多现实因素的制约。因此，在实际的决策活动中，人们很难严格地遵从这一模式。因为理性决策模式在应用中必须满足以下五个条件：能够得到所需要的全部详细的决策信息；能够了解所有人的社会价值偏好及其所占的相对比重；能够寻找到所有的决策方案；能够准确地预测和正确地估计每个方案所产生的后果；能够选择最经济有效的决策方案。但是，在现实的决策活动中，几乎没有一项决策能够满足以上五个条件。由此可见，理性决策模式在现实的决策活动中陷入了困境。西蒙和林德布洛姆正是看到了理性决策模式的这一弱点，从批评理性决策模式出发，建立起了自己的决策理论模式。他们所提出的决策模式，与现实的决策实践更加接近，因而更具有实用性。当然，我们必须看到，理性决策模式是对经验决策模式的否定，是人类决策活动和决策理论发展史上的一场深刻革命，是决策科学化在理论上的一种初步反映。尽管它有不完善的地方，但它的出现仍然具有十分重要的意义。

1.1.2 有限理性决策模式

1. 模式渊源及其内涵

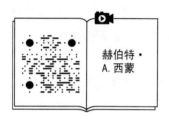

赫伯特·A. 西蒙（Herbert A. Simon）是美国的著名管理学家，也是著名的计算机科学和心理学教授。由于对经济组织内的决策程序进行了创造性的研究，曾于1978年获得诺贝尔经济学奖。他的决策理论在现代管理理论中占有重要地位。1960年前后，西蒙在纽约大学作了有关决策问题的一系列讲座。在这些讲座中，进一步发展了他自己的决策理论。在这些讲稿的基础上，他又出版了《管理决策新科学》一书。这本书对决策理论做了系统而又简明的阐述，是西蒙决策理论的代表作之一。至此，有限理性决策模式理论已基本形成，成为引人注目的一个管理学理论学派。

有限理性决策模式（Limited Rational Decision-making Model，LRDMM）理论主要包括以下几个方面。

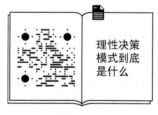

（1）决策的准则。西蒙认为，理性决策模式实际上是一种绝对的决策准则，所遵循的是一种最大化原则，所要求的是进行最优的选择。他认为这是不可能的。因此，他对这一准则进行了重大修正，提出了他的相对性准则，这就是著名的满意决策准则。满意决策准则认为，决策过程中不存在最优决策，而只有满意决策。所以西蒙的理论又被称为满意决策模式理论。所谓满意决策准则，就是在决策时，确定一套标准，用来说明什么是令人满意的最低限度的替代办法（即备用方案）。如果考虑中的替代办法满足了或者超过了所有这些标准，那么这个替代办法就是令人满意的。这就是说，可以选定这个方案，并执行这个方案。西蒙还指出，按照满意的行为准则进行选择时，有时行为选择的标准本身也可以加以变动，不像封闭决策模式那样，是一成不变的。在按照原定标准寻找不到令人满意的任何选择办法时，就有必要考虑改变原定的标准。

（2）决策的程序。西蒙认为，关于决策一词的含义，不应仅从狭义上去理解，应该从更加广泛的意义上去理解。决策不仅仅是最后时刻的事情，它应该包括整个决策过程。这个过程包括四个主要阶段：第一阶段找出制定决策的理由；第二阶段找到可能的决策方案；第三阶段在诸行动方案中进行抉择；第四阶段对已进行的抉择进行评价。西蒙把第一阶段称为"情报活动"；第二阶段称为"设计活动"；第三阶段称为"抉择活动"；第四阶段称为"审查活动"，有时也把这一阶段称为执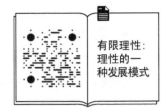
行决策任务的阶段。虽然这四个阶段缺一不可，但是对于一个好的管理者来说，这四个阶段并不是完全相同的。其中，关键的是前两个阶段，后两个阶段则次之。以上四个阶段的划分，只是一般意义上而言。西蒙认为，在实际的决策活动中，诸阶段是交织的。一般说来，"情报活动"先于"设计活动"，"设计活动"又先于"抉择活动"。然而阶段循环所提示的序列要复杂得多，制定某一特定决策的每个阶段，其本身就是一个复杂的决策制定过程。

（3）决策过程中的冲突及其解决方式。决策过程并不是一帆风顺的，其间不可避免地要发生冲突。所谓冲突，就是指决策的标准机制发生故障，以致个人或群体在选择行动的替代办法方面遭到了挫折。西蒙认为，决策过程的冲突来自三个方面。第一，就管理工作来说，主要是人力、物力和财力的合理分配和使用，因而有必要进行联合决策。没有这些联合决策，就必然会给决策过程带来冲突。第二，个人对实际的了解的不同，也是产生冲突的一个原因。西蒙认为，由于每个人在认识上的差别，必然给决策过程带来冲突，认识的差别影响冲突的程度。第三，组织成员目标的不同，是引起组织冲突的另一个原因。管理者往往通过与员工订立雇佣合同，暗示员工要执行组织目标，通过实行奖励制度，解决由于个人目标的不同带来的问题。

2. 理论贡献

瑞典皇家科学院在授予西蒙诺贝尔经济学奖时，对西蒙的决策理论给予了高度的评价，指出西蒙对经济组织内的决策程序进行了开创性的研究，他的理论大部分是现代企业经济学和管理学研究的基础。西蒙的决策理论贡献主要表现在以下三方面。

① 把管理中的决策这一重要环节突出出来，并提出了一套系统的决策理论，开创了管理理论发展的新时代。

② 西蒙一改过去对管理进行静态研究的研究方法，提出要对决策过程作动态的考察，这是管理理论研究方法上的一次重大变革。

③ 西蒙用"满意准则"代替"最优准则"，强调其实用性，从而使决策理论与决策实践更加接近。

当然，西蒙的决策理论也不是尽善尽美的，也有缺点和不足。例如，他把整个管理过程看成决策过程，甚至认为管理就是决策，不免有点以偏概全。对于西蒙的决策理论，必须实事求是地评价。

1.1.3 渐进决策模式

1. 模式渊源及其内涵

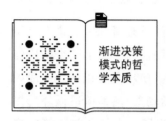

渐进决策模式(Incremental Decision-making Model，IDMM)是美国著名的政策科学家林德布洛姆（Lindblom）提出来的，在美国的政治学界和公共管理学界颇具影响力。林德布洛姆1917年3月生于美国加利福尼亚州，1945年获芝加哥大学哲学博士学位，先后担任过耶鲁大学政治学系主任、美国政治学会主席、美国比较经济学学会主席等职位，是美国公共政策制定过程中渐进主义的主要代表人物。

（1）渐进决策的基本原则。

① 按部就班的原则。在林德布洛姆看来，决策过程只是决策者基于过去的经验对现行决策稍加修改而已。渐进决策模式论者把决策过程当成一个按部就班的过程，注意到决策过程的连续性。在他们看来，渐进决策似乎是按部就班、修修补补、安于现状而没有大的作为，但实际上渐进决策是一种勇敢和足智多谋的表现。

② 积小变为大变的原则。渐进决策看上去似乎行动缓慢，但积小变为大变，其实际速度通常要大于一次大的变革。也就是说，渐进决策并不是不变革，而是要求这种变革要从现状出发，通过变化的逐层累积，最终达到实现根本变革的目的。

③ 稳中求变的原则。为什么决策过程需要按部就班和积小变为大变呢？其原因就在于要保证决策过程的稳定性，防止决策过程的大起大落。林德布洛姆认为，政策上大起大落的变化是不可取的，往往是"欲速则不达"，不仅会危及社会的稳定，还会对社会起到破坏作用，非但达不到决策的目的，而且与决策的原有的目的背道而驰。因此，在决策过程中，必须遵循稳中求变的原则，在保持稳定的前提下，在决策过程中通过一系列的小变而达到大变。

（2）推进渐进决策的原因。

林德布洛姆指出，在决策过程中推行渐进决策模式，或者说，渐进决策模式的提出，并不是主观臆造的，而是有其深刻的客观原因。他认为，决策与政策的制定必然地要受到政治、技术和现行计划的制约，而是这三者决定了决策必然成为一个渐进的过程。

2. 模式特点

渐进决策模式也是在批评理性决策模式的基础上提出的，无论从认识论的角度，还是从方法论的角度看，它都具有合理性的一面。渐进决策模式的特点在于以历史和现实的态度将决策的运行看成是一个前后衔接的不间断的过程，这是符合唯物辩证法的。但是，渐进决策模式理论也具有自己的局限性，这主要表现在以下两个方面。

① 保守性。一般说来，渐进决策模式比较适宜于安稳和变动不大的环境，以及从总体上说是比较好的现行政策。但是当社会条件和环境发生巨变，需要对以往的政策加以彻底改变时，渐进决策模式论者所主张的修正和缓行就起不到它的作用，有时会对社会变革起阻碍作用。

② 片面性。渐进决策模式不应当作为唯一的、排斥其他模式的决策模式。忽视渐进决策模式运用的限制条件，把它夸大为普遍适用的模式，这就使林德布洛姆陷入了片面性的困境。

1.1.4 混合扫描决策模式

1. 模式渊源及其内涵

混合扫描决策模式（Mixed-scanning Decision-making Model，MSDMM），又译为综视决策模式，是由美国社会学家埃特兹奥尼（Etzioni）提出来的。基于对渐进决策理论的批评，埃特兹奥尼在决策方法和理论模式方面提出了他的看法。

理性决策方法与渐进决策方法虽然都有其不足之处，但也都有其合理之处。问题不在于这两种决策方法是否有用，而在于什么情况下使用它们。在某些情况下，运用理性决策方法是适用的。例如，我国三峡工程的决策、政府基建投资决策，有必要运用理性决策。在某些情况下，运用渐进决策方法是适用的。例如，我国高等教育收费改革的决策。而且，在相当一部分决策中，都不是单纯的理性决策方法和单纯的渐进决策方法所能解决问题的，只有把两者结合起来，才能顺利地做出决策。埃特兹奥尼把理性主义和渐进主义分别比作两种不同的摄像机，前者是一种对全部空间作穷尽一切细微观察的摄像机，这种摄像机的运用代价高昂；后者是一种只对熟悉地区进行大致观察的摄像机，其运用的代价较低但准确度不够。混合扫描决策模式则要求同时使用两种不同的摄像，既要对空间进行多角度的观察，又要对某些部位进行细微观察。两种摄像机的混合扫描，既能考察全面，又能考察重点，有利于综合考虑以便决策。

2. 模式特点

混合扫描决策模式的优点在于：它对决策的方法和过程进行了比较全面的考察，克服了理性决策模式与渐进决策模式各自存在的片面性，同时看到了二者的合理性，并力求把它们结合起来，对人类决策过程做出较为全面的解释，给人类的决策行为提供一种较为全面的指导思想。然而，这一理论模式也有不足之处，这就是在关于如何决策这一问题上，埃特兹奥尼除了指出要把理性决策方法与渐进决策方法结合起来外，他并未提出一种新的决策方法。

1.2 中国特色的决策文化与途径

导入案例

围 魏 救 赵

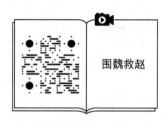

公元前354年,魏国军队围攻赵国都城邯郸,双方战守年余,赵衰魏疲。这时,齐国应赵国的求救,派田忌为将,孙膑为军师,率兵八万救赵。攻击方向选在哪里?起初,田忌准备直趋邯郸。孙膑认为,要解开纷乱的丝线,不能用手强拉硬扯,要排解别人打架,不能直接参与去打。派兵解围,要避实就虚,击中要害。他向田忌建议,现在魏国精锐部队都集中在赵国,内部空虚,我们如果带兵攻打魏国都城大梁(今河南开封),占据交通要道,袭击魏国空虚的地方,魏国必然放下赵国回师自救。田忌依计而行,魏军中计,在预先选好的作战地区桂陵(今山东菏泽东北或河南长垣西北)迎敌于归途,魏军大败,赵国之围遂解。

资料来源:胡象明. 公共部门决策的理论与方法 [M]. 3版. 北京:高等教育出版社,2016.

思考问题:

1. 在上述案例中,孙膑为什么提出放弃直接去救赵国而改为去进攻魏国的决策建议?
2. 这一案例体现了古代中国决策者的哪些决策智慧?

1.2.1 中国传统决策文化

1. 典型的传统决策文化观

中华民族在其发展的历史长河中,通过长期的积累,形成了自己独特的传统文化。中华优秀传统文化源远流长、博大精深,积淀着民族最深沉的精神追求,蕴含着民族最根本的思想基因,深藏着民族最丰富的道德资源,是中华民族的"根"和"魂"。2022年5月27日,习近平总书记在中共十九届中央政治局第三十九次集体学习时的讲话中指出,"中华优秀传统文化是中华文明的智慧结晶和精华所在,是中华民族的根和魂,是我们在世界文化激荡中站稳脚跟的根基"。在党的二十大报告中进一步指出,"以社会主义核心价值观为引领,发展社会主义先进文化,弘扬革命文化,传承中华优秀传统文化"。弘扬中华传

统文化是坚持中国特色社会主义文化发展道路,增强文化自信的需要,有利于提高我们的文化软实力,进一步丰富科学的决策理念。在中华民族的历史上,不但有成功的决策实例,而且有卓越的决策思想。《孙子兵法》是其中的典型代表。中国传统决策文化观是中华民族传统文化在决策观中的反映。中国人独特的决策行为模式与中国独特的决策文化密切相关。要理解当代中国人的决策行为,必然要以理解中国独特的决策文化为前提。从古至今,对中国人的决策行为影响最深的传统决策文化观念主要有:"中庸"决策观、"无为"决策观、"经验"决策观、"权谋"决策观和"知变"决策观。

(1) **以儒家学说为核心思想的"中庸"决策观。**

"中庸"决策观主张人们在决策过程中选择自己的行为目标和方案时应"适可而止",达到中等程度的要求和水平即可。虽然要摒弃"最坏",但不一定追求"最好","不偏不倚"的"中庸之道"就可视为选择决策行为的基本准则。从思想渊源而言,这种决策文化观念源于我国春秋战国时代产生的**儒家学说**。

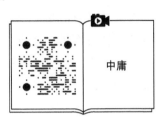

(2) **以道家学说为核心思想的"无为"决策观。**

"无为"决策观主张在决策过程中选择自己行为的目标与方案时不要向自己提出具体目标和方案,不要积极行动,不要追求"有所作为",而应顺其自然,"无所作为"。从思想渊源而言,这种决策文化观念源于春秋战国时代产生的**道家学说**。

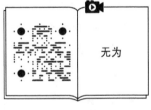

(3) **以墨家学说为核心思想的"经验"决策观。**

"经验"决策观认为决策人在对事物进行判断和在决策过程中对行为目标和方案进行选择时,主要应依据实际经验和行动效果进行。这里所讲的经验并非仅指个人所经历的狭隘的直接经验,还应该包括古人和其他人(尤其是老百姓)的经验,即间接经验。经验是决策的依据,也是判断决策正确与否的标准。从思想渊源而言,这种决策文化观念源于春秋战国时代产生的**墨家学说**。

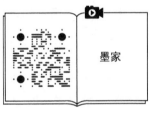

(4) **以法家学说为核心思想的"权谋"决策观。**

"权谋"决策观认为决策的制定和实施必须以一定的"权势"和"谋略"为前提。特别是对于"纯粹的"公共部门即政权组织的决策来说更是如此。对于政权组织的决策而言,决策者没有一定的"权势"作基础,不讲究一定的谋略,决策的目标就难以实现。从思想渊源而言,这种决策文化观念源于春秋战国时代产生的**法家学说**。

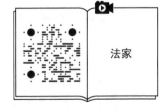

(5) **以《孙子兵法》为核心思想的"知变"决策观。**

"知变"决策观认为决策正确的关键在于决策者所知道的信息量的多少和信息是否准确,决策者能否正确地理解信息与处理信息并做出正确的判断和估计,以及决策者能否根据时间、地点、情势的变化而不断变换自己的策略和具体的方法或措施。"知变"决策观强调"知"（信息）和"变"（因时因地变换策略）对决策的重要性并主张把"知"和"变"在决策中统一起来，这种决策文化观念基于我国古代的战争决策理论，其中主要的代表作是**《孙子兵法》**。

2. 中国式决策的精髓

进入社会主义新时代的中国，党和政府多次结合世情国情制定了一系列重大的决策。在决策过程中，既有经验，也有教训。及时总结这些经验教训，将有利于我国实现决策的科学化和法治化。我国政府决策的指导思想，从根本上讲，是马克思主义、毛泽东思想、邓小平理论、"三个代表"重要思想、科学发展观和习近平新时代中国特色社会主义思想。具体而言，主要是**实事求是的思想路线**。按照实事求是的思想路线，在进行决策时，必须做到以下方面。

（1）从实际出发，以事实作为决策的前提。

决策是关于某一行为的一项事实，而任何行为都是有其特定对象的，并且这个对象又存在于与其他事物的关系之中。人们在处理、改造这个对象时，必须服从这个对象自身的规律，同时还要考虑到它与其周围事物的联系或关系，否则任何行为都不能达到它原有的目的。

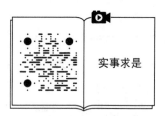
实事求是

（2）理论与实际相结合，做出既科学又符合实际的决策。

在进行决策时，一方面要有理论的指导，另一方面又必须把这种理论与当前的实际结合起来，前者是决策的科学性的根本要求，后者则是决策符合实际性的根本要求，只有把握了这两项根本要求，才能做出正确的决策。

（3）注意实际情况的不断变化，随实际情况的变化进行决策。

实际情况是不断变化的，我们在进行决策时，当实际情况发生了变化，我们的决策也应随之发生变化。否则，我们所做的决策，就可能是错误的。为了使我们的决策不致陷入错误的境地，在进行决策时，必须准确地把握客观实际的发展变化。

1.2.2 中国特色的决策途径

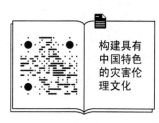
构建具有中国特色的灾害伦理文化

中国共产党在领导中国革命和社会主义建设、改革的实践中，总结出并遵循着一套正确的领导决策途径，这些决策途径直到今天仍然行之有效，具体包括以下方面。

1. 民主-集中的决策途径

民主-集中的决策途径即民主集中制的决策途径，最早是由列宁提出的。在我国，一般说来，民主集中制包括民主和集中两个方面，二者密切相关，缺一不可。

2. 群众路线的决策途径

群众路线的决策途径即从群众中来，到群众中去的决策途径，是中国共产党和人民政府在领导决策实践中总结出来的又一重要决策途径。

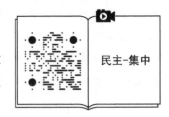

3. 两两结合的决策途径

两两结合的决策途径，是指一般号召与个别指导相结合，领导与群众相结合的决策途径。一般号召和个别指导相结合的根本内容是：从个别指导中形成一般意见（一般号召），又拿这一般意见到许多个别单位中去检验（不但自己这样做，而且告诉别人也这样做），然后集中新的经验（总结经验），做成新的指示去普遍地指导群众。领导与群众相结合的根本要求是充分发挥领导与群众两个方面在决策中的积极性。

4."摸石过河"的决策途径

"摸石过河"是一种形象的说法，它表示过河的人虽然有一个大致的行动目标，即到河的彼岸，但对于河的深浅和河底的复杂情况不熟悉，为了防止在过河过程中掉入河中被河水冲走，稳妥的办法是用脚摸着石头前行，即待一只脚在一个石头上踩稳，然后另一只脚再往前探索另一个石头……这样一步一步地往前走，直至走到河的对岸。从实践意义而言，"摸石过河"决策途径的提出为我国改革开放的重大决策找到了一条现实的决策途径。从理论意义而言，"摸石过河"决策途径的提出为中国特色的决策理论增添了重要的内容。

1.3 决策要素及应急决策分析流程

 导入案例

某市政府的常规决策

某市政府《关于进一步加快城镇化进程的决定》（简称《决定》）形成过程大致经过了以下四个阶段。

第一阶段：成立了由分管副市长为组长，市政府秘书长、分管副秘书长具体负责，市政府办公室、研究室、发改委、规划局、建设局等部门参加的起草小组。市委书记、市长多次听取起草小组的汇报，研究《决定》的基本思路、总体目标、相关政策、中心城市定

位和管理体制问题。市委常委会、市政府常务会先后就《决定》进行了认真讨论，为《决定》的起草、修改和完善指明了方向。

第二阶段：起草小组召开专题会议，确定了全市城镇化发展现状、发展目标和布局，加强城乡规划，完善城市基本功能，建立城镇经济体系，理顺城市管理体制，建立多元化投融资机制，解决城市低收入家庭住房困难，推进城镇户籍、就业、社会保障制度改革等调研课题，落实有关部门开展调查研究。市政协就中心城市管理体制问题，专程赴宝鸡、泸州、佛山、汕头等地考察学习，结合实际提出了很有价值的意见和建议。这些调研成果，为《决定》的起草提供了基础资料和有力支撑。

第三阶段：初稿形成后，多次召开座谈会，广泛征求了各县市区、各部门的意见和建议。并且，市政府专题听取市政协关于理顺城市管理体制的意见和建议。对各方面提出的意见，起草小组逐一认真研究，尽可能予以吸纳。

第四阶段：市委常委会、市政府常务会讨论并通过。

资料来源：胡象明．公共部门决策的理论与方法［M］．3版．北京：高等教育出版社，2016．

思考问题：

1. 常规决策与应急决策主体在决策过程中如何体现决策原则？
2. 针对案例，具体分析某市政府决策的主体行为。

应急决策是应急管理中的关键性环节，任何国家的政府都无法回避；在很大程度上，其考验着一国政府的治理结构和治理能力。因为突发事件应对不仅关系到政府形象，更关系到人民的生命财产安全和社会稳定。一方面，由于突发事件的公众关注度高、破坏性严重、社会影响巨大，对政府的应对效能和法治水平都提出了极高的要求；另一方面，由于突发事件的演化规律非常复杂，人类对于突发事件的发生、演变和可能的危害程度等都缺乏足够的认识。

1.3.1 从常规决策到应急决策的理论演进

1. 决策的定义、要素及分类

（1）决策定义。

决策一词最早出现在我国古籍《韩非子》中，解为做出决定。现代意义上的决策，通常认为源自英文中的"Decision Making"一词。根据美国学者亨利·艾伯斯（Henry Embers）的观点，决策有广义和狭义两种。后来，西蒙在其组织理论中，进一步强调了决策的重要地位，提出了"管理就是决策"的观点。周三多在其《管理学——原理与方法》一书中指出，决策是指管理

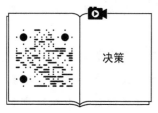
决策

者识别并解决问题以及利用机会的过程。综合来看，**所谓决策是指人们根据对客观规律的认识，为一定的行为确定目标、制订并选择行动方案的过程。**

（2）决策的要素。

无论何种决策，都包含决策最基本的构成要素。**决策的要素主要有：决策者、决策目标、决策理论与决策方法、决策备选方案、决策环境和决策结果。**

① 决策者。决策者在整个决策过程中起着至关重要的作用。对应群体决策与个人决策，决策者可以是一个群体或者是孤立的个人。在当今社会的决策活动中，大多数以群体为决策者。决策者水平的高低对决策的结果起着举足轻重的作用，所以决策者都应该具备较高的素质，不仅应具有决策学的知识，更重要的是应该具备应用知识创造性地解决问题的能力。在决策的整个过程中，决策者要善于激发全体成员的积极性，使其发挥各自的特长，进而使决策的结果达到最优。在现代决策分析的过程中，管理者更应该注意权力的下放。高度的集权已经无法满足现代决策分析的要求，只有适当地将权力下放给底层管理人员甚至员工，才能充分发挥成员的积极性。

② 决策目标。**决策目标，简单地说就是在一定外部环境和内部条件下，在市场调研的基础上预计将要达到的结果。**决策目标的明确与否直接影响到决策的优劣。只有目标明确了，才能根据目标制订各种可行方案，进而从方案中进行择优。也只有目标明确了，选择才会有所根据，行动才会有针对性；反之，则相反。所以在决策过程中，决策目标应该首先确定，目标应该明确、恰当、具有可检验性。此外，还应注意一个决策活动可能由不同的阶段、不同的部门参与，所以决策目标应该是多层次的，分为总目标和分目标。层层目标应该相互衔接，使决策更准确、更符合实际。

③ 决策理论与决策方法。在搜集到足够的信息后，需要选择合适的方法对信息进行加工处理。这些方法可能是一些基本的理论，也可能是一些数学模型。应用正确的方法对决策问题进行分析、归纳、推理，可以得到决策备选方案。

④ 决策备选方案。**在决策理论中，把只有一个方案而没有选择余地的情况称为"霍布森选择"。**"霍布森选择"困境是应该避免的，如果陷入"霍布森选择"的困境，就不可能发挥创造性。对于一个决策方案来说，首先应要求它是正确的，它可以实现决策目标，若不能实现决策目标，它就是错误的。所以，

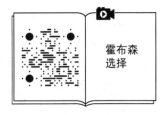

霍布森选择

决策目标是判断决策方案正确与否的决定性因素。同样是决策方案，又有优劣之分，有的方案在达到目标的过程中耗费低、效率高；而另一些方案则相反。因此还要进一步判断哪些方案是现有条件下的最优方案。

⑤ 决策环境。**决策环境是指决策活动及各种备选方案可能面临的自然状态或背景，即不以决策者意志为转移的客观条件，如天气状况、市场需求、政策影响等。**一个决策的正确与否，能否顺利实施，它的效果如何，不仅取决于决策本身，还取决于

决策所处的环境。现代企业决策中不应忽略一个重要的环境就是信息，信息的及时性、准确性直接影响着决策的准确性。决策分析就是决策者主观因素与决策环境两方面共同作用的结果。决策环境在决策活动中所起作用的大小，还要看决策活动对环境的依赖程度。决策活动本身对自然因素的依赖性强，则外界环境对决策的影响就显著。决策分析过程中要对决策环境的各种要素、变化规律及决策目标与环境之间的关系做出系统的分析评价。

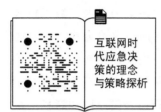

互联网时代应急决策的理念与策略探析

⑥ 决策结果。**决策结果是指一项决策实施后所产生的效果和影响，从表面上看，它是决策目标的另一种表现。**但它们也存在着不同之处，决策结果是对每一个备选方案的实施结果进行客观的预测和评价。如果对方案实施结果进行了错误的估计，就可能导致整个决策失败。对决策方案的评估，既需要对可能的结果进行科学评价，又需要对无法预料的突发事件建立合适的预警系统。

(3) 决策的分类。

决策的分类目前没有统一的标准，从不同的角度出发，可以得出不同的决策分类。本书中的决策分类主要包括几种。

① 依照决策的性质，决策分为**程序化决策和非程序化决策**。程序化决策也称结构化决策，是指那些常规的、已经形成相对固定的处理程序和处理模式的决策。非程序化决策是指超出了常规范畴，由于出现了新情况或新问题所做出的决策。

② 按决策的作用，决策分为**战略决策、战术决策和业务决策**。战略决策是指能对全局产生深远影响的决策，属于高层决策，决策后果具有相当的风险并影响深远。战术决策，其目的是实现战略决策的目标，在组织管理和资源配置方面所做出的相对具体的决策，属于中层决策，风险相对战略决策较低。业务决策属于基层决策，指有关日常业务工作的决策，不确定因素最少，决策风险也相对最低。

③ 按决策的对象和范围，决策分为**宏观决策和微观决策**。宏观决策通常是指对国民经济活动中的一些重大问题所做的决策，如产业结构、投资方向、技术开发、外贸形式、体制模式等。微观决策通常是指对某一基层单位或企业的发展问题所做的决策，如企业的产品发展方向、成本、价格和供销渠道等问题的决策。

④ 按决策的条件，决策可分为**确定型决策和非确定型决策**。确定型决策是指决策环境是已知的、确定的决策，如线性规划。非确定型决策是指决策的未来环境是未知的、不确定的，各种可行的决策方案是离散型的、有限的。**非确定型决策又分为风险型决策和不确定型决策。**风险型决策是指可供选择的方案中存在两种或两种以上的自然状态，但每种自然状态所发生概率的大小是可以估计的。决策环境不是完全确定的，每一种方案的结果也有多种可能。不确定型决策是指在可供选择的方案中存在两种或两种以上的自然状态，而且这些自然状态所发生的概率是无法估计的。

⑤ 按决策过程的连续性，决策分为**单项决策和序贯决策**。单项决策是指整个决策过程只作一次决策就得到结果的决策。序贯决策是指整个决策过程是由一系列决策组成的决策。

⑥ 按决策的程序与标准，决策可分为**常规决策与非常规决策**。常规决策是指经常发生的能够按规定的程序和标准进行的决策。非常规决策，是相对常规决策来说的，是指所要解决的是不易确定，错综复杂且前所未有的新问题的决策。这里所谓问题是指实际状况与应有状况之间的差异。应急决策是一种典型的非常规决策。

2. 应急决策的定义、类型

(1) 应急与紧急状况。

① 应急。**应急，即应对紧急**。急，指紧急状况。但"紧急"也是一个综合概念，是特定情境的集中体现。

② 紧急状况。紧急状况一般可分为以下类型。

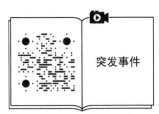
突发事件

a. 根据紧急的程度、对社会产生威胁或损害的严重程度，紧急状况可以分为**突发事件、紧急状态和危机**，其严重程度依次递增。

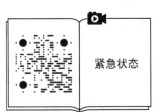
紧急状态

b. 结合实践的具体情况，根据其波及的领域，紧急状况可以分为**政治紧急状况、自然灾害紧急状况和经济紧急状况**。

c. 根据处在危机情境中的主体态度和倾向，紧急状况可以分为**一致型危机和冲突型危机**。一致型危机是指危机涉及的所有人的利益基本上是一致的，不存在强烈的冲突，所有人都会

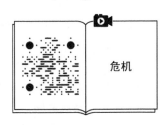
危机

携手共同应对，消除危机产生的不良影响。通常自然灾害、意外事故等都属于一致型危机。冲突型危机是指危机所涉及的人群中存在着利益不一致的两个或多个群体。战争、游行示威、群体骚乱等都属于冲突型危机。值得注意的是，二者的区分不是绝对的，这两种危机也存在相互交叉和相互转化的问题。

(2) 应急决策的定义。

在管理学中，应急决策也称危机决策，指组织（决策单位或个人）在有限的时间、资源、人力等约束条件下完成具体措施。在法学中，应急决策指在危急情境下，由有权主体在有限时间内做出的非程序性应对性选择。**在应急决策学中，应急决策是指立足于常规程序决策的基础之上，程序决策与非程序决策相结合的复合型决策。**

特别注意，应急决策应当是为了应对紧急情况的发生、发展而做出的应对性决策，而绝非仅仅指的是在紧急情况下所做出的决策。

(3) 应急决策与常规决策的区别。

与常规决策相比，突发事件应急决策在决策目标、决策背景、决策主体、决策约束条件、决策方法等多方面存在显著差异，详情见表1-1。

表 1-1 应急决策与常规决策对比

比较项目		常规决策	应急决策
决策目标		目标明确，相对稳定，相对单一	目标多样化，呈阶段动态性变化，考核相对较难
决策背景		常态环境下进行的规范化、程序化决策	紧急状况下进行的非程序化、快速决策
决策主体		常设的集体决策主体	高度集权的临时性决策主体
决策约束条件	时间	时间充足，从容决策	时间紧迫，即时决策
	信息	信息比较完全；经过详细的分析，可以获取较全面的信息	信息有限；不完整、不及时、不准确
	人力	丰富：经由日常的培训、训练、教育等措施，提高管理者的素质	缺乏：突发事件的现场管理者自身素质和专业技术往往严重缺乏
	技术	技术手段比较成熟，维护正常，能基本实现自动化	突发事件发生后，一般的专业技术设备往往受到破坏而失灵，需要一些特别设备或其他高精尖技术及设备
决策方法		正常状况下的常规决策方法	突发事件的预警、灾害控制、资源调用等都有独特的决策方法
决策程序		民主科学应对：遵循特定的例行程序和标准化的操作规程；决策权力分散，经过民主协商定夺最后方案	快速应对：决策权力高度集中，管理者主要依靠自己的智慧和胆略，审时度势，见机行事，同时也需要聘请相关专家介入
决策效果		追求最优化，不会偏离目标	追求满意结果，难以衡量预期和最终目标的一致性

3. 从常规决策到应急决策演进中的法律问题

（1）在实体上，可能会发生越权决策行为。

突发事件信息的获得，主要来源于处于突发事件应对一线的机关或个人，如果他们能够对事态直接做出判断和处理，无疑就是抓住了最有利于控制事态的良机。但是，根据我国法律和行政管理中的惯常做法，下级机关或个人做出重大决定时往往需要获得上级机关的批准。而在应急决策情形下，如果按照通常的规则将决策活动当作一般的行政公文来处理，从开始动议到最终做出决定无疑需要诸多程序，还可能因种种原因产生意外拖延。这种程序烦琐、效率低下的做法势必延误突发事件处置的最佳时机。反过来，如果应急决策由下级机关直接启动也存在诸多不利因素。由权限充分的上级机关做出应急决策的好处在于，这样做可以避免应急决策的合法性问题，也有利于实现统一的指挥与协调。这也是我国突发事件应对的传统模式——将事件交给更高级别的机关，下级机关需要做的就是及时报告信息，等待上级的指示并尽量予以执行，最终的法律和政治后果均由上级承担。

鉴于此，在许多情况下，直接处于突发事件应对一线的下级机关或个人出于要抓住最佳时机、有效控制事态蔓延的考虑，做出各种必需的应急决策，采取相关的应急措施，在现实中就是相当必要且可行的。但很显然，这种做法在现行法制框架界限下，出现适用合法性问题，需要承担法律责任。特别是在我国，根据《突发事件应对法》第48条"突发事件发生后，履行统一领导职责或者组织处置突发事件的人民政府应当针对其性质、特点和危害程度，立即组织有关部门，调动应急救援队伍和社会力量，依照本章的规定和有关法律、法规、规章的规定采取应急处置措施"的规定，应急处置措施应当由"履行统一领导职责或者组织处置突发事件的人民政府"采取，这种做法固然可以保证应急资源和权力的有效整合并实现政令统一，却很难满足下级机关对灵活处置权的实际需求。更为突出的问题是，《突发事件应对法》将县级人民政府确定为突发事件应对的主责机关，要求其对绝大多数突发事件承担应对职责，但在具体的权力配置上却仍然沿用了自上而下层层保留的纵向控制模式，从而造成县级政府应急权责倒挂的现象。在现实中，县级政府被赋予了最主要的应急管理责任，而一旦突发事件来临，有关重大事项的决策权却仍然在上级政府手中。在这种情况下，县级政府出于结果上的考虑，就难免会产生摆脱上级机关控制，自行做出应急决策的动力。因此，应急决策中种种越权现象的产生，在我国有着特殊的制度土壤。

（2）在程序上，可能发生集权决策或其他非程序化的行为。

在管理学上，应急决策被视为一种非程序化决策，应急决策的做出和实施都具有一定程度的非程序化特征。无论是内部程序还是外部程序，我国现行法制对行政决策的做出都有强制性的规定。从内部程序来看，民主集中制是我国的根本组织原则和决策制度。相应地，大量的政府决策需要具有法定权限的机关和官员做出；其中的重大决策还需要经过集体讨论，或者依法需要经过上级机关批准。在我国的行政法制中，存在大量的法定集体讨论程序或上级批准程序，有时候公开征求公众意见也是法定的必经环节之一，某些重大事项的决策甚至需要经过国家权力机关的认可方能有效。在外部程序上，即从行政系统与相对人的关系来看，我国行政法制中已经规定了大量的外部法定程序。例如，《中华人民共和国行政处罚法》（简称《行政处罚法》）、《中华人民共和国行政许可法》（简称《行政许可法》）等法律、法规规定需要依法举行听证的程序，不属于当场决定的情形而需要行政机关负责人批准的程序，不能口头做出决定而需要书面形式的程序，依法需要实行公务回避的程序。

在突发事件发生时，这些法定的程序性要求常常对及时、有效的应急处置构成障碍和羁绊，甚至由于突发事件的影响导致这些法定程序根本无法实施。例如，根据《中华人民共和国治安管理处罚法》（简称《治安管理处罚法》）第87条"公安机关对与违反治安管理行为有关的场所、物品、人身可以进行检查。检查时，人民警察不得少于二人，并应当出示工作证件和县级以上人民政府公安机关开具的检查证明文件。对确有必要立即进行检查的，人民警察经出示工作证件，可以当场检查，但检查公民住所应当出示县级以上人民政府公安机关开具的检查证明文件"的规定，在应急处置状态下，如有当场检查公民住所的必要，则常常会未经县级以上公安机关开具检查证明文件即先予检查。

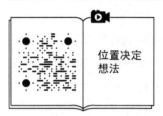

（3）在结果上，可能产生违法决策行为。

应急决策的时间极其有限，决策主体可能无法完全明了其应急处置权限，因此极有可能做出违法行为，不当地侵犯了私人利益，某些情况下对公共利益也构成了严重损害。更为重要的是，应急决策作为典型的风险型决策，是在极其有限的条件下做出的一种可能较优的选择，但很有可能不是最优的选择，因而决策实施的结果具有普遍的不确定性。即便应急处置机关根据其所能掌握的全部信息动用了依法可以动用的所有资源、充分应用了各种法律手段和行政手段，应急决策在事后仍然可能被证明是错误的，甚至导致严重的后果，乃至于直接导致危机事态的恶化。

可以发现，上述的种种情形之所以被我们认定为是"违法"的，完全是将其置于常态法制的原理、规则和程序下所得到的结论。那么，如何从根本上缓解这些应急决策行为的实质正当性与形式违法性之间的紧张关系呢？笔者认为，其根本解决思路是要站在实质法治的立场上，从应急管理实际需求的角度来评判应急决策行为的合法性，进而建构起一整套不同于常态法制的应急决策法律制度。为此，我们有必要重新澄清应急法的价值目标，据此准确地定位应急决策制度的功能。

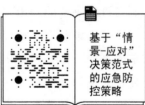

1.3.2 应急决策分析范式

1. 认知-心理分析范式

自20世纪70年代末以来，领导认知心理学开始逐渐兴起。领导认知心理学重点关注领导者的判断、知觉、智力、能力、经验等认知变量，认为这些变量决定着领导者与成员之间的关系及其工作绩效。认知-心理视角来源于决策中的认知模型与个人压力模型，以个体层次的人性因素为研究对象，侧重于关注人对决策问题的认识过程，认为认知能力和心理因素会直接影响决策者对问题的认知与界定，进而影响应急决策的质量与速度。其核心假定个体是应急决策的重要行为者，人是理性的行为体；然而，受到认知能力和环境的影响，人的理性又是有限的。

认知-心理视角本质上是对传统的理性决策模型的一种修正，其基本观点是，受认知能力局限和心理因素的影响，在信息不充分、高度紧张压力等外部环境下，个体在决策过程中往往并不是理性的统一体。认知-心理视角侧重于以个体和小团体决策行为为考察对象，认为各种认知心理因素会降低决策者的信息处理能力，并产生认知错误，尤其在监测和分析高度复杂的自然环境和社会环境时更是如此。

当然，认知-心理这种过度简化的分析视角也存在明显的局限性。第一，应急决策通常不是由一个人而是由一个决策团体做出的，决策者通常需要通过与其他成员的互动做出决策，而认知-心理视角并不研究人际关系。第二，从操作角度讲，决策者个人是所要观察的对象，紧急情况是引起紧张和压力的刺激，决策就是决策者对刺激的反应及其结果，认知-心理视角依赖于观察刺激作用于肌体后的反应方式，存在操作上的困难。第三，决策单位常常由具有不同官僚结构的小团体构成，政府是一个松散的结盟组织和聚合体，而认知-心理视角并不涉及中观和宏观层次的组织结构问题。

2. 官僚-组织分析范式

官僚-组织视角源于决策中的组织过程模型（尤其是其中的控制论模型）和官僚政治模型，主要分析决策单位内部关系的组织运作与政治过程对决策的影响，认为"位置决定立场"政府决策过程通常是集体活动而非个体活动的过程。官僚-组织视角主要是组织行为和政府政治（或官僚政治）相关研究成果在突发事件应急决策中的运用，认为官员在决策过程中的立场取决于其在政府官阶中的位置，位置不同会造成他们在许多问题上的立场和看法存在差异。其中，组织行为视角认为决策者不是单一的行为者，应急决策不是有目的的行为选择，而是由众多松散的组织之间根据不同的常规性标准作业程序（Standard Operating Procedure，SOP）操作的结果。一切决策实际上都是各种集团、组织在追求权力与利益的过程中进行竞争后达成妥协的产物，政府领导人只能起部分协调的作用。官僚-组织视角则强调不同的机构或人员具有不同的政策主张和利益诉求，政府的不同机构在突发事件应对过程中的争权夺利对决策者处理突发事件的政策结果会造成影响。应急决策最后的结果不取决于对问题的理性判断，也不取决于常规的组织程序，而取决于不同机构的能力及其讨价还价的技巧。

官僚-组织视角指出了影响应急决策、导致政策失效和增加决策者脆弱性的各种常见病理，如决策者趋利避害、驻足观望、固守己见、反应不足或过度、难以辨别有效信息与杂音、拖延、偏见地解读各种信息、各自为政以及无法协调沟通与信息不能共享等问题。因此，官僚-组织视角提倡的本质上是一种制度化的应急决策模式，它要求一个政府拥有良好的决策机制、决策人员、决策原则和决策程序。

3. 议程-政治分析范式

议程-政治视角关注应急决策过程中社会问题在从社会情景到进入政府议程这样一个

持续的动态演进过程中的表现特征、影响因素及其作用机理。它强调要对社会情境与行动者的相互约束及影响进行过程性分析。议程-政治视角侧重于分析哪些行为主体参与了问题界定和议程设定的过程，这些行为主体及其倡导联盟为什么以及在多大程度上能影响政策，特别是在推动或阻滞重大的政策转变时这些行为主体如何发挥作用。议程-政治视角侧重从议程设定过程及其作用机理的视角来刻画和解释应急，强调对决策过程中不同的行动主体及其拥护者、议程设定理论中越过"机会之窗"的政策倡导者、安全理论中推动安全议题的行动者、威胁政治学中的问题构建者，以及影响这些行动者的行为决策的环境进行分析。议程-政治视角指出了导致应急决策失效和决策者毫无防备的三种常见原因：决策者的议程负荷太重，核心行动者未能把问题摆上议程，不同的关键议程间相互冲突。

4. 现有分析范式的缺陷

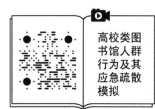

高校类图书馆人群行为及其应急疏散模拟

认知-心理、官僚-组织、议程-政治三个现有分析范式具有不同的分析单位、变量、方法论与学科基础，各自从不同的角度对应急决策进行范式分析。其中，认知-心理视角从微观角度，以个体为分析的核心，探讨个体的认知和心理因素与应急决策行为之间的关系，主要考察的是应急决策前的个体认知以及决策中的个体心理等的作用情况。组织-官僚与议程-政治两个视角脱离了以个体为分析单位的组织行为研究，转而强调从中观和宏观的"关系"层次，以组织为分析单位，强调组织因素对个体及组织行为的影响。其中，组织-官僚视角关注的是组织内控制（组织运作视角）和组织间关系（官僚政治视角）的影响，重点研究应急决策进入政府议程后的个体及组织的决策行为；议程-政治视角则关注组织在与其运行环境的互动中如何变化，重点研究在从社会问题到政府议程的时间段内个体、组织与环境的互动行为。

不过，这些视角在研究对象、研究范围、研究方法以及操作性等方面存在不足，导致其对应急决策的解释力和预测力受到限制。主要表现为：一是理论模型的概括性和适用性问题；二是研究对象的局限性问题；三是研究内容的单一性和静态性问题；四是国外经验的本土化移植问题。

本书主要结合基于法制的应急决策责任分析模型和基于信息的应急决策本土化解释模型进行科学决策范式分析。

1.3.3 应急决策分析流程

1. 应急决策的基本步骤

应急决策是非常规、非程序化的一次性快速决断，但它仍遵循决策的一般规律，只是在具体的操作程序上更加简捷、明快。应急决策的基本步骤如图 1.1 所示。

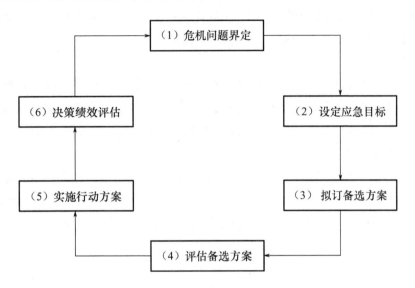

图 1.1 应急决策的基本步骤

（1）危机问题界定。

界定问题，往往涉及组织或群体的价值观和目标的潜在价值。明确这一问题在政治上、经济上、安全上和环境上的意义，是应急决策的前提和难点。这需要具体考虑以下两个方面。

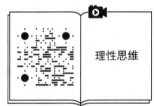

① 识别和限定问题，确定问题的深度和广度。如果把问题维持在组织能承受范围内则需付出多大的成本？或者转移会有什么结局？

② 对问题做出陈述，通过确立事实根据，详细说明问题存在的时间、地点及其影响范围。这时可采用简明扼要的**决策树工具（主要指决策树软件）**，对不确定的因素进行快速分析，寻求可能的最佳决策路径。先确认是否存在有效解决问题的重要约束条件，是否在认知上受限或时间、资源严重紧缺，当常规方法无效时应确认事件的性质和前景。

问题界定的基本步骤：思考这一问题；勾画出这个问题的边界，建立事实根据；列出目的和目标；弄清政策范围和界限；展示潜在的成本和受益。

（2）设定应急目标。

依据价值准则和政治、经济和技术可行性，确定解决问题的底线目标和上限目标，如果属于特别重大的公共危机，还应设定应急决策的近期、中期和远期目标。预期目标的设定包括以下内容：总体目标（上限与底线），具体目标（时间、范围、限度和责任区），评估标准和测量程序。标准是衡量的尺度、规则和准则，是用来指导决策的依据和判断决策方案是否符合目标要求的工具。通常评估标准涉及四项内容：

技术可行性，包括效力和适度；经济和财政可行性，包括资产变更、经济效益、成本-收益核算和成本效力；政治可行性，包括合法、公正、可接收性和适当性；行政可操作性，包括权威、能力、制度约定和组织支持。

（3）拟订备选方案[①]。

决策过程实质是选择备选方案的过程。这涉及三项内容：一是寻求备选方案，二是当无理想方案时要创制备选方案，三是对现行解决方案进行修正。这里要避开一些思维的陷阱，比如仓促锁定对问题的界定、过早产生偏爱、对提出的意见过于挑剔等思维陷阱。

（4）评估备选方案。

该阶段是决策事前的预测，预测的方法主要是推断、理论模型和直觉推理。评估备选方案，以普遍推行的成本、效用、公平、合理、管理方便简洁、合法和政治可接受性等为参照系，建立评估标准，对两个以上的备选方案进行事前评估和选择，从中确定相对满意的方案。

方案包括五方面内容，可分别以五个问句的形式给出。即：每一个备选方案的优缺点是什么？哪一个备选方案可能是最佳的？有无未能满足的条件？如何最小化潜在的成本以及风险？实施、监控及防止意外事故需要什么附加计划？然后再对备选方案逐个做出评价，对不确定的因素做出估计，最后展示决策选定的满意方案。

（5）实施行动方案。

方案的实施过程是应急决策作用发挥的过程，也是决策绩效验证和不断校正的过程。如条件许可，应先进行试验证实。一方面，继续对所选方案进行内部完善；另一方面，需要适时地将选定的方案向社会公开并做出承诺。同时，还应制订决策执行、监控过程以及防范意外事故的详细计划。

（6）决策绩效评估[②]。

决策绩效评估是对拍板确定的方案实施监督，对实际与预期做出比较和评价，确认是否能够以一种有效、公平、经济，并在政治上可行的方式达到预期的目的。

这是事后的评估，其基本步骤是：方案实施前后比较；内部有效性与外部有效性比较；公共危机管理参与者评价；经济和社会成本核算；政治可行性与合理性分析。

2. 应急决策的运转流程

应急决策的运转流程是建立在快速决策理论分析的基础上。快速决策理论的基本思路

---

① 应急预案和应急方案既有联系，又有明显的区别。两者相辅相成，应急预案是基础，应急方案是发展，两者以态势评估为连接，前后呼应，紧密结合。
② 项目绩效评估，是指运用数理统计、运筹学原理和特定指标体系，对照统一的标准，按照一定的程序，通过定量定性对比分析，对项目一定经营期间的经营效益和经营者业绩做出客观、公正和准确的综合评判。

是简化问题、理性思维和快速决断。现实中,应急决策的操作也是遵循这样的思路,力求简洁明快和实际管用。

(1) 预警信息流程。

首先,要建立一个比较完善的政府危机预警应急机制。政府为此必须建立一个整合监测信息资源,建立统一接报、分类分级处置的信息网络,从而做到及时捕捉、收集相关信息并加以分析处理,对危机管理做到心中有数。

其次,明确预警级别和发布程序。我国预警级别依据突发事件可能造成的危害程度、紧急程度和发展趋势,分为一般(Ⅳ级)、较重(Ⅲ级)、严重(Ⅱ级)和特别严重(Ⅰ级)四级预警,相对应的标识颜色依次为:蓝色、黄色、橙色和红色。预警信息包括公共危机事件的类别、预警级别、起始时间,可能影响范围、警示事项、应采取的措施和分布机关等。涉及跨省级行政区划的特别严重或严重预警信息的发布和解除,须经国务院或国务院授权的部门批准。

最后,根据预测分析结果,对可能发生和可以预警的公共危机事件进行预报。明确危机信息的界定和分类、各层级汇报各类危机的时间期限、特大危机的特殊汇报方式、向国务院直接汇报的要求说明以及责任追究细则,并且还要加强对领导干部和公民的教育、培训、演练或计算机模拟和制订危机应急计划和应急方案。一旦危机发生,领导能够较好地指挥处理危机,群众也能够较好地应对危机,危机应急方案和应急计划就能够较好地得到实施,从而把损失控制在最小范围。

(2) 先期处置流程。

危机发生后,事发地政府和有关单位要加强协调,切实履行职责,立即采取措施控制事态发展,要迅速启动应对危机的快速反应机制,统一领导、统一指挥,组织开展应急救援工作,及时向上级政府报告。报告内容包括:时间、地点、信息来源、事件性质、影响范围、事件发展趋势和已经采取的措施等。应急处置过程中,要求及时续报有关情况。事发地的省级人民政府或者国务院有关部门在报告特别重大、重大公共危机信息的同时,要根据职责和规定权限启动应急预案,及时、有效地进行处置,控制事态。在境外发生涉及中国公民和机构的突发事件,我国驻外使领馆、国务院有关部门和有关地方人民政府要采取措施控制事态发展,组织开展应急救援工作,同时按程序将有关情况报告国务院。

(3) 应急响应流程。

对于先期处置未能有效控制事态,或者需要国务院协调处置的特别重大的公共危机,根据国务院领导同志指示或者实际需要提出,或者应事发地省级人民政府的请求,或者由国务院有关部门建议,国务院应急办公室提出处置建议,向国务院分管领导和协助分管的副秘书长报告,经国务院领导同志批准后启动相关预案,必要时提请国务院常务会议审议决定。

(4) 指挥协调流程。

需要国务院处置的，由国务院相关应急指挥机构或国务院工作组统一指挥或指导有关地区、部门开展处置工作。主要包括：①组织协调有关地区和部门负责人、专家和应急队伍参与应急救援；②制订并组织实施抢险救援方案，防止引发次生、衍生事件；③协调有关地区和部门提供应急保障，包括协调事发地中央单位与地方政府的关系和调度各方应急资源等；④部署做好维护现场治安秩序和当地社会稳定工作；⑤及时向国务院报告应急处置工作进展情况；⑥研究处理其他重大事项。需要多个国务院相关部门共同参与、处置的公共危机，由该类公共危机的业务主管部门牵头，其他部门予以协助。事发地省级人民政府负责成立现场应急指挥机构，在国务院相关应急指挥机构或国务院工作组的指导下，负责现场的应急处置工作。

(5) 紧急状态流程。

发生或即将发生一级以上公共危机事件，采取一般措施无法控制和消除其严重的社会危害，需要决定全国或个别省、自治区、直辖市紧急状态的，依法由国务院提请全国人民代表大会常务委员会决定或由全国人民代表大会常务委员会依职权决定；需要宣布省、自治区、直辖市范围内部分地区进入紧急状态的，依法由有关省级政府提请国务院决定或由国务院依职权决定。进入紧急状态的决定应依法立即通过新闻媒体公布。

(6) 应急结束流程。

应急处置工作结束或相关危险因素消除后，现场应急指挥系统应予撤销。紧急状态终止的决定及公布，应由有关当局依法办理。

(7) 恢复重建流程。

善后处理由当地政府或国家有关部门负责；国务院有关部门会同事发地政府对公共危机事件的起因、性质、影响、责任、经验教训和恢复重建等问题进行调查评估，并做出报告。

本章小结

本章是应急决策基础的开篇章，主要阐述了现代西方决策模式、中国传统决策文化、应急决策分析范式的基本理论和基本概念。通过本章的学习，要求对这门课程有一个初步认识，正确理解课程的研究对象、特点、研究过程及认识方法，熟练掌握贯穿本门课程的基本概念，为系统学习全书各章节内容奠定理论基础。

关键术语

决策文化　Decision-making Culture　　　　决策路径　Decision-making Path

决策	Decision-making	决策者	Decision Maker
决策目标	Decision-making Objective	决策理论	Decision-making Theory
决策方法	Decision-making Method	备选方案	Alternative Offer
决策环境	Decision-making Environment	决策结果	Decision Results
程序化决策	Programmed Decision	战略决策	Strategic Decision-making
单项决策	Individual Decision-making	序贯决策	Sequential Decision-making
常规决策	Regular Decision-making	应急决策	Emergency Decision-making
突发事件	Emergency	紧急状态	Emergency Condition
冲突型危机	Conflict Crisis	一致型危机	Congruent Crisis
决策树工具	Decision Tree Tool	决策流程	Decision Process

理性决策模式　Rational Decision-making Model
有限理性决策模式　Limited Rational Decision-making Model
渐进决策模式　Incremental Decision-making Model
混合扫描决策模式　Mixed-scanning Decision-making Model

❖ 案例思考与讨论

艰难的空袭决策

2014年8月7日，奥巴马宣布授权美军"定点"空袭伊拉克，成为连续第四名在伊拉克动用武力的美国总统。事实上，奥巴马两个月来一直在考虑针对伊拉克局势的政策选择，但直到伊拉克北部形势急转直下，才下决心"出手"。只是，白宫现阶段的目标实际上是"遏制"而非"消灭"。

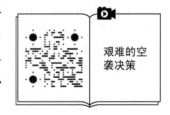

艰难的空袭决策

第一次决策："压力山大"，决心难下

2014年8月8日美联社报道，白宫时局值班室8月7日早晨不断收到来自外交和情报官员的报告。得知这些情况，奥巴马第一次做出危机性质已经变化的评估。奥巴马当时显然已经打算下令向被困伊拉克的平民空投人道主义援助物资，但国家安全顾问们并不确定总统是否会再往前走一步——下令空袭，因为现在距离美军最后一批作战部队撤离伊拉克还不到3年，而奥巴马从来不喜欢伊拉克战争，从伊拉克撤军是他上任5年多来主要外交"政绩"之一。

早在2014年6月上旬"伊黎"武装在伊拉克北部攻城略地时，奥巴马就开始考虑他的选择，并且下令在海湾部署一艘航空母舰，派数百名美军特种部队士兵充当伊拉克政府军军事顾问和保护美国在伊人员。同时，奥巴马强调，不会派地面部队重返伊拉克。

然而进入7月，一些美国国会议员要求立即空袭"伊黎"武装，另一些议员则反对介入伊拉克局势。共和党控制的众议院轻松通过一项决议，禁止奥巴马在未征得国会同意的情况下向伊拉克长期派兵。政府内部同样没有统一意见，军方领导人研究什么样的援助能帮助困境中的伊拉克政府军，外交官则敦促伊拉克领导人进行政治过渡……

第二次决策：情势急转，决策出台

美国东部时间2014年8月6日成为白宫对伊政策的"临界点"。而在8月4日到6日，首届美非峰会在华盛顿举行，奥巴马忙于接待将近50名非洲领导人。而在一万公里之外的伊拉克北部库尔德自治区安全形势陡然紧张。"伊黎"武装发动攻势，导致大约20万人流离失所，大量逃往边境地区或被困辛贾尔山的平民急需人道救援，就连外界原先认为有一定战斗力的库尔德武装也开始败退。

当地时间2014年8月6日，库尔德武装人员放弃伊拉克最大的摩苏尔水坝，以集中兵力保卫自治区首府埃尔比勒。美国在那里设有领事馆并派驻30多名军事顾问。"伊黎"武装8月7日声称，控制了大坝。一旦这一极端武装发动"水攻"，洪水将淹没下游大片地区，威胁美国在伊首都巴格达的大使馆。总统车队返回白宫的途中，美军参谋长联席会议主席马丁·登普西上了奥巴马的座车。奥巴马说，他清楚美国必须应对伊拉克北部的人道主义危机。

到了8月7日上午，形势恶化，埃尔比勒居民开始逃离。一些白宫官员告诉美联社记者，奥巴马明确表示，他倾向于同意动武。晚些时候，奥巴马在时局值班室召集国家安全团队开了大约两个小时的会，在国外访问的国务卿约翰·克里和国防部长查克·哈格尔借助视频连线参加会议。奥巴马在会上说，他授权两项行动：空投人道救援物资；在美国公民面临危险时军事打击"伊黎"武装。

实现战略决策目标：遏制而非消灭

美国东部时间2014年8月8日，白宫发言人乔希·欧内斯特说，总统不会考虑美军长期介入伊拉克的军事冲突。美国眼下的目标实际上是"遏制"而非"消灭""伊黎"武装。

资料来源：http://news.xinhuanet.com/world/2014-08/10/c_126851787.htm 2014.08.14

讨论问题：

1. 上述决策案例符合哪一种决策模式的基本特征？
2. 分析上述决策案例采用你所认为的决策模式的原因。

第2章 应急决策理论

教学目标

通过本章学习,了解应急决策的基本理论;掌握基于法制的应急决策责任分析模型和基于信息的应急决策本土化解释模型,并能够较好运用。

教学要求

知识要点	能力要求	相关知识
基于法制的应急决策责任分析模型	能够结合实际背景判断研究对象的应急决策主体、应急决策程序、应急决策行为、应急决策监督和应急决策责任	应急决策责任分析模型、应急决策主体、应急决策程序、应急决策行为、应急决策监督和应急决策责任
基于信息的应急决策本土化解释模型	能够结合实际背景判断研究对象的基于"信息源-信息渠道"的基本假设、决策情景、关键问题研判和应用步骤	应急决策本土化解释模型、基本假设、决策情景、关键问题、应用步骤

决策理论是把第二次世界大战以后发展起来的系统理论、运筹学、计算机科学等理论综合运用于管理决策问题,进而形成的一门有关决策过程、准则、类型及方法的较完整的理论体系,是以诺贝尔经济学奖获得者西蒙为代表人物的决策理论学派。应急决策理论所研究的对象不是一般的决策问题,而是为了应对紧急情况的发生、发展而做出的应对性决策,而绝非仅仅指的是在紧急情况下所做出的决策。

2.1 基于法制的应急决策责任分析模型

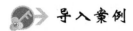导入案例

厦门 PX 项目事件中的应急沟通及其反思

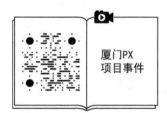

1. 厦门 PX 项目引发争议

投资 108 亿元的厦门 PX（对二甲苯的英文简称）项目本来进行得一帆风顺。2004 年 2 月国务院批准立项，2005 年 7 月原国家环保总局（现生态环境部）审查通过了该项目的《环境影响评价报告》，国家发展和改革委员会（简称国家发改委）将其纳入"十一五"PX 产业规划的 7 个大型 PX 项目中，并于 2006 年 7 月核准通过项目申请报告。投资方的资金也已到位，将于 2007 年开工。但是，厦门大学化学系教授、全国政协委员赵玉芬有不同意见。"PX 是高致癌物，对胎儿有极高的致畸率。"赵玉芬在电话中对记者说，"PX 厂距厦门市中心和鼓浪屿只有 7 公里，距离新开发的'未来海岸'居民区只有 4 公里，太危险了，必须迁址。"2007 年"两会"期间，赵玉芬联合了另外 104 名政协委员，向政府提交了一项提案，建议暂缓 PX 项目建设，重新选址勘查论证。此提案一经媒体披露，立刻引来厦门人的关注，尤其是在厦门海沧"未来海岸"买了房子的业主，更是坐不住了。那段时间，关于 PX 项目的帖子总会成为热门，有人说，国际组织规定这类项目必须建在距离城市 100 公里以外的地方。不久，这些帖子内容变成了手机短信，迅速在厦门市民中流传，很多市民公开表达对 PX 项目的不满。

2. 厦门政府前所未有的"听证会"

厦门政府的第一次应急反应。 2007 年 5 月 28 日，厦门市原环保局（现生态环境局）局长以答记者问的形式在《厦门日报》上解答了关于 PX 项目的环保问题。次日，负责 PX 项目的腾龙芳烃（厦门）有限公司总经理林英宗博士同样以答记者问的形式在《厦门晚报》发表长文，解释了 PX 工厂的一些科学问题。5 月 30 日，厦门市常务副市长丁国炎召开了一个非常简短的新闻发布会，正式宣布缓建 PX 项目。但是，政府的一系列举动并没有说服老百姓。

厦门政府的第二次应急反应。 2007 年 6 月 5 日，厦门市科协印刷了数万份宣传册，随《厦门日报》散发给市民。这份名为《PX 知多少》的小册子图文并茂，用通俗的语言解释

了 PX 到底是怎么回事。按照这个小册子的说法，PX 毒性并不大，虽然直接接触会对人眼和上呼吸道有刺激，但它没有致癌性。从理论上讲，PX 项目基本可以做到不排放"三苯"（苯、甲苯、二甲苯）污染物，对环境影响不大。但政府并没有说服民众，民众的反对意见仍很大。

举办前所未有的环评座谈会。 2007 年 12 月 11 日，厦门市通过民众报名、电视台现场直播摇号产生了一百多名参与在 12 月 13 日、14 日举行的"厦门环评座谈会"的民众代表。在这次由市政府、21 名专家及百余名民众代表三方参加的会议上，有近 90% 的市民代表发表了反对在厦门投产 PX 项目的意见。厦门市市政府副秘书长朱子鹭承认，厦门这次环评座谈会，无论是从信息的透明（场内 3 台摄像机向场外直播），还是程序的公正上，在国内没有先例可循，"一切都是摸着石头过河"。面对国内媒体事后对座谈会的高度评价，朱子鹭认为，"其实这是一个民主政府言论自由的应有之义。只要不违反法律法规，就应该保障对方充分发言的权利。"

3. 事件处置结果及其反思

2007 年 12 月 16 日，福建省政府针对厦门 PX 项目问题召开专项会议，决定迁建 PX 项目，最终该项目落户漳州漳浦的古雷港开发区。2009 年 1 月 20 日，原国家环保总局（现生态环境部）正式批复翔鹭集团的 PX 和 PTA（对苯二甲酸，又称 p-苯二甲酸的英文简称）两个项目，项目已确认落户与厦门相隔近百公里的漳州古雷半岛。值得反思的是，PX 项目迁到漳浦古雷后，在 2013 年和 2015 年先后两次发生爆炸，造成了很大的社会影响，也进一步证明了 PX 项目的巨大安全隐患。

资料来源：刘照龙. 环境影响评价中的公众参与制度研究 [D]. 重庆：西南政法大学，2009.

思考问题：
1. 应急决策主体在决策过程中如何体现决策原则？
2. 具体分析厦门市政府在 PX 事件应急决策的主体行为。

2.1.1 应急决策主体

所谓应急决策主体是指拥有应急决策权的国家机关及其授权组织。 应急决策主体是应急决策的重要构成要素之一，主要包括国家机关及其授权组织，其中国家机关主要包括国家权力机关或立法机关、国家元首和行政机关三类；在特定国家中，应急决策的主体还包括军事机关。

1. 应急决策权的来源

(1) 国家紧急权。

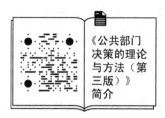
《公共部门决策的理论与方法（第三版）》简介

国家紧急权，即国家紧急权力，也称紧急权，其字面含义为"国家应对紧急情况的权力"。**国家紧急权一般指国家在宣布进入紧急状态之后所行使的一种不受民主宪政的分权原则和人权保障原则的一般限制的国家权力**[①]。其目的是通过必要的权力集中与人权克减来达到消除危机、恢复国家正常秩序。

一般将国家安全所处的状态划分为**和平状态、危机状态和战争状态**三种。这是三个不完全相交的概念，危机状态相对独立于和平状态和战争状态之间，是和平与战争相互转化过程中所必然经历的一个发展阶段。这与行政法领域关于"国家紧急权"的相关论著中所论述的不同。行政法学者认为，在国家层面，危机的最严重表现就是战争状态，即危机状态与战争状态是一个全包含的概念。这可以作为公共管理领域与行政法学领域研究的一个不同点。笔者认为，国家紧急权作为国家应急决策的权力渊源而存在，具有其自身的特点，不可与行政应急决策混为一谈。

(2) 行政紧急权。

行政紧急权的理论渊源在于"紧急自卫说"，其属于自然法学派中的个人自卫权及其派生的国家自卫权的"自然权利"理论。 按照自然法学者的观点，自我保存是人类一切权力的核心，是人类保全自我生命与自由的天性，神圣而不可侵犯。个人在生命、财产面临侵害的危机情境下所享有的正当防卫和紧急避险的合法权利，正是该思想在部门法中的体现。行政机关也是如此，在面临紧急状态时也享有与此原理相同的自卫权。林肯在南北战争期间就曾以此作为根据对其行为进行辩护。行政紧急权的主体是运用权力的组织，具体包括国家行政机关和法律法规授权组织，这也是其与国家紧急权的显著不同之一。例如，国家紧急权一般属于国家立法机关，而行政紧急权一般属于国家行政机关。

(3) 公民不服从。

权利观念承认对权利的一定限制是允许的，但限制本身应当受到严格限制。紧急权力的存在必然涉及包括应急决策权在内的一系列具体运用问题，人权保障问题不可回避。如上所言，对公民权利的限制是允许的，但这种紧急权下的限制本身也应当受到严格的限制。在我国应急法制的框架内，为了防止行政权力的伺机恶意扩张，法律还赋予了公民一系列权利，明确了包括行政复议、行政诉讼、行政赔偿等一系列措施在内的救济途径，但这和公民不服从是有本质区别的，但同时也有很深的渊源和联系。

---

① 郭春明. 紧急状态法律制度研究[M]. 北京：中国检察出版社，2004

2. 应急决策的主体种类及其权限

（1）国家机关的应急决策权。

① 国家元首的应急决策权。《法兰西共和国宪法（2008）》（简称《法国宪法》）第16条规定，如果共和国的制度、国家独立、领土完整或者国际义务的履行受到严重的、直接的威胁时，以及宪法上规定的公共权力机构的正常活动受到阻碍时，共和国总统在正式咨询总理、议会两院议长和宪法委员会后，根据形势采取必要的措施。《美国全国紧急状态法（1976）》第2条规定，总统被授权宣告国家紧急状态。《波兰共和国宪法（1997）》（简称《波兰宪法》）第136条规定，在受到外部的直接威胁时，共和国总统，根据部长理事会主席申请，命令调动和使用全部或部分武装力量，用于保卫波兰共和国。

② 立法机关的应急决策权。所谓立法机关，是指拥有制定、修改和废除法律的机关。根据国体和政体的不同，各国的立法机关也不相同；同时，各国立法机关所拥有的应急决策权也不尽相同。我国的立法机关是全国人民代表大会及其常务委员会。《中华人民共和国宪法（2018修正）》（简称《宪法》）第62条第15款规定，全国人民代表大会决定战争和和平的问题。《宪法》第67条第19款、第20款、第21款分别规定了全国人民代表大会常务委员会有权在全国人民代表大会闭会期间，如果遇到国家遭受武装侵犯或者必须履行国际间共同防止侵略的条约的情况，决定战争状态的宣布；决定全国总动员或者局部动员；决定全国或者个别省、自治区、直辖市进入紧急状态。《美利坚合众国宪法（1992修正）》（简称《美国宪法》）赋予了国会宣战权、召集民兵以镇压叛乱和击退侵略的权力等。

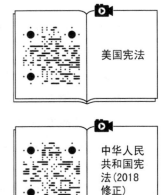

美国宪法

中华人民共和国宪法（2018修正）

③ 行政机关的应急决策权，主要包括以下内容。

一是中央行政机关的应急决策权。《宪法》第89条16款规定，国务院有权依照法律规定决定省、自治区、直辖市范围内的部分地区进入紧急状态。根据《突发事件应对法（2007）》第8条规定，国务院在总理领导下研究、决定和部署特别重大突发事件的应对工作；根据实际需要，设立国家突发事件应急指挥机构，负责突发事件应对工作；必要时，国务院可以派出工作组指导有关工作。

二是专门行政机关的应急决策权。《中华人民共和国传染病防治法（2013修正）》（简称《传染病防治法》）第6条规定，国务院卫生行政部门主管全国传染病防治及其监督管理工作。县级以上地方人民政府卫生行政部门负责本行政区域内的传染病防治及其监督管理工作。《突发公共卫生事件应急条例（2010修正）》第3条规定，突发事件发生后，国务院设立全国突发事件应急处理指挥部，由国务院有关部门和军队有关部门组成，国务院主管领导人担任总指挥,负责对全国突发事件应急处理的统一领导、统一指挥。《破坏性地震应急条例(1995)》第 6 条规定,国务院防震减灾工作主管部门指导和监督全国地震应急工作。国务院有关部门按照各自的职责,具体负责本部门的地震应急工作。

三是地方行政机关的应急决策权。《突发事件应对法(2007)》第 9 条规定,国务院和县级以上地方各级人民政府是突发事件应对工作的行政领导机关,其办事机构及具体职责由国务院规定。《传染病防治法》第 17 条规定,国务院卫生行政部门制定国家传染病监测规划和方案。省、自治区、直辖市人民政府卫生行政部门根据国家传染病监测规划和方案,制定本行政区域的传染病监测计划和工作方案。各级疾病预防控制机构对传染病的发生、流行以及影响其发生、流行的因素,进行监测;对国外发生、国内尚未发生的传染病或者国内新发生的传染病,进行监测。需要注意的是,这种权力是国家统一授予的结果。

(2)其他组织的应急决策权。

在美国,红十字会主要负责提供紧急集合、灾害救助以及整合民间机构等活动,在灾害救援中的作用非常重要,其救助义务在 1970 年及 1974 年的《福斯特法案》由国会确认。但需要说明的,美国红十字会并不接受政府的基金补助而是完全由自愿捐助,同时,其固有存在也不会取代政府的义务。美国全国救灾志愿者联盟(National Voluntary Organizations Active in Disaster,NVOAD),也在灾害救助中发挥了重要作用。

虽然,在其他国家的规定中也存在公民个人做出决策的情况,这可以表现为以下两种情况。第一种是对特定事项的全民公决,如《希腊共和国宪法(1975)》(简称《希腊宪法》)第 44 条第 2 款规定,共和国总统得下令宣布将特别紧急的国事交付全民公决。这属于现有立法规定的范畴。第二种情况是在紧急情况下,个体公民作为国家机关的代表或者负有特定职务所赋予的义务而做出的决策。相对于第一种情况而言,此类情况发生在情况紧急且现有法律空白的情况下。但这本质上是全体公民在行使权力,或公民作为特定机关的代表而行使权力,并不能说明任何公民个人都可以成为权力的主体。我国《宪法》第 2 条规定,中华人民共和国的一切权力属于人民。人民行使国家权力的机关是全国人民代表大会和地方各级人民代表大会。人民依照法律规定,通过各种途径和形式,管理国家事务,管理经济和文化事业,管理社会事务。但这并不意味着任何公民都可以在任意条件下来行使国家权力。因此,公民个人并不是应急决策的合法主体。

3. 应急决策的原则

所谓原则是指具有普遍性、最高性和抽象性的原理和规划,是据以遵行的总体纲领和法则。任何决策都需要遵循一定的原则,应急决策也不会例外。应急决策所应遵循的原则分为两类,即基本原则和具体原则。

（1）基本原则。

所谓基本原则，即本源性的、稳定性的原理或准则，主要具有宏观上的指导作用。这其中既包括应急决策与常规决策相通用的原则，也包括应急决策所专有的原则，体现了应急决策的特色和价值取向。

① 法治原则。法治原则是应急决策与其他形态的应急行为所通用的原则，在宪法中予以规定，并对所有法律适用。法治，即以法为治，判断是非善恶的标准最终是法。这里的"法"是广义上的法。法治原则在应急决策领域包括以下内容。

a. 应急决策权的行使必须有明确的法律依据，在拥有法律明确授权的前提下，按照法律规定的程序进行。但是，鉴于应急决策自身的特殊性以及现有法律规定的不完备性，在实践中也应允许在适当范围内进行灵活变通。在不与法律规定的基本精神有实质性违背的前提下，如果特定机构实施了暂时未获得法律授权的紧急决策性权力，事后必须征得有权机关的承认或追认。

b. 应急法律规范也应当有鲜明的权限划分，必须由有权机关按照宪法和有关法律授予的权限制定，国家机关的紧急权力必须在其所拥有的权限范围内，且低层次的法律规范不能与高层次的应急法律规范相抵触。具体到应急决策领域，即决策所施行的具体方式也必须在法律授权的范围内。

c. 应急决策应当有相应的责任规范，不仅是不依法行使应急决策权或者不履行法定职责的国家机关和个人应当承担相应的法律责任；在我国法律没有明确认可公民不服从权利的情况下，抗拒合法紧急权的公民或组织也应承担法律责任。

② 保障公民基本权利原则。法存在的意义就是为了保护包括基本权利在内的公民权利。这在常态法治中，法的表象和实质具有统一性和契合性；但在应急法制中，紧急权往往呈现出来的是限制或剥夺公民基本权利的外观，这就使得表现与实质出现了一定的偏差。对公民的某些权利进行限制或剥夺，这是出于对突发事件的特殊危险性以及损失较小利益以保全较大利益的立法考量，其正当性的基础和根本还应来自对公民权利的保护。因此，紧急权与常态法治一样，将保障公民基本权利作为其存在的意义和目标。

③ 应急性原则。应急性原则是现代行政法治原则的重要内容，指在某些特殊的紧急情况下，出于国家安全、社会秩序或公共利益的需要，国家机关可以采取没有法律依据的或与现行法律相抵触的措施。从狭义上讲，应急性原则是合法性原则的例外，但是应急性原则并非排斥任何的法律控制，不受任何限制的行政应急权力同样是行政法治原则所不允许的；从广义上讲，行政应急原则是合法性原则、合理性原则的特殊性原则。应急性原则并没有脱离行政法治原则，而是行政法治原则特殊的重要内容。

④ 正当程序原则。**正当程序**(Due Process)，亦称"正当法律程序"（Due Process of Law），其理念源于英国法上的"自然正义法则"（Rules of Natural Justice）。自然正义，即任何人不假思索，依照其固有的理性即可判断为正当。程序的中立、理性、排他、可操

作、平等参与、自治、及时终结和公开是其包含的价值。在应急条件下应当坚持正当程序，但并不代表着与常规条件下的正当程序完全相同。应急决策中必须含有体现保证公民权益的内容，正当程序原则的一个重要目的就是提高行政效能，在应急决策领域我们可以理解为提高决策效能。美国所谓的正当程序条款，即宪法第5修正案与第14修正案规定，"非经正当法律程序，不得剥夺任何人的生命、自由或财产"。

（2）具体原则。

所谓具体原则，是指相对于基本原则而言，在微观上是具体指导应急决策专门立法和实践的准绳。主要包括以下内容。

① 比例原则。行政法上的比例原则，是指实现行政行为预期目的的手段、方式要与预期目标的实现程度相适应，民俗中有一个很贴切的形容——"杀鸡焉用牛刀"，就很生动地体现了这个原则。比例原则不允许国家行为给相关人员造成过重的负担，人们称之为"禁止负担过重"。这里涉及国家采取的手段与其所追求的目标之间的关系。

② 价值位阶原则。应急决策所要达到的目标往往是多元的，不仅仅要恢复常态的社会秩序，还要最大限度地保障公民的人身自由权及财产权不会受到侵害。同时，突发事件往往具有衍生性和放射性的特点，事件最终的圆满解决往往是一系列应急决策共同作用的结果。同时，突发事件瞬息万变的特点也会使得决策情境变得更加复杂，在事件的不同处理阶段去达到不同的短期目标，在不同的处理阶段明确本阶段最高的决策目标，对达到决策预期而言至关重要，这就涉及价值排序原则的具体应用。如果在价值排序方面不够明确和果断，就会给决策带来严重的负面影响。实践中也出现了将价值排序原则运用到突发事件应对中取得了令人满意的效果的实例。这一点，在"松花江水污染事件"应对的一系列应急决策中就得到充分体现。在哈尔滨市的水危机处理中，价值排序原则被充分地应用。在该事件的具体应对过程中，哈尔滨市在用各种方法扩大水源供应的同时，将保证生活用水放在第一位。此外，在服务行业用水和取暖用水之间，优先保证取暖用水。因为哈尔滨冬季气温很低，居民正常生活不能离开供暖系统的支持，而此时供暖用水的重要性就变得尤为明显。因此，相比之下，服务行业用水只能位居其后。在优先保证了居民的饮用水和取暖这两个基本需求后，人心得到稳定，极大地促进了下一步应对工作的开展。

③ 效率原则。突发事件的突发性和紧急性，对政府部门的应对效率提出了更高的要求。在法律并非过于苛刻的前提下，正义与效率能够并行不悖，这主要体现在以下三个方面。第一，快速反应。这包括收集决策信息的快捷性，形成备选方案的快捷性以及筛选方案并形成决策的快捷性。第二，权力迅速集中。紧急状态下，立法、行政、司法的配合以及行政系统内部各部门之间权力的集中，可以节约排除危险的时间。第三，自由裁量权的高度扩张。决策程序、决策方法以及决策步骤方面，随着紧急状态的危机程序呈相对正比扩张。可以说，近年来我国政府在危机应对的效率方面取得了长足的发展，以"非典"为

例，具体到每小时的汇报制度最大限度地保障了信息的畅通。

2.1.2 应急决策程序

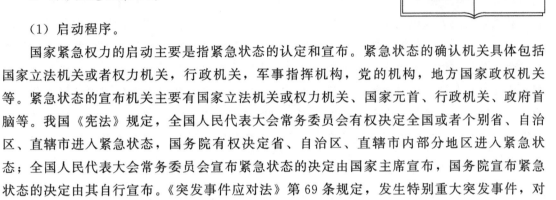

群体性突发事件应急决策程序研究

1. 国家应急决策程序

（1）启动程序。

国家紧急权力的启动主要是指紧急状态的认定和宣布。紧急状态的确认机关具体包括国家立法机关或者权力机关，行政机关，军事指挥机构，党的机构，地方国家政权机关等。紧急状态的宣布机关主要有国家立法机关或权力机关、国家元首、行政机关、政府首脑等。我国《宪法》规定，全国人民代表大会常务委员会有权决定全国或者个别省、自治区、直辖市进入紧急状态，国务院有权决定省、自治区、直辖市内部分地区进入紧急状态；全国人民代表大会常务委员会宣布紧急状态的决定由国家主席宣布，国务院宣布紧急状态的决定由其自行宣布。《突发事件应对法》第69条规定，发生特别重大突发事件，对人民生命财产安全、国家安全、公共安全、环境安全或者社会秩序构成重大威胁，采取本法和其他有关法律、法规、规章规定的应急处置措施不能消除或者有效控制、减轻其严重社会危害，需要进入紧急状态的，由全国人民代表大会常务委员会或者国务院依照宪法和其他有关法律规定的权限和程序决定。

（2）处置程序。

紧急状态宣布后，有关国家机关应当根据突发事件发展的具体情况，以决定对紧急状态的批准、确认、否决或者延长的情况。

（3）终止程序。

终止程序指的是紧急状态终止的请求、批准和宣告。紧急状态的终止对迅速恢复对社会常态管理，避免导致紧急权力常规化具有重要作用。

2. 行政应急决策程序

相对于行使国家紧急权进行应急决策的程序而言，行使行政紧急权进行应急决策的程序，属于立足于程序决策基础上的非程序决策，涵盖但不仅仅包括原有的常规程序决策。其主要程序如下。

（1）预警。

预警是指在可以检测、预料的突发公共事件中，发现隐患或可能发生的风险时，将危险信息予以公布，使公众能够及时做好防范措施的行为。《突发事件应对法》第43条规定，可以预警的自然灾害、事故灾难或者公共卫生事件即将发生或者发生的可能性增大时，县级以上地方各级人民政府应当根据有关法律、行政法规和国务院规定的权限和程序，发布相应级别的警报，决定并宣布有关地区进入预警期，同时向上一级人民政府报告，必要时可以越级上报，并向当地驻军和可能受到危害的毗邻或者相关地区的人民政府通报。

(2) 预案启动。

如果存在相应的应急预案，则根据突发事件的具体情况在第一时间内启动。虽然我国预案本身的法律属性尚待明确，但许多规范性文件已经将启动相应预案作为应急决策的第一步。《突发事件应对法》第44条第1款规定，发布三级、四级警报，宣布进入预警期后，县级以上地方人民政府应当根据即将发生的突发事件的特点和可能造成的危害，采取下列措施：（一）启动应急预案……。根据《湖南省行政程序规定》第123条规定，各级人民政府和县级以上人民政府有关部门应当制定突发事件应急预案，建立健全突发事件监测制度和预警制度。可以预警的自然灾害、事故灾难或者公共卫生事件即将发生或者发生的可能性增大时，县级以上人民政府应当根据法定和规定的权限和程序，发布相应级别的警报，决定并宣布有关地区进入预警期，启动应急预案，及时、有效地采取措施，控制事态的发展。

(3) 报告。

在应急处置中，报告程序最早在《突发公共卫生事件应急条例》中得以确立，其中第19条规定，国家建立突发事件应急报告制度。这里所言的报告制度在实质上更多的是作为一种应急决策程序而存在，即通过相应的报告制度来完成决策信息的初步收集。在《突发事件应对法》中得以强化和完善，所涉及的范围更广，并增加了越级上报的内容。该法第46条规定，对即将发生或者已经发生的社会安全事件，县级以上地方各级人民政府及其有关主管部门应当按照规定向上一级人民政府及其有关主管部门报告，必要时可以越级上报。

(4) 信息公开。

应急决策是一系列行动的动态过程，特别在处理有关信息公开时更要注意个人信息保护。党的二十大报告指出，要"加强个人信息保护"。在信息化时代，个人信息保护已成为广大人民群众最关心最直接最现实的利益问题之一，必须依法依规律进行有效保护。当前，应急决策过程中的信息公开不仅包括对突发公共事件发展态势信息的公开，还包括对应急决策自身相关信息的公开。《突发公共卫生事件应急条例》第25条规定，国家建立突发事件的信息发布制度。国务院卫生行政主管部门负责向社会发布突发事件的信息。必要时，可以授权省、自治区、直辖市人民政府卫生行政主管部门向社会发布本行政区域内突发事件的信息。《突发事件应对法》第44条第4款规定，县级以上地方各级人民政府应当定时向社会发布与公众有关的突发事件预测信息和分析评估结果，并对相关信息的报道工作进行管理。《湖南省行政程序规定》第127条第2款、第3款规定，行政机关应当按照有关规定，通过广播、电视、报刊、网络等各种媒体，采取授权发布、散发新闻稿、组织报道、接受记者采访、举行新闻发布会等多种方式，统一、准确、及时地向社会公开发布突发事件发生、发展和应急处置的信息。行政机关应对突发事件的决定、命令应当向社会公布。信息公开的广泛性在此规定中体现得尤为明显。信息公开程序伴随着整个应急决策过程的始终，在应急决策中具有重要意义；没有严格遵循信息公开程序，还会在很大程度上影响应急决策结果的实现。

2.1.3 应急决策行为

应急决策行为既不完全等同于常规法律规范性文件，也不完全等同于具有强制效力的强制性措施，而是与这些行为共同构成了应对突发事件所造成的威胁或损害的应急决策行为方式体系，相辅相成、相互配合、因地因时制宜地调整社会生活，从而更有效地实现突发事件应对的最终目标。

1. 应急决策行为分类

所谓应急决策行为，是指实施应急决策时所采取的方法和形式，即外部表现形式。综观各国应急决策法律规范与实务，从具体表现形式而言，行政应急决策行为既可以表现为具体行政行为，亦可表现为抽象行政行为。

(1) 国家应急决策行为与行政应急决策行为。

根据权力来源的不同，可以将应急决策行为分为**国家应急决策行为与行政应急决策行为**。行使国家紧急权的主体所做出的应急决策行为是国家应急决策行为，行使行政紧急权的主体所做的应急决策行为是行政应急决策行为。前者主要包括军事管制、决定紧急状态及决定战争与和平等；后者主要包括行政机关在行使社会管理职能的过程中为了应对突发事件所造成的威胁或损害而做出的各类行为选择。一般情况下，两者分属不同的领域，不存在交叉；但是对国家安全造成威胁的突发事件发生时，为了进一步维护国内社会秩序的平稳运行，行政机关因而做出与国家应急决策相配合的行政应急决策，使两者出现共存的状态除外。

(2) 抽象应急决策行为与具体应急决策行为。

这是根据应急决策行为是否具有规范性文件的形式所做的划分。**以规范性文件表现出来的应急决策行为属于抽象应急决策行为；未表现为规范性文件形式的应急决策行为则属于具体应急决策行为**。应急决策行为体现在规范性法律文件中，因而具有了普遍适用的效力，可以针对不特定决策对象进行反复适用。相对于抽象应急决策行为而言，具体应急决策行为不具有反复适用的效力，只能针对特定事项对特定的公民、法人和其他组织发生作用。其中，抽象应急决策行为主要包括：法律、行政法规、规章、地方性法规和应急预案。应急预案是突发公共事件应对的方案指南，为突发公共事件的处置提供了基本规则。因此，应急预案作为我国应急决策行为方式的抽象形式之一，在实践中已经得到广泛应用。

(3) 权利救助型应急决策行为和权利限制型应急决策行为。

根据应急决策的行为目标是否对权利形成限制，可以将**应急决策行为分为权利救助型**

应急决策行为和权利限制型应急决策行为。权利救助型应急决策行为主要包括紧急拨款、紧急救助、紧急救治等；权利限制型应急决策行为主要包括紧急征用、紧急抓捕、强制隔离等。一般而言，在规范性文件中，可以将两者截然分开，进行单独规定，但在具体的突发事件应对中，两者往往紧密联系，不可分割。因为在突发事件的应对过程中，往往既涉及对危险源头的紧急控制，又涉及对受害群体的紧急救助，须两方面的工作同时进行。因此，两类应急决策行为往往处于共存的状态。

（4）对人的应急决策行为和其他应急决策行为。

根据应急决策行为对象的不同，可以将其分为**对人的应急决策行为和其他应急决策行为**。对人的应急决策行为需要恪守基本的人权底线，不能对公民的生命权和健康权造成非法损害。其他类应急决策行为可以根据具体情况的需要，由应急决策主体决定对相应的场所、财物等资源做出所用权或使用权上的暂时处分。例如，强制隔离、强制检查、紧急逮捕等属于对人的应急决策行为；而紧急征收征用、场所的强制关闭或开启、对食物及水源的紧急控制等都属于其他应急决策行为。应当说，在突发事件的应对过程中，此两类应急决策行为也大多属于共存的状态。

（5）核心应急决策行为和辅助应急决策行为。

根据该应急决策行为是否对突发事件的应对起到关键性、根本性的作用，可以将其分为核心应急决策行为和辅助应急决策行为，能够对突发事件的应对起到关键性、根本性作用的应急决策行为称为**核心应急决策行为**；反之，则属于**辅助应急决策行为**。例如，宣布戒严、决定战争和和平等应急决策行为对突发事件应对工作的全局都将产生根本性的影响，其自然属于核心型应急决策行为；而信息类应急决策行为一般属于典型的辅助型应急决策行为。具体而言，信息类应急决策行为包括信息搜寻、信息传播。

2. 应急决策行为违法形式

（1）行为方式越权。

应急决策行为方式越权是指应急决策主体超越法律授权的范围，对其权限范围内的应急决策行为方式做出改变的情况。

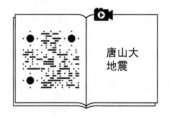
唐山大地震

（2）行为幅度越权。

应急决策行为幅度越权是指应急决策主体超越法律授权的范围，对其权限范围内的应急决策行为的幅度进行违法变动的情况，这主要体现在权利限制型应急决策行为中。例如，在秩序混乱情况下对处罚幅度的临时提升。例如，在1976年7月28发生的唐山大地震中，为了维持震后秩序，将常规状态下的处罚幅度进行大幅提高，就起到了明显的效果。《中华人民共和国人民警察法（2012修正）》（简称《人民警察法》）第15条第1款规定，县级以上人民政府公安机关，为预防和制止严重危害社会治安秩序的行为，可以在一定的区域和时间内，限制人员、车辆的通行或者停留，必要时可以实行交通管制。需要明确的是，此处的一定时间，以能够有效制止危害社会治安秩序的行为，使常规秩序有效恢复为限；如果将限制时间无限制或不当延长，则属于幅度越权。由此可见，"幅度"不仅仅指行为涉及数额的增减，也可以指行为时间的增减，但不得使原有的应急决策行为在性质上发生改变。

3. 应急决策行为的衡量标准

（1）合理的应急决策行为应具备的条件。
① 具有明确而又正确的目标及时代性准则。
② 与决策目标的事件一致。
③ 决策行为必须现实可行，资源配置和组织协调方面都可以实现。
④ 符合比例原则，固定收益的前提下，决策行为成本要尽可能的小。
⑤ 将风险减到最低。
⑥ 决策行为具有变通性，应对潜在问题有充分考虑。

对比常规决策，应急决策属于决策体系中的特例。作为为了应对突发事件所产生的恶性后果做出的行为选择，其决策时间的紧迫性和决策资源的有限性决定了以上标准对其难免过于严苛，以至于有些不切实际。

（2）合法的应急决策行为应具备的条件。
① 有确凿的事实根据。存在应急决策行为的起因，发生了危及国家安全和社会正常秩序的突发事件或足以对国家安全和社会正常秩序造成威胁的突发事件。
② 符合法定目的。目的合法，为了防止国家政权被颠覆的危险以及社会秩序出现严重动荡。目的不合法的典型是因应急决策主体滥用职权而产生的应急决策行为。
③ 适用依据正确。应急决策行为不仅应当有法律、法规或规章的依据，而且该依据与应急决策行为的事实根据之间必须存在关联。
④ 权限合法。该应急决策行为属于应急决策的权限范围，应急决策主体不得超越法定的职责权限，这其中还包括了法律、法规及规章授予的事务管辖权、级别管辖权以及地域管辖权，亦不得超过法定的决策行为期限。

对比以上两种衡量标准，科学的应急决策行为不仅应当是合法的，更应当是科学合理的，在应急决策实践中可以以合法标准为基本要求，以合理标准为更高要求。

2.1.4 应急决策监督

应急决策权作为应急法制的重要组成部分，是常规法制的异类，最有可能也最有理由去突破固有的监督规制，成为权力

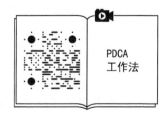
PDCA 工作法

寻租的工具。而应急情境下的急迫，又恰恰决定了监督的力不从心，甚至是无能为力。因此，如何适宜地解决应急决策的监督问题，是我们必须要面对的问题。美国著名管理专家戴明（Deming）提出了"PDCA工作法"，即将制订计划（Plan）、付诸实施（Do）、监督检查（Check）和总结处理（Action）作为必备要素，这表明监督作为一个有目的活动组织的必备构造要素而存在，更进一步证明了监督存在的必要性和不可替代性。

1. 应急决策的监督功能

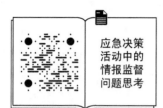

（1）导向功能。

导向，亦指引导。作为应急决策主体，其往往面临着在诸多利益中进行衡量应急决策主体的个体偏好又会使得取舍存在偏差的可能性。而应急决策监督规制以规范的形式对应急决策行为进行评价，通过或积极或消极评价的方式来对各方利益进行引导，从而起到导向作用。

（2）防范功能。

决策监督规范必要性中的预防效用，可以借鉴灾害经济学中"十分之一"法则。这是一个非常形象的量化，正在被各国政府所日益重视。原意是指在灾前投入"一分"资金用于灾害的防范，从而通过降低灾害发生概率而最大限度地避免灾害的发生，达到降低"十分"损失，也即获得"十分"收益的目的。建立应急决策监督规范，使之作为一种常态制度，将对违法决策的预防起到至关重要、不可替代的作用。同时，我们不能忽视的是，在特定危机情境下，恶意决策、违法决策将带来更加严重的后果。

（3）矫正功能。

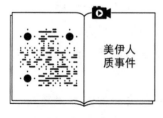

和防范相对应，矫正功能更多体现在应急决策实行过程中或下一步应急决策做出的过程中，通过监督对前一阶段并非完全正确的矫正和补救。例如，1979年的"美伊人质事件"的最终解决，就是由一系列的应急决策构成，其中就包括了冻结钱款、武装营救行动、驱逐敌对国学生在内的一系列应急决策。

（4）反馈功能。

纠正个例只是监督的其中一项具体目标，更重要的是通过对个案的监督，达到对宏观应急决策发展动向进行把握的目的，这是实现对应急决策进行有效管理的重要前提条件。而应急决策监督制度的反馈功能正体现了此含义。依靠各类监督主体、各种监督方式的监督，形成对应急决策的信息反馈，并及时弥补不足，吸取经验教训。

2. 应急决策监督体系

（1）国家监督。

国家监督主要指立法监督、行政监督和司法监督。

① 立法监督。立法机关在我国指国家权力机关，在其他国家主要指议会。**人民代表大会监督是我国监督体制的重要组成部分，人民代表大会的监督权是宪法赋予的，是我国根本政治制度的体现，其实质是为了保障国家权力的正常行使，具有最高的法律效力。**根据《宪法》第3条第3款规定，国家行政机关、监察机关、审判机关、检察机关都由人民代表大会产生，对它负责，受它监督。权力机关对应急决策的监督主要体现在对以规范性文件为载体的应急决策法律规范的监督上，这表现为行政机关制定和提供应急决策的权力依据及行为规范。在我国，人大对应急决策主体（主要指行政机关）监督的主要形式有：制定宪法法律、通过任免案，听取和审议政府及有关部门的工作报告，对重大事项做出决定，听取和审议专项工作报告、行使解除权和撤销权、对法律法规的实施情况进行检查、行使特定问题调查权、进行询问和质询等。另一方面，权力机关在对具体应急决策的监督方面，也起到了重要作用，主要体现为：①权力机关的批准、确认权；②弹劾权。弹劾权是西方议会国家对总统及其他政府高级官员和官员的违法、失职及犯罪行为进行控告和制裁，迫使其承担政治责任或法律责任的制度。

② 行政监督。**行政监督是指行政机关内部进行的监督活动，即行政系统对自身进行的监督。**其监督的对象是行政机关做出的不包括国家行为的应急决策部分。主要形式包括：立法否决权；对抽象行政行为的审查权，如我国关于附带性审查的相关规定；行政复议制度；行政监考制度。

③ 司法监督。**司法监督是指司法机关对应急决策进行的监督，不仅包括对应急决策主体的监督，还包括对应急决策行为的监督。**司法监督的主体是司法机关，在我国，即人民法院和人民检察院。

（2）社会监督。

社会监督是指不具备国家权力性质的政治实体、社会团体、社会自治组织、社会舆论媒体、社会成员等，对于应急决策在制定和施行过程中进行的监督。主要介绍工会监督、公民监督和新闻监督三种典型的社会监督形式。

① 工会监督。**工会监督是指各级工会组织依法维护劳动者的合法权益，对用人单位遵守劳动法律、法规的情况所进行的监督。**工会是职工自愿结合的工人阶级的群众组织，代表广大职工群众的利益。工会对执行劳动法的情况进行监督是依法维护职工合法权益的重要表现。同时，工会是保护劳动者合法权益的法定组织，具有维护劳动者合法权益的职责。工会监督分为普通劳动监督和劳动安全保护监督两种方式。工会对用人单位遵守劳动法律法规的情况进行监督的内容主要包括以下几个方面。

第一，对用人单位执行国家有关订立、履行、变更、解除劳动合同规定的监督。劳动合同是用人单位和劳动者确立劳动关系，明确双方权利、义务所达成的协议。随着劳动合同制度的全面推行，因劳动合同的订立、变更、履行和解除而引起的劳动争议会越来越多。因此，工会劳动法律监督应把它作为一项重要内容给予高度重视，以便更好地维护职工的合法权益。

第二，对用人单位履行集体合同情况的监督。集体合同作为一种调整劳动关系的重要法律制度，涉及职工群体合法权益的方方面面。集体合同订立后，重要的是要切实履行。这就需要加强监督检查。

第三，对用人单位执行国家有关工作时间和休息、休假规定的监督。国家关于工作时间和休息、休假的规定关系到劳动者的身体健康，是十分重要的劳动标准之一。工作时间是由国家法律规定的。全国所有的企事业单位、机关、团体都必须遵守。法定的工作时间长度具有强制性，不能随意延长。当前在我国的一些企业，特别是非国有企业中，加班加点甚至强迫延长工时的情况还十分严重，这应成为各级工会组织在进行劳动法律监督时应给予注意并加大监督力度的一个问题。

第四，对用人单位执行国家有关工资报酬规定的监督。工资是劳动者最基本的生活来源，是劳动者生存权利的基本物质保障，是劳动者权益的重要内容。特别是有些企业拖欠工资、克扣工资的现象十分严重。对此，工会组织应重点从以下几个方面抓好监督工作：一是是否遵循按劳分配原则；二是工资分配方式和工资水平是否合理；三是不得低于国家规定的当时最低工资标准；四是必须以货币形式按月支付工资；五是不得克扣或者无故拖欠劳动者工资。

第五，对用人单位有关劳动安全卫生及特殊劳动保护情况的监督。劳动安全卫生直接关系到劳动者的身心健康和生命安全，是重要的劳动标准和条件。对此，我国劳动法律、法规有具体详尽的规定，是工会劳动法律监督的重要内容，主要包括：用人单位建立健全安全卫生制度的情况；劳动安全卫生设施必须符合国家规定的标准的情况；关于新建、改建、扩建工程的劳动安全卫生设施必须与主体工程做到"三同时"的规定；关于劳动保护用品发放的规定；关于女职工和未成年工特殊保护的规定等。工会有权参加伤亡事故的调查和向有关部门提出处理意见，有权要求追究直接负责的行政领导人和有关责任人员的责任。

第六，对用人单位执行有关职工社会保险及福利待遇规定的监督。职工社会保险包括养老保险、医疗保险、失业保险、工伤保险和生育保险等，是国家对职工因生老病死而失去劳动能力和失业后保障其基本生活而实行的社会保障制度，关系到职工的生活和生存。工会在这方面的监督，一是用人单位按照法律规定为职工缴纳保险金；二是保险基金管理部门要按时足额给职工发放保险金；三是保险金的管理、使用必须合法，使职工的"保命钱"真正用到职工身上，不贪污、挪用或搞风险投资。

第七，对劳动争议解决的监督。工会对贯彻执行劳动法过程中所产生的各种争议提供咨询，有权协同有关部门调解争议，参加劳动仲裁和支持劳动诉讼。对企业辞退、处分职工认为不适当的，工会有权提出意见。如果用人单位违反法律、法规和有关合同，工会有权要求重新做出处理。

工会在参与上述监督活动的过程中，依法享有知情权、要求建议权、建议企业组织职工撤离危险现场权、参与事故调查并提出处理意见权等权利。

② 公民监督。宪法既然赋予了公民对国家机关及国家机关工作人员的任何行为都有批评和建议的权利；对于任何国家机关及国家机关工作人员的违法失职行为，都有申诉、控告或检举的权利；这一点，在对应急决策的监督中也同样适用。根据我国《宪法》第41条的规定，中华人民共和国任何国家机关和国家工作人员，有提出批评和建议的权利；对于任何国家机关和国家工作人员的违法失职行为，有向有关国家机关提出申诉、控告或者检举的权利，但是不得捏造或者歪曲事实进行诬告陷害。对于公民的申诉、控告或者检举，有关国家机关必须查清事实，负责处理。任何人不得压制和打击报复。由于国家机关和国家工作人员侵犯公民权利而受到损失的人，有依照法律规定取得赔偿的权利。

③ 新闻监督。**新闻监督是监督应急决策的一种重要且有效的方式，包括对国家应急决策的监督和对行政应急决策的监督**。新闻监督事实上是监督应急决策的一种重要且有效的方式。新闻所发挥的作用是双向的，新闻既可以作为决策参考信息的重要来源，又可以作为监督决策正确与否的重要手段，同时又是公众了解决策进度的重要媒介。但在应急决策的特定阶段，新闻自由应当暂时处于一种被克减、限制或中止的状态。这主要源于新闻舆论所具有的天然的开放性和侵犯性，与紧急权力行使时的高度集中性和对权利的限制等特点形成天然的紧张和冲突。例如，在"俄罗斯别斯兰人质劫持事件"中，就是因为媒体报道的不加节制而直接导致了行动的失败。

（3）国际监督。

国际监督的宗旨是如何在紧急状态下更为有效地保护人权。为了防止因紧急权的滥用而造成对公民权利的随意侵犯，许多国家的宪法和法律以及国际条约都不同程度地确立了危机状态下的人权最低标准。与传统的紧急权力自由模式相比，其更加强调国际社会也拥有对紧急权力的行使，可以进行评价和审议的权利。例如，通过公约的形式对此予以确立，以便对缔约国紧急权力的形式在广泛的范围内形成监督和制约。

2.1.5 应急决策责任

虽然我国国务院制定的《全面推进依法行政实施纲要》[①] 中规定，要按照"谁决策、谁负责"的原则，建立健全决策责任追究制度，实现决策权和决策责任相统一。但就目前而言，我国尚未在观念上形成较为普遍的决策法律责任意识，尤其是应急决策法律责任意识。

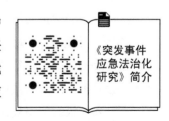

《突发事件应急法治化研究》简介

---

① 2004年3月22日，由中华人民共和国国务院印发《国务院关于印发全面推进依法行政实施纲要的通知（国发〔2004〕10号）》。

1. 应急决策责任追究制度中的问题

(1) 在法律规范性文件中，对应急决策的提及较少，对应急决策责任规范的重要性认识不够。

虽然也会附有一定的责任规范机制，但我国尚未出现专门的应急决策责任追究机制，只能在较为宽泛的条文中寻找应急决策责任规范的"踪迹"。作为我国应急法制集中代表的《突发事件应对法》通篇都没有提及专门的应急决策的法律责任问题，只能从若干法条中予以推测，如第 63 条规定，地方各级人民政府和县级以上各级人民政府有关部门违反本法规定，不履行法定职责的，由其上级行政机关或者监察机关责令改正；有下列情形之一的，根据情节对直接负责的主管人员和其他直接责任人员依法给予处分：(四) 未按规定及时采取措施处置突发事件或者处置不当，造成后果的。我们仅可以认为此款规定是关于应急决策失误的责任规定。

(2) 归责原则相对混乱，缺乏统一的归责原则，且对主观意志因素在归责中的作用认识不够。

根据我国《突发事件应对法》第 63 条的规定，如果未按照规定及时采取措施处置突发事件或者处置不当，造成后果的，对直接负责的主管人员和其他直接责任人员进行依法处分。这同时体现了两种情况，一是依据行为违法加后果的归责原则，二是仅根据后果的归责原则。第 67 条规定，单位或者个人违反本法规定，导致突发事件发生或者危害扩大，给他人人身、财产造成损害的，应当依法承担民事责任。这里的归责原则是行为违法加后果的归责原则。《突发公共卫生事件应急条例》第 49 条规定，县级以上各级人民政府有关部门拒不履行应急处理职责的，由同级人民政府或者上级人民政府有关部门责令改正、通报批评、给予警告；对主要负责人、负有责任的主管人员和其他责任人员依法给予降级、撤职的行政处分；造成传染病传播、流行或者对社会公众健康造成其他严重危害后果的，依法给予开除的行政处分；构成犯罪的，依法追究刑事责任。这是一种典型的怠于决策的行为，采取的是行为归责的原则，将损害后果作为一个责任程度幅度和种类的酌定考量因素。但是，所有这些都未提及主观意志因素在归责中的作用问题。

(3) 责任实现形式混乱。

《湖南省行政程序规定》第 167 条的规定，实行行政问责制度，对行政机关及其工作人员的行政违法行为进行责任追究。行政问责应当坚持实事求是、错责相当、教育与惩戒相结合的原则。所谓行政问责制，是指一级政府对现任该级政府负责人、该级政府所属各工作部门和下级政府主要负责人在所管辖的部门和工作范围内由于故意或者过失，不履行或者正确履行法定职责，以致影响行政秩序和行政效率，贻误行政工作，或者损害行政管理相对人的合法权益，给行政机关造成不良影响和后果的行为，进行内部监督和责任追究的制度。根据《中华人民共和国公务员法（2018 修正）》（简称《公务员法》）第 59 条规定，公务员应当遵纪守法，不得有下列行为：贪污贿赂，利用职务之便为自己或者他人谋取私利。如果在突发事件的应对过程中，决策主体因存在为自己或他人谋取私利的动机，而导致所做出的应急决策上有所偏差，从而引起决策失误并造成恶性后果，则会引起法条竞合①。在此情况下，责任的具体实现形式将较为混乱。

2. 应急决策责任分析模型

本模型②是通过分别借鉴民法和刑法中的"责任理论"而构建起来的理论意义上的"应急决策责任分析模型"。民法与刑法中的"责任理论"因其作为基本立足点的"弥补"与"惩治"意义不同，虽然在主观要件和客观要件上有若干相同点，但更多的是差异。但作为应急决策而言，其承担是多方面的，不仅有因应急决策失误而带来的公民财产的损失赔偿问题，还会因触犯刑法带来刑事责任的问题。但更为复杂的是应急决策立足于常规决策且又超越常规决策的特殊性质，使得我们不能将民法与刑法中的"责任规范"在应急决策责任规制中进行简单的"二分"套用，这里面又存在着应急状态下诸多复杂的因素。而且，应急决策的责任规制还承担着一个更为复杂的任务，就是要在立法上为"善良违法"预留一定的制度空间，即通过采取相对宽容的姿态，来对未知状态下进行决策的主体的积极性、主动性和创造性起到一定的激励作用。

(1) 模型基本假设。

① 应急决策的相对独立存在。在对应急决策的分析中不能仅仅局限于个体的应急决策，而应从全局的角度进行全面的考虑。但正因如此，整个应急过程中的所有应急决策中的任何一个细微疏漏都足以牵动"全身"，产生连锁反应，影响到最终目标的实现。从这个角度来讲，假设应急决策相对独立存在，对其进行微观上的、尽可能细致的分析研究，这对突发事件的整体应对来说，将具有非常重要的意义。

② 应急决策主体的有限理性为"故意"和"过失"提供了存在空间。根据上文关于应急决策主体相关问题的论述，所谓有限理性，是指应急决策主体并不能在任何时刻都做出实现决策效益最大化的决策。有限理性又可以分为主观有限理性和客观有限理性两种。主观有限理性主要是指决策者决策时受到自身经验积累、性格倾向、决策偏好等主观因素的影响而不能完全理性地对现有资源进行分析，而做出决策的情况。客观有限理性是指在应急情境的复杂和不确定环境中，由于不能获得关于事件现在和将来可能变化的所有信息，而在高度不确定和信息不对称情况下所做出的决策。正因为诸多不确定因素的存在，才使得应急决策主体会存在追求某种决策结果的故意，以及未能对所有决策后果做出准确

---

① 法条竞合，指一个犯罪行为同时触犯数个具有包容关系的具体犯罪条文，依法只适用其中一个法条定罪量刑的情况。
② 基于法制的应急决策责任分析理论由宋筱婷博士提出，本书根据课堂教学要求进行了改写。资料来源：宋筱婷. 应急决策法制化研究 [M]. 北京：知识产权出版社，2014.

预知的情况的存在。

③ 不同种类的法律责任之间可以在一定程度上进行量化并加以比较。由应急决策所引发的责任承担可以分为三类：民事责任、刑事责任和行政责任。民事责任主要体现为赔偿金的支付。刑事责任可以分为主刑（管制、拘役、有期徒刑、无期徒刑、死刑）和附加刑（罚金、剥夺政治权利、没收财产）。行政责任包括对直接责任人的追责和对单位的追责。笔者所言的量化，是指在一定程度上的、相同外在表现形式上的量化。例如，我国《中华人民共和国国家赔偿法（2012修正）》（简称《国家赔偿法》）含有行政赔偿和刑事赔偿的内容，第33条规定，侵犯公民人身自由的，每日的赔偿金按照国家上年度职工日平均工资计算。

（2）模型参数及其内涵。

图2.1应急决策责任分析模型图例中的基本构成是借鉴数学分析中的象限的划分模式，横向为 x 轴，纵向为 y 轴，两个数轴将图例分割成四个分析区域——即四个象限。原点 (0,0) 代表已经发生的、待分析的应急决策事实。

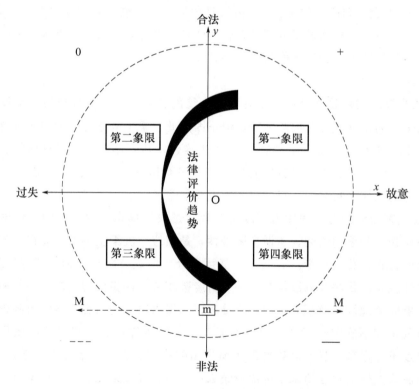

图 2.1　应急决策责任分析模型图例

① 横向的 x 轴代表应急决策主体的主观意志：0到 $+\infty$ 代表"故意"，包含对结果的清晰认知之后的主观放任和追求，正数值越大，追求的趋向越强烈，越类似于刑法中的"直接故意"；正数值越小，越趋近于0。说明追求的趋向越微弱，越接近于放任，类似于

刑事法律中的"间接故意"。0 到 $-\infty$ 代表"过失",与刑事法律中疏忽大意的过失和过于自信的过失的分类不同,本模型不再对于过失的具体情况做分类,只强调因决策主体应当对决策结果有清晰的认识却没有认识到,主要是由于存在玩忽职守、怠于履行职责情形所导致的。

② 纵向的 y 轴代表应急决策行为客观的表现形式是属于"合法"还是"非法"。0 到 $+\infty$ 是合法,正数值越大,代表合法指数越高;0 到 $-\infty$ 是非法,负数值越小,代表非法指数越高,即与法律相背离程度越高。需要特别予以说明的是,这里合法与非法的划分并非是按照"实证法学派"的观点进行的形式上的划分,而是按照"自然法学派"的观点进行实质意义上的划分。这主要是考虑到在应急情境下,现有法律难免不尽周延,为了尽可能地激发决策主体的主观能动性而做出的选择。

③ 分布在以上四个象限中的应急决策,所获得的法律评价是不同的。

分布在第一象限的应急决策,决策主体主观为"故意",决策行为客观表现为"合法",所以获得的是积极的法律评价(以"＋"表示),可以法律的事后追认、对当事人的奖励等形式表现出来。

分布在第二象限的应急决策,决策主体主观为"过失",决策行为客观表现为"合法",这主要是指应急决策主体在决策过程中存在疏忽或未完全尽责之处,但所做出的应急决策并没有明显"违法",鉴于危机情境下,信息、资源、时间的紧迫性以及应急决策主体自身的有限理性,笔者认为应对此持有宽容态度,不能求全责备,防止由此伤害了应急决策主体的积极性和主动性。所以,在图示中中的法律评价以"0"表示,代表着虽然法律并不提倡,但仍然对未造成严重后果的"瑕疵决策"持较为宽容的态度。

分布在第三象限的应急决策,决策主体主观为"过失",决策行为客观表现为"非法",所以获得的是消极的法律评价,但鉴于其主观为"过失",并不存在违法的恶意,所以建议在消极法律评价的基础上,从轻或减轻处罚,所以以虚线"---"表示。

分布在第四象限的应急决策,决策主体主观为"故意",决策行为客观表现为"非法",主要表现为存在主观恶意的,借紧急情境下的常规法律的暂时真空来谋求私利所做出的应急决策,所以获得的是消极的法律评价,且承担最全面的法律责任,以实线"——"表示。

④ 法律评价趋势分析(即责任承担趋势分析)。如图 2.1 所示,经过以上分析,我们可以看到从第一象限到第四象限,法律评价是从积极向消极逐步转变的,或者说从第一象限到第四象限,应急决策的法律评价是在逐步降低的。同时,其对损害后果所承担的责任也是在逐步增加的。这个思想我们可以从现有的法律规范中找到佐证。根据《突发事件应对法》第 63 条规定,地方各级人民政府和县级以上各级人民政府有关部门违反本法规定,不履行法定职责的,由其上级行政机关或者监察机关责令改正;有下列情形之一的,根据

情节对直接负责的主管人员和其他直接责任人员依法给予处分：（一）未按规定采取预防措施，导致发生突发事件，或者未采取必要的防范措施，导致发生次生、衍生事件的；（二）迟报、谎报、瞒报、漏报有关突发事件的信息，或者通报、报送、公布虚假信息，造成后果的；（三）未按规定及时发布突发事件警报、采取预警期的措施，导致损害发生的；（四）未按规定及时采取措施处置突发事件或者处置不当，造成后果的；（五）不服从上级人民政府对突发事件应急处置工作的统一领导、指挥和协调的；（六）未及时组织开展生产自救、恢复重建等善后工作的；（七）截留、挪用、私分或者变相私分应急救援资金、物资的；（八）不及时归还征用的单位和个人的财产，或者对被征用财产的单位和个人不按规定给予补偿的。所以，从这个意义上说，第四象限的应急决策所要承担法律责任的门槛最低。

⑤"决策半径"的法律责任承担分析。这实际上是四个抽象意义上的圆弧的集合，笔者的设计是将其作为所有距离应急决策事实（0,0）即原点的位置相等的点的集合。需要强调的是，这种比较只能在每个象限内展开，而不能跨象限进行。例如，在第四象限内，圆弧上所有的点（即存在的应急决策行为）均处于距离原点相等的位置，应当承担相同强度的法律责任。同时也可以推出，在此象限内，在承担相同强度的法律责任的前提下，"非法"程度与主观"恶意"成反比，即最后的责任承担是由主观意志和客观行为两个方面决定的。

⑥ M 线分析（非法状态下主观意志区别所导致的责任承担差异）。M 线上所有的点（即应急决策）在外在形式上违背法律的程度相同，所不同的只是决策主体在做出应急决策时所持的主观意志状态。根据以上的法律评价趋势分析我们可以知道，从宏观而言，第三象限到第四象限法律评价是降低的，但落实到微观的 M 线，则是呈双向延伸存在的。即以 m 点向左，随着过失程度不断严重，在非法的相同程度上，法律责任不断增加；以 m 点向右，随着故意程度不断加深，在非法的相同程度上，法律责任不断增加。从理论上讲，这完全可能存在不同应急决策主体虽然持有的主观意志有"故意"和"过失"的区别，但在相同的行为违法程度上，承担程度相同的法律责任。

3. 应急决策责任分析模型的应用

为了使图例中的描述更为直观和具体，选取下列两个案例来依照图例的原理进行对比分析，以进一步明确图例的实践分析意义。唐山大地震中"狱警释囚案"（简称"释囚案"），应急决策的集中表现就是狱警的"违法"释囚；新疆"克拉玛依大火案"（简称"大火案"）中，应急决策的集中表现就是某在场领导喊出的"让领导先走"。

（1）唐山大地震中"狱警释囚案"案例分析。

在"释囚案"中，决策行为在形式上似乎属于"非法"的范畴，主观上属于"故意"的范畴。

① 决策主体违法。做出该决定的狱警显然不是应急决策的合法主体，这与其固有职责相背离。作为狱警，其法定职责就是维护监狱的正常监管秩序，并防范监内囚犯不遵守监狱规定进行包括越狱在内的非法活动。法律严禁狱警做出任何可能致使罪犯脱逃的行为，根据《中华人民共和国监狱法（2012修正）》（简称《监狱法》）第42条规定，监狱发现在押罪犯脱逃，应当即时将其抓获，不能即时抓获的，应当立即通知公安机关，由公安机关负责追捕，监狱密切配合。狱警负责对监狱的警戒，建立监狱警戒措施，并在罪犯脱逃时将其抓获，并且可以在犯罪脱逃或者使用暴力时使用警械。而本案中，地震后已经不存在任何阻碍罪犯越狱的客观障碍，该狱警的决定极有可能造成罪犯的集体越狱，这在常规法律中是绝对被禁止的。

② 决策程序违法。根据我国《监狱法》第35条规定，罪犯服刑期满，监狱应当按期释放并发给释放证明书。释放罪犯必须符合法定的条件并履行一定的程序，必须是罪犯服刑期满，必须同时发给罪犯释放证明书。本案中，罪犯们服刑期限未满，不符合法定释放条件；且该狱警在做出"释囚"决定时，没有报请批准，没有履行任何所谓"民主"的程序，只是一个人在经过短暂的思想斗争之后就做出了决定，可谓是绝对的"专制"。

③ 决策内容违法。本案中，如上所言，"释囚"必须符合法定条件和法定程序，而不是仅凭借其中一个罪犯的"口头申请"，就直接可以对所有的罪犯实行无差别的、同时间的释放，即使是打着"救人"的名义，在狱警根本不具备制止可能的罪犯集体越狱情况发生的能力时，罪犯"救人"的过程实际上已经脱离了狱警的监管，哪怕只是一个特定时间范围内的脱离监管。并且，这种脱离监管的结果与狱警的应急决策之间存在着客观上的因果关系。

④ 主观上属于"故意"的范畴。所谓故意，是指决策人明知其决策可能发生的结果，仍然坚持或放任该结果的发生，即使结果的有些方面或表现形式会违背自己的本意。本案中，作为决策主体的狱警对自己行为产生的各种结果均有着充分的预期，该决策可能产生的结果有：第一，罪犯暂时脱离狱警的监管去救人，救人结束后自动返回，则该狱警的"释囚"行为虽会触犯纪律，但最终未造成严重后果，且存在救人的情节，或许会从轻处理；第二，罪犯暂时脱离狱警的监管去救人，但救人结束后并未自动返回，而是乘机逃跑了；第三，获得许可的罪犯根本就没有按照自己之前的许诺去救人，而是因为客观上并不存在逃跑的障碍而直接逃跑了。在震后的特殊环境中，基于人类求生的本能，这种情况也很有可能发生。无论是第二种结果还是第三种结果，我们从案例中可以推断，该狱警都对其后果有清晰的认识，"如果犯人跑光了，自己输掉的将是后半生的自由"。

分析到这里，我们似乎已经可以得出这样的结论，即该狱警的应急决策行为客观上属于"非法"，主观上属于"故意"，所以该应急决策行为对应的是"应急决策责任分析模型"中第四象限的范畴。法律似乎对此应给予最严厉的"负面评价",对决策主体进行惩罚;或应当认为该应急决策是错误的。但是,真理和谬误往往只有一步之遥;我们总是往往被各种各样的假象所迷惑,而得出背离其本质的结论。只有我们对现象进行更深刻的分析,才能对其本质有更深刻、更准确地领悟。就以上所讨论的"释囚"案而言,真相远非如此,正如在以上的分析中言道,该"模型"中,合法与非法的分界标准并非以死板的、形式上的规律规范为准,而是看其是否符合"公平、正义"的标准。因此,当我们用一种更为深刻的衡量标准来进行分析时,就会发现,结论将是完全不同的。就本案而言,该"释囚"决策行为在实质上应当属于"合法"的范畴,具体分析如下。

a. 该应急决策动机善意。"释囚"是为了救人,为了救更多的人,是基于对救助生命的追求。众所周知,地震后的 72 小时内是最佳的救援时间,被救助者获得救援的可能性最大,存活的概率也最高。生命权是人的根本权利,对生命权的救助在应急决策中具有天然的、不可动摇的正当性,这一点毋庸置疑。

b. 该应急决策符合"价值位阶原则"的要求。与将获得救助的伤者的生命权得到保障相对应的是,由此带来的恶性后果,则是犯罪分子借此逃脱的可能性,或者说是罪犯由此获得"不被法律认可的自由"的可能性。生命权作为一项最基本的人格权,是其他人格权利存在的前提和基础,"释囚"决策在必然的生命权与或然的"自由权"面前,选择了必然的生命权。同时,相对于广泛的可能获得救援的伤者而言,这些罪犯只是数量较少的一群,"释囚"决策在数量的"广泛"与"较少"之间,选择"广泛"。相对于伤者获得救助的"公益"而言,作为决策主体的狱警自己的"可能丧失后半生自由"的私益被舍弃,"释囚"决策选择了公益。这些无不印证了该决策的"实质合法"性。

c. 该应急决策符合相应的决策资质。这里并不是指作为应急决策主体的狱警具有某种级别上的权威性,或者其行为获得了特定的法律授权。而是指,作为一名普通狱警,其做出的情势判断完全符合一名狱警的专业认知。其清楚地认识到这是一次博弈,清楚地认识到"释囚"之后各种可能的结果,最重要的是,清楚地认识到,双方力量的悬殊,自己已经不具备控制现场的能力。在已经不利形势下去寻求尽可能有利的结果,这已然是紧急情况下的无奈之选,并无任何失职之处。

d. 该应急决策符合效率原则的要求。如上所言,该狱警在听到罪犯救人的建议后,并没有采取任何的拖延和搁置,或者尽可能先寻求上级的意见(当时的条件也不允许),尽管这样做可能会在发生不利结果时在一定程度上减轻自己的责任,而是在作了短暂的利弊分析之后,果断地做出了决定,有效地节约了救援时间,促进了救援工作的开展,这非常符合效率原则的要求。

综上所言,该决策动机善意,符合"实质正义"的原则性要求。所以,在行为上属于"合法",主观上属于"故意",属于第一象限的内容。这就意味着,法律对此应给予积极性的评价,具体形式可以是事后的追认、对当事人的嘉奖等。

(2) 新疆"克拉玛依大火案"案例分析。

在"大火案"中,决策行为在形式上似乎属于"合法"的范畴,在主观上属于"故意"的范畴。

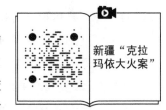
新疆"克拉玛依大火案"

① 决策主体"合法"。该案中,做出"让领导先走"决策的是在场的某领导。当时在现场的领导有上级派来克拉玛依市的"义务教育与扫盲评估验收团"的 25 名官员,本市教育局负责组织现场演出工作的官员。做出"让领导先走"应急决策的主体,其作为官员本身具有合法的授权,或者说,其基本职责就是对汇报演出过程的各种事宜进行处理。

② 决策程序"合法"。该应急决策形式上是一个官员在紧急情况下脱口而出的一句号召,没有经过任何民主形式的表决。其实不然,领导们都先于群众从现场逃离的集体性行为实质上就是对该决策的默认,相当于对该决策投了"赞成票";只不过,这里违反了决策民主程序中的"回避原则"而已,即当事人回避的原则。所以,从这个角度分析,相对于"释囚案"的无程序而言,该决策似乎更符合"民主"程序的标准。

③ 主观上属于"故意"的范畴。本案中,作为决策主体的官员非常明确自己的行为将会带来怎样的后果,我们不能说在当时的情况下他(或者是她)已经能够预料到当领导们先走会直接导致众多群众因此丧失了最宝贵的逃生时间而葬身火海,但作为现场指挥中的一员,其应当能够预料到让离火场最近的领导们先走在客观上必然耽误了广大群众的宝贵逃生时间,将进一步扩大火灾的伤亡。在这里,该应急决策主体,包括用实际先走的行动对该决策予以支持的领导们,对群众的伤亡保持着放任的态度。

但是,其最重要的一点却是应急决策内容实质"非法"。

a. 该应急决策动机恶意。火灾发生后,决策主体并没有立即组织群众进行疏散和自救,以在不利条件下最大限度地维护群众生命财产的安全。而是"让领导先走",抑或是为了巴结领导,寻求自己以后的升迁;抑或是因为自己亦属于领导的范围,将保护自己的生命放在第一位,而将广大群众陷于危难之中。

b. 该应急决策不符合"价值位阶原则"的要求。生命无价,人人平等,这是法治社会的基本准则。然而,"让领导先走"包含着的价值排序是在生命权面前,领导的生命比普通群众的生命更宝贵,成年人的生命比未成年人的生命更宝贵。同是生命,却因职务不同而有了高低贵贱之分,与法治的精神严重背离。

c. 该应急决策不符合效率原则的要求。让离安全门最远的领导们先走,使得广大群众在等待领导们"从容"转移的过程中白白浪费了宝贵的逃生时间,是效率极其低下的选择。有效率的方案应当是让离安全门最近的群众由近到远逐步撤离,离安全门相对较远的群众可以同时转移,如此在相同的时间内必然可以让更多的人安全撤离。

综上所言,该决策动机恶意,不符合"实质正义"的原则性要求。因此,在行为上属于"非法",主观上属于"故意",属于第四象限的内容,这就意味着,法律对此应给予消极性的评价，具体形式可以是事后的负面定性、对当事人的惩治等。

从本案最终的处理结果（部分）也可以作为相应的佐证。

唐某，原克拉玛依市教委副主任。因不指挥打开所有安全门和组织学生疏散，"只顾自己逃生"（法院判决书语），判玩忽职守罪，处有期徒刑5年。

况某，原新疆石油管理局教育培训中心党委副书记。同样不指挥打开所有安全门和组织学生疏散，而是"只顾自己逃生"。同时凭借着对友谊馆地形的熟悉钻进厕所并将其反锁，致使本应容纳三十多人的厕所只留给自己一人，间接扩大了伤亡比例；判玩忽职守罪，判处有期徒刑4年。

朱某，市教委普教科科长。同样不指挥打开所有安全门和组织学生疏散，"只顾自己逃生"；判玩忽职守罪，判处有期徒刑4年。

赵某，市教委普教科副科长。仅组织舞台北侧的部分学生演员撤离，"忽略了"舞台南侧的学生演员，也判玩忽职守罪，免予刑事处分。

2.2 基于信息的应急决策本土化解释模型

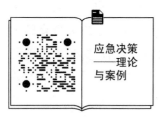

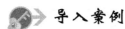

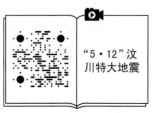

应对"5·12"汶川特大地震的决策分析

2008年5月12日下午14时28分，在中国的四川省汶川县发生了里氏8.0级的特大强烈地震。事实上，我国是世界上自然灾害最为严重的国家之一，灾害种类多、分布地域广、发生频率高、造成损失重。"5·12"汶川特大地震发生后，我们在缅怀追思罹难同胞的同时，回顾救援历程，理性总结救援工作，以期在推进对灾难防御与救助进行分析研究中促进全社会应对灾难能力的提高。

1. 进一步提高应急预案有效性

"5·12"汶川特大地震发生后，四川阿坝州在第一时间启动了《阿坝州公共突发事件总体预案》和《阿坝州破坏性地震应急预案》。震后半小时，州委紧急会议结束，阿坝州抗震救灾应急指挥部成立，州林业电台24小时开机工作，各级政府和州直部门按照预案规定进入工作状态。3时40分，在马尔康的州主要领导带领州直有关部门以不同方式和渠道赶赴极重灾区，在外出差的各级干部分别向震中和极重灾区集结，但由于交通、通信全部中断,群众无法听到党和政府的声音,政府无法了解灾区具体情况,导致州级预案启动在一定层面上失效。

预案是对各类突发事件的预测性分析与应对措施的考虑,目的是在突发事件发生时应对有序,处置高效,救助及时。阿坝州由于在预案制定时没有考虑交通、通信全部中断的极端情况,致使预案启动后总体效果减弱。因此,在吸取"5·12"教训,进一步修订和完善预案时,应充分考虑边远地区的启动响应与启动效果,确保预案启动后,信息畅通,指挥有序,救助高效。州县预案,全面考虑交通、通信全无等极端条件下的预案针对性和可操作性,确保预案启动实效。乡镇和村社、街道、社区预案,要简单明了,直指生命保护和人员安全撤离线路,使群众看得懂,记得住,用得上。

预案形成后,一是要加强预案宣传,使预案规定转变为单位责任和人们行动意识,确保突发事件发生后,组织有序,群众撤离有向,自救互救有力。二是要强化预案演练,通过演练,使预案规定真正成为规范化、整体化的统一行动,修正预案不足,进一步促进预案规定周密、无缝,提高针对性和操作性。

2. 进一步拓展"生命通道"功能

"5·12"汶川特大地震发生后,震中映秀镇、汶川县其他乡镇和茂县、理县等极重灾区交通、通信全部中断,全部沦为"孤岛",由于震后尘埃覆盖,一段时期,汶川、茂县区位在卫星信号上消失,导致信息缺失,决策无据,指挥不畅。

"5·12"的惨痛教训,要求我们在今后的经济发展与社会进步中,进一步加强交通、通信等基础设施建设,全方位拓展"生命通道"功能。一是进一步加强公路网络建设。都(江堰)汶(川)路在"5·12"汶川特大地震中,不仅成为灾后应急公路环线快速恢复的基础,有多数路段成为灾难降临时群众的临时避难场所。因此,加快边远地区交通建设,是减少"孤岛"现象的有效途径。二是进一步加强铁路通道建设。2009年2月21日,成兰铁路的开工建设,对于欠发达的地区来讲是一个良好的开始,区域经济的均衡发展与欠发达地区的社会稳定需要国家予以支持,扩大铁路的区域覆盖范围,意义重大。三是进一步加强空中通道建设,以九黄机场为标志的大中型机场建设,极大地拉动了地区经济发展。在灾后重建和非灾区的经济建设中,应进一步加强县城、乡镇的直升机着落场建设,使之既成为临灾的群众避难场所,又成为极端情况下与外界的连接通道。四是进一步加强信息通道建设。在"5·12"汶川特大地震中,林业电台发挥了不可替代的作用。为吸取"5·12"教训,阿坝州现已建成延伸到重点乡镇的应急电台系统,与林业电台并行使用,但仅限于阿坝州行政区域,为加强欠发达地区的信息通道建设,确保各类应急处置需要,应建立健全国家—省—市(州)—县—乡(镇)应急通信体系,确保极端条件下的信息传递,保证应急处置时决策有据,指挥有力,反应快速,救助与控制高效。

3. 进一步增强重大灾害的国家支持效应

"5·12"汶川特大地震发生后，由于交通中断，一段时期阿坝州"5·12"救援所必需的粮食、药品、帐篷、饮水匮乏，外界物资进入也十分困难。地震发生当天，在党中央、国务院、中央军委的统一调度指挥下，各类救援力量在第一时间向灾区集结，空军在无任何地面资料的情况下空投茂县，使群众的期盼成为现实，国家意识、民族凝聚力得到强化，这是以人为本和科学救灾的具体体现，也是新的历史条件下国家处置重特大突发事件的一次没有先例可借鉴的重大实践，最大限度地保证了灾区群众的生命安全，减小了灾害损失。实践证明，巨灾面前，国家支持救援体制机制优势明显。

大规模的突发公共事件，对群众的生命财产的损失是巨大的。因此，国家支持是较大规模突发事件应急的坚强后盾，凝民心，聚民力，使政府行为与群众意愿融为一体，全方位形成整体联动，确保应急处置快速、有力、有序、高效。一是进一步健全国家快速应对体制和机制。重特大突发事件都会对群众生命财产和区域内经济造成严重损毁，单靠区域实力难以保证相对时限的全覆盖，这就需要国家的整体联动。为此，需进一步健全军地、政企、社会快速应对体制和机制，提高生命救援效应和局势稳控能力。二是进一步健全应急资金和物资储备制度。欠发达地区经济发展与社会进步相对滞后，应急所需的资金和物资储备不足，尤其是边远乡镇情况尤为严重。对此，国家应根据欠发达地区的实际情况，在相对地域建立国家应急物资储备库，并按物资保存周期予以更换，确保处置突发事件的应急之需；建立健全欠发达地区应急资金保障制度，确保应急处置时的资金需要，使国家支持转化为应急处置时的有效手段，保证"第一时间、第一地点、处置高效"成为现实。

4. 进一步加强应急能力建设

为切实加强应急管理工作，阿坝州于2007年底，建立健全了州县政府应急管理工作机构。在"5·12"汶川特大地震应急救援中，州县应急管理办公室认真履职尽责，强化应急值守，多方沟通协调，全面完成了应急救援现场处置、信息报送、救助需求、指示和指令传达等应急工作，确保了应急处置中有人管事、理事和办事，为突发事件的处置和生命救助赢得了时间和空间。

加强应急管理组织机构建设，一是机构性质要满足工作需要。《突发事件应对法》颁布后，从国家到县级人民政府都相继设立了政府应急管理办公室，但由于没有统一要求，各地情况差异大，使机构与工作任务需要不相适应。鉴于此，建议国家统筹明确应急管理办公室的"三定"方案原则，统一设置，全面提高应对突发事件的能力和效率。二是人员配备要满足工作需要。"5·12"汶川特大地震中，阿坝州政府应急办外勤人员及时深入灾区组织协调抢险救灾，内勤人员强化应急值守，保证了救援力量、物资的调配和灾区需求的报告和指示、指令的传达，确保了应急救援的快速高效。因此，完善职能，配齐配强领导班子，配足配精工作人员，营造良好的工作氛围，用活人力资源，最大限度发挥个体的主观能动性和工作能力，是应急管理组织机构建设的重中之重。

快速反应能力建设，其直接反应就是如何抢抓第一时间，及时抢救生命，最大限度控制事态，这需要软硬建设同步推进。硬件建设重点要解决交通、通信工具及其相关的办公设施配置，保证人员能够"突闻"而动，信息能够"突闻"而发，同时，抢险救援交通工具应有国家统一标识，人员有国家统一特许证件。软件建设，重点要加强从业人员的能力培训，增强从业人员临危不乱的能力，保证从业人员"突闻"能思，"突闻"想动，"突闻"敢动，应急决策适应处置需要，用最短的时间控制事态，用最大的力量抢救生命。

各地应急抢险队伍基本依靠驻地人民解放军、武警部队、公安民警和民兵预备役等国家力量，这是应急力量的主体构成。因此，应进一步建立健全联席会议制度，随时通报突发事件动态和潜在隐患，加强平时的合作演练，使单体力量形成整体力量，确保在应急需要时拉得出、顶得上、见实效。医疗救护应急分队建设要按照属地管理原则就地组建，就地培训，开展必要的门诊应急救护和野外救护演练，配备必要的器械和药品，确保他们发挥最大的生命救助效应。进一步加强社区、街道、社区业余应急抢险小分队建设，在组建和培训时，明确队员分组所带工具，各组应急处置时所在位置，最大限度保证应急分队对事件区域进行全面覆盖，稳定群众情绪，用队员行动鼓励群众积极参与应急处置，确保应急处置地人力资源需要。

2008年5月14日，各种救援力量聚集"5·12"震中映秀镇，面对倒塌的房屋、呼救的群众，各类救援力量就地开展救援，但由于对区域地形地貌和人群分布不熟悉，初期的救援效果受到影响。对此，中共阿坝州委立即派员深入各救援队伍，加强与各队伍的联系沟通，要求各队伍加强统一协调配合，地方党政机关加强支持协调，此举使随后的应急救援更加有序、有效。

属地指挥，是"5·12"抗震救灾探索出的行之有效的经验，这对各类突发事件的处置具有极大的启示。要保证属地指挥体系的高效运转，除了指挥者必须熟悉情况以外，还需要指挥者掌握应急处置相关规程和知识。这既需要平时的积累，更需要相应的培训提高。各级党校和行政学院在日常的干部培训中，应结合区域突发事件的特点和潜在隐患，加强应急管理法律法规和国家政策的培训，加强各类应急预案的学习，加强特定条件下的心理训练，使他们在思想上考虑得到，心理上承受得住，决策上符合实际，指挥上果断有序，保证对局势控得住，使群众在承受灾难时看到希望，确保群众情绪稳定，区域社会秩序稳定。进一步加强基层干部应急能力培训和学校应急技能教育，形成梯次应急处置人力资源配置任务紧迫，意义深远。

资料来源：http://www.shenyang.gov.cn/zwgk/system/2010/12/03/000013109.shtml

2018.08.15

思考问题：

1. 分析 2008 年"5·12"汶川特大地震的灾情信息特征。

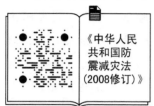
《中华人民共和国防震减灾法（2008修订）》

2. 分析 2008 年"5·12"汶川特大地震应急决策得失。

大数据①的背景下，应急决策需要借助数据挖掘的新工具。信息是突发事件情境下进行应急决策的核心要素，信息的完备程度直接影响到决策的结果，**应急决策本质上是一个信息收集、分析、传递、研判和运用的管理过程**。本节从知识分布和信息传递的角度描述了应急决策中信息的稀缺性、分散性、有限性等特征，把突发事件情境下的信息获取与传递视为影响应急决策的两个基本变量，从而建立基于"信息源-信息渠道"解释框架模型与理论。

2.2.1 应急决策中的基本问题

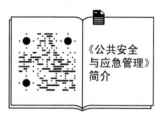
《公共安全与应急管理》简介

1. 公共安全的核心问题

如图 2.2 所示，公共安全三角形理论模型是清华大学范维澄院士及其研究团队在 2003 年首次提出。该理论认为突发事件从发生、发展到造成灾害作用直至采取应急措施的全过程中，突发事件及其应对中存在三条主线：其一是灾害事故本身，称之为"突发事件"；其二是突发事件作用的对象，称之为"承灾载体"；其三是采取应对措施的过程，称之为"应急管理"。突发事件、承灾载体、应急管理三者构成了一个三角形的闭环框架。在其应对的三角形框架中还存在三个关键因素——物质、能量、信息，称之为灾害要素。

（1）突发事件。

突发事件指可能对人、物或社会系统带灾害性破坏的事件。 通常表现为灾害三要素的灾害性作用。其基本规律：一是随机性规律。突发事件具有随机过程的特点，即其演化状态服从概率分布的过程。二是确定性规律。确定性规律是事物本身固有的，可以通过物

---

① 大数据（big data），指无法在一定时间范围内用常规软件工具进行捕捉、管理和处理的数据集合。在维克托·迈尔-舍恩伯格和肯尼斯·库克耶编写的《大数据时代》中大数据指不用随机分析法（抽样调查）这样捷径，而采用所有数据进行分析处理。IBM（国际商业机器公司）提出大数据的 5V 特点：Volume（大量）、Velocity（高速）、Variety（多样）、Value（低价值密度）、Veracity（真实性）。而麦肯锡全球研究所给出的定义是：一种规模大到在获取、存储、管理、分析方面大大超出了传统数据库软件工具能力范围的数据集合。大数据具有海量的数据规模、快速的数据流转、多样的数据类型和价值密度低四大特征。

图 2.2　公共安全三角形理论模型

理、数学、化学等各学科的理论和方式探寻并掌握的事物内在规律。三是时间之矢。事实上，自然界中实际发生的过程都是不可逆的、有时间箭头的。自然界真实的物理图像是，不可逆过程才是无条件的、绝对的。四是负熵。系统论指出，平衡态是高度对称的无序状态，非平衡态是对称破缺的有序状态。突发事件的孕育，是系统从平衡态向非平衡态发展的过程，也可以说，突发事件的孕育过程存在由无序指向有序的时间之矢。负熵是物质系统有序化、组织化、复杂化状态的一种量度。齐拉德首次提出了"负熵"这个经典热力学中从未出现过的概念和术语。熵是用以表示某些物质系统状态的一种量度或说明其可能出现的程度。

（2）承灾载体。

承灾载体是突发事件的作用对象，一般包括人、物、系统（人与物及其功能共同组成的社会经济运行系统）三方面。承灾载体是人类社会与自然环境和谐发展的功能载体，是突发事件应急的保护对象。承灾载体的破坏有可能导致其所蕴涵的灾害要素的激活或意外释放，从而导致次生衍生灾害，形成突发事件链。

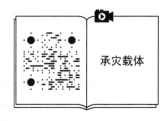

① 人。人是最重要和最脆弱的承灾载体。对于人作为承灾载体的突发事件，如果按照突发事件的作用范围，人所受的伤害可以分为个体伤害、群体伤害等；如果按照伤害来源的类型，可以分为物理伤害、核生化伤害、心理伤害等。物理伤害是突发事件对人类造成危害的最普遍方式。小到交通事故，大到建筑物垮塌，都能够造成人类本体的破坏。核生化伤害主要指核辐射、有毒有害的化学品及病菌、细菌引起的伤害。人类无时无刻不在承受着各种各样的辐射。天然辐射主要来自宇宙射线、天然放射性核素，如氡气等。此外，在突发事件发生时，公众一般的心理特点就是容易出现警戒、从众、过度防范、焦虑等现象，并且在不同阶段表现出不同的反应，如事件之初的恐慌、事件发生过程中的盲从、事后的悲观痛苦等现象。

② 物的世界。物的世界既包括自然事件的各类物体，如山川河流，也包括人类创造的文明世界，物的世界也是人类社会的基本载体。物的破坏主要体现为结构的破坏。作用在结构上的常见荷载有：结构自重、雪荷载、车辆荷载、楼面活荷载、人群荷载、风

荷载。

③ 社会运行系统。社会运行系统是承灾载体的重要类型，突发事件导致的承灾载体破坏中，对纯的人或物的破坏更加严重，这不仅表现在社会运行系统的破坏极易导致人和物的伤害与破坏，还表现在社会经济运行系统的破坏往往会造成长期的影响，恢复的难度更大。社会运行系统主要包括：交通运输，电、煤供应，农业、林业，电力设施，工业企业，居民生活。承灾载体在突发事件作用下的破坏表现为本体破坏和功能破坏两种形式。本体破坏在突发事件作用下发生的实体破坏，是最常见的破坏形式。承灾载体在突发事件作用下发生本体破坏的可能性和程度，通常用脆弱性来衡量，脆弱性越大的承灾载体越容易发生本体破坏，破坏程度也更严重；承灾载体在突发事件作用下发生功能破坏的可能性和程度，通常用鲁棒性来衡量，鲁棒性越强的承灾载体在突发事件作用下保有原有功能的能力越强。脆弱性降低和鲁棒性增强，是提高承灾载体抗灾能力的两大方向。

（3）应急管理。

公共安全三角形理论模型的三条边以及与灾害要素之间具有密切的联系，突发事件是灾害要素的状态发展演化到超出临界区造成破坏性作用的过程，承灾载体是承受突发事件破坏性作用的载体，同时承灾载体本身蕴涵的灾害要素也可能在突发事件的作用下被意外释放进而造成次生灾害。应急管理的对象既包括突发事件也包括承灾载体，同时可以理解为应急管理的对象是灾害要素，既包括造成突发事件的灾害要素，也包括承灾载体蕴涵的灾害要素。应急管理的环节可以归纳为：预防准备、监测监控、预测预警、救援处置、恢复重建。

应急管理（Emergency Management，EM）指可以预防或减少突发事件及其后果的各种人为干预手段。应急管理可以针对突发事件实施，从而减少事件的发生或降低突发事件作用的时空强度；也可以承灾载体实施，从而增强承灾载体的抗御能力。业务持续性管理（Business Continuity Management，BCM）是一个整体性的管理流程，它使特定组织（Organization）认识到潜在的危机和相关影响，并制订一个建效反应能力的计划，从而减小突发事件给组织业务（Business）带来的不良影响，确保关键业务的持续性（Continuity）。应急管理与持续性管理尽管关系密切，但它们还是存在一些不同的特点。最显著的区别在于各自的视角和着眼点有差异，即针对的目标和范畴有差异。业务持续性管理侧重于保持特定组织业务的持续，关注整个组织机构的生存，而应急管理侧重于政府组织整个社会应对突发事件，关注挽救生命和财产。在以安全保障为目标的应急实践中，应急管理与持续性管理具有高度的目标一致性，并应实现紧密融合，从而实现兼顾全面系统性的公共安全保障。近年来，国际应急管理领域已经普遍认识到 EM 与 BCM 融合在实际应急中的重要性，并制订了若干标准流程（图 2.3、图 2.4）。

（4）灾害要素。

灾害要素是可能导致突发事件发生的因素，本质上是一种客观存在，具有物质、能

量、信息三种形式。 突发事件虽然表现为自然灾害、事故灾难、公共卫生事件、公共安全事件等多种多样的类型，但从本质上讲各种突发事件的作用都可以归纳为物质、能量或信息的作用或者其耦合作用；承灾载体本质上也同样是由物质、能量和信息三者组合构成的，在形式上表现为丰富的客观世界。应急管理的对象正是来自突发事件和承灾载体的各种灾害要素，从而避免或降低其对人类社会和自然环境造成的危害。

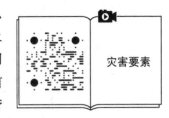

灾害要素

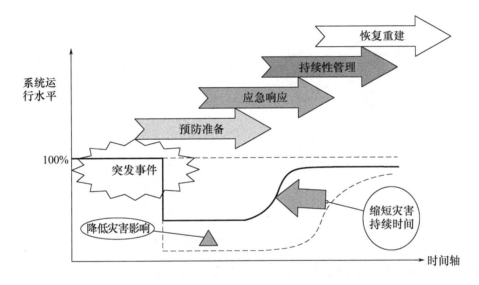

图 2.3　EM 与 BCM 融合的应急系统

① 物质形式的灾害要素，主要包括：无毒害性的物质和有毒害性的物质（即生物物质、化学物质和核物质）。

② 能量形式的灾害要素。科学研究指出，能量表征了物质的运动，所谓世界是物质的，物质是运动的。对于能量的控制和运用，是现代社会的重要特点，也是现代科技的重要表现。人类通过对各种能量（化学能、风能、水能、核能、太阳能）的掌握、转换和运用，对客观世界进行着不懈的探索和追求。但是，能量同时也是很多突发事件的主要灾害要素，主要的三种表现形式：地震（典型的能量致灾的例子）；火灾（有史以来危害最持久、最剧烈的灾害之一）；爆炸。灾害要素的能量主要有四种表现形式：机械能（包括动能和势能）、热能、化学能、核能。能量形式的灾害要素在致灾时经常伴随着能量的转化。

③ 信息形式的灾害要素。信息可以说是现代科学发展中最神奇和争议最多的概念，到目前为止，对于信息仍然没有一个唯一公认的科学定义。不同领域的学者从不同的角度对信息做出不同的诠释。一个普遍认同的观点是，**信息是对事物及其运动状态和状态变化方式的描述**。简单地说，信息是主体通过一切可能的手段获得的对事物过去、现在和未来

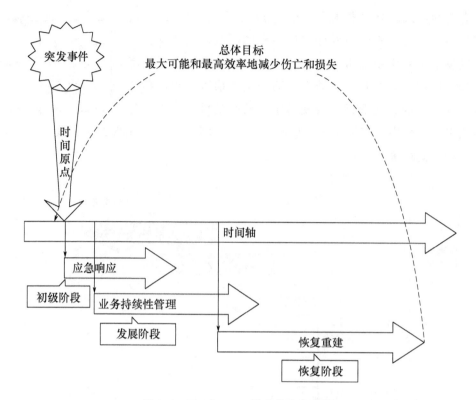

图 2.4　EM 与 BCM 融合的应急流程

的属性特点、运动状态及运动状态变化方式的认知、分析和判断。

总之，灾害要素作为一种客观存在，是无法也不能被"消灭"的。我们所能做和需要做的是采取各种有效的关键技术和方法避免或减少灾害要素引发突发事件。总体上，灾害要素导致突发事件的方式有两类：一是超临界；二是被非常规触发。这两类方式又由于系统的物质交换和能量交换的方式不同而存在这两种情况。一是无毒害性的物质形式的灾害要素导致突发事件的主要方式是灾害要素本身超临界。例如洪水灾害，其灾害要素是水，而水本身是不具有任何危害性的。只有当江河湖泊水量达到一定规模并超出其容纳能力时，才会导致洪水灾害。二是有毒害性的物质形式的灾害要素导致突发事件的常见方式是被非常规触发。例如，以危险化学品泄漏为例，"泄漏"两个字不和危险化学品连在一起时，是没有危险的。

2. 应急决策效果的评估

（1）突发事件的类型。

突发事件是相对于常规决策环境的一种非常态的特殊情景，它通常具有威胁基本价值、紧急性、不确定性等基本特征，属于非结构化问题。突发事件的本质是一种特殊的非常规决策场景。按照"情景-冲击-应对"的逻辑，从事件属性（自然性或社会性）和冲击方式（瞬时性或渐进性）两个维度，突发事件包括自然性瞬时冲击、社会性瞬时冲击、自然性渐进冲击、社会性渐进冲击四大类（表2-1）。在突如其来的冲击情景下，管理者需要尽快认清和把握突发事件情景及其演变规律，基于情景依赖进行实时的非程序化决策，尽快对事态做出准确判断，果断采取各种应急处置措施，以有效控制事态。

表2-1　基于发生原因和冲击方式的突发事件类型

冲击方式	事件属性	
	自然性	社会性
瞬时性	2008年"5·12"汶川大地震	2001年"9·11"恐怖袭击
渐进性	2008年南方罕见雨雪冰冻灾害	2008年国际金融危机

（2）应急决策效果的类型。

基于决策质量和决策时间的不同，可将突发事件发生后的应急决策情形分为满意型、弥补型、抵消型、失效型四类（图2.5）。

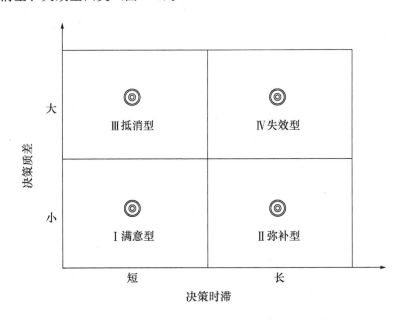

图2.5　基于"质量-时间"的应急决策效果类型

一是满意型决策（决策时滞短、决策质差小）。在既定的突发事件信息基础上，决策者及时组织调查、确认和评估，在最短的时间内做出正确的决策，及时有效地采取各项应对措施，在较短时间内有效控制事态的发展。

二是弥补型决策（决策时滞长、决策质差小）。决策者未能及时有效地做出反应，决策时间较长，处置不够果断，但能在经历较长时间的延误后做出正确的决策，采取了有效的应急处置措施，因此在一定程度上弥补了决策滞后所导致的各种损失。

三是抵消型决策（决策时滞短、决策质差大）。面对各种突发事件，决策者虽然在很短的时间内就迅速做出决策并采取各项应急处置措施，但这些措施不准确、效果有限，未能有效地控制事态的发展，致使突发事件继续升级扩大。

四是失效型决策（决策时滞长、决策质差大）。面对各种信息，决策者在长时间内未能采取有效的决策措施，贻误了各种控制事态的"良机"，导致事态不断恶化甚至失控，后期突发事件应对工作陷入被动的不利局面。

在这四类应急决策情形中，满意型决策是最佳情形，也是决策者追求的目标；相反，失效型决策是最糟情形，也是决策者应当尽量避免的情形。根据基于"质量-时间"的应急决策效果分类方法，应急决策的目标是在尽可能获得充分的突发事件信息的前提下，同时缩短应急决策的时滞和质差，即在尽可能短的时间内迅速有效地采取各种与实际情况相符的正确决策，拟定科学的方案，采取各种有效的应急处置措施，降低突发事件造成或可能造成的资源损失或消耗。

（3）应急决策效果的测量参数。

应急决策的效果是指突发事件发生后采取某项或一系列决策行为所带来的结果和影响。不同的决策行为往往产生不同的决策效果。应急决策效果可用决策质量与决策时间两个指标进行衡量（图2.6）。

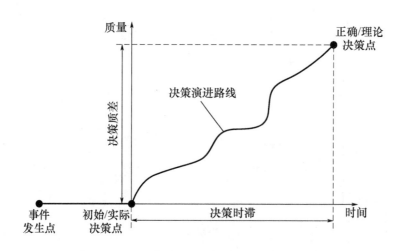

图 2.6　应急决策的"决策时滞"和"决策质差"

① 决策质量。**决策质量**指决策过程中实施的各种应对行为措施所产生的实际效果，即这些决策措施能否以及在多大程度上降低突发事件造成或可能造成的资源损失或消耗，它体现的是决策行为的质量高低。决策质量本质上体现的是结果的满意程度，即"个体在危机情境下就突发性公共事件做出决策所用的时间、整合信息的效率及决策主体自身对决策的自信程度与对决策结果的满意程度"。其测量维度是：a. 决策效率，即决策者在较短

时间内对信息的有效整合能力与效率，用"产生新方案的数量/备选方案的数量"表示；b.决策过程，即决策者对决策过程的满意程度，用自我评价的方式来评价决策者决策思考过程的有效性；c.决策效果，即决策者对决策结果的自信程度，用自我评价的方式来衡量决策目标的实现程度。

② 决策时间。**决策时间**指从预警信息出现或突发事件爆发到最终进行正确决策、完成正确方案选择、采取有效的应急处置措施整个过程所耗费的时间，即决策者在多长时间内对事态做出准确判断并采取有效应对措施，它体现的是应急决策的时滞长短。

在时间上，可把预警信息出现或突发事件爆发的时点称为"事件发生点"，把突发事件发生后的第一时间决策者所采取的决策措施的时点称为"初始决策点"，把最终进行正确的决策、完成正确方案选择、采取有效的应急处置措施的时点称为"正确决策点"，把"初始决策点"与"正确决策点"之间的时间差称为"决策时滞"。在质量上，把突发事件发生后的第一时间决策者所采取的（可能是正确有效的，也可能是错误无效的）的时点称为"实际决策点"，把突发事件发生后决策者理论上应采取的正确有效的决策措施的时点称为"理论决策点"，把"实际决策点"与"理论决策点"之间的差距称为"决策质差"。决策时滞和决策质差共同影响决策者对突发事件能否以及在多长时间内及时做出正确有效的决策，从而迅捷有效地采取各项应急处置措施。

3. 应急决策体制的碎片化问题

我国决策体制的改革呈现出的基本趋势是：从个人决策向民主决策、从经验决策向科学决策、从决策组织高度集中向决策组织结构分化、从封闭式决策向开放式决策、从被动参与决策向自主参与决策、从决策非制度化向决策制度化转变。

（1）决策体制定义、构成要件及其类型。

广义的**决策体制**是关于行为主体之间相互关系、决策权力配置、运行机制及决策方法、程序规范的总称。狭义的决策体制是指决策权力在决策主体之间进行分配所形成的权力格局以及决策主体在决策过程中的活动程序的总体制度体系。

决策体制有两个构成要件：一是决策权力，即在一系列可能行动中做出选择的权力，或影响决策者、推动决策者去选择自己所偏好的某一行动的权力。二是决策主体，它由决策者与决策参与者共同构成。决策结构、决策方式和决策机制是决策体制三个最主要的相互关联的部分。作为决策体制的关键部分，决策结构是指参与决策的行为主体（包括个人、组织、机构）之间相互关系的组成方式，实际上反映了决策权力在不同的决策行为主体之间的分配关系，凸显的是决策权力的静态关系。决策体制构成了决策过程的制度基础。

根据决策权力在纵向和横向上的分配情形，应急决策体制可以划分成不同的类型

（表2-2）。一是上级为主的分类管理，纵向集权，横向分权；二是属地为主的分类管理，纵向和横向都分权；三是上级为主的综合协调，纵向和横向都集权；四是属地为主的综合协调，纵向分权，但横向集权。

表2-2 基于横向和纵向权责分配的应急决策体制分类

横向	纵向	
	集权（上级管理）	分权（属地管理）
分权	Ⅰ 上级为主的分类管理	Ⅱ 属地为主的分类管理
集权	Ⅲ 上级为主的综合协调	Ⅳ 属地为主的综合协调

（2）应急决策体制的碎片化问题。

在实际运行中，中国的应急决策体制在很大程度上仍然是一种"碎片化"的官僚制体制：在权力纵向分配上，以上级垂直管理为主、属地管理为辅，相对集权于上；在权力横向分配上，以分类管理为主，发挥综合管理和议事协调机构职能；在条块关系上，职能交错、相互分割，衔接配合不够；同时，决策过程以追求共识和程序化为主，保留必要的弹性和灵活性。

① 横向关系，以分类管理为主、综合管理和议事协调为辅。所谓分类管理，是指按照自然灾害、事故灾难、公共卫生事件和社会安全事件四类突发事件的不同特性实施应急管理。所谓综合协调，有两层含义：一是政府对所属各有关部门、上级政府对下级各有关政府、政府与社会各有关组织、团体的协调；二是各级政府应急管理具体来看，在中国应急管理工作办事机构进行的日常协调。实践发展中，这些综合管理和议事协调机构主要有三种类型：一是各级政府应急管理机构，包括领导机构及其办事机构；二是议事协调机构和部际联席会议制度；三是区域联动、军地协作等其他应急协调机制。

② 纵向关系，相对集权于上、兼顾属地管理。在纵向不同层级政府之间的应急管理职权配置方面，与西方地方全权负责、"有求才应"（联邦或中央只有在地方的请求下才能介入）不同，中国实施的是"分级负责、属地管理为主"的制度，根据突发事件的级别启动相应的响应程序。所谓分级负责，主要是根据突发事件的影响范围和级别不同，确定突发事件应对工作由不同层级的政府负责。

③ 条块关系，职能交错、相互分割。目前，中国政府过程的一个重要特征是"既高度集中，又在管理方面已经相当分散"。条块关系是中国行政组织体系中基本的结构性关系，它在各个不同的层面和各个不同的领域影响和制约着整个政府的行政管理。所谓"条条"，是指从中央到地方各级政府业务内容的性质相同的职能部门；所谓"块块"，是指由不同职能部门组合而成的各个层级政府。"中国政府间关系模式是以条块关系为基础的。"地方政府层级结构与条块结构的相互交错，构成了中国庞大而坚固的地方政府体系。在中国，作为政府行政体系的基本结构的条块关系，广义上具体表现为以

下三种主要形式：一是上级职能部门（条条）与下级地方政府（块块）之间的关系（通常狭义上的条块关系）；二是上级政府职能部门与下级政府职能部门之间的关系；三是上级政府与下级政府之间的关系。部分学者研究指出，双重领导是"条块关系"之所以复杂、条块矛盾之所以尖锐的主要原因，职责同构是双重领导和形成现有"条块关系"模式的关键所在，以"轴心辐射模式"为特征的国家整合方式是决定职责同构长期存在的主要制度性根源。

④ 决策过程，沟通协调、追求共识。与决策结构反映决策权力的静态关系不同，决策过程反映的是决策权力的动态关系，即关注决策主体具体是如何做出决策的。政府的决策模式可以粗略地分为以下三类。一是"小圈子"模式。该模式认为决策是由少数政治精英组成的小型决策圈做出的，聚焦于政治体系金字塔的顶端，由最高政治领导或领导层制定政策，然后传递到官僚层自上而下地贯彻执行。二是科层模式。该模式将视线从权力的宝塔尖往下移，移至庞大的政府各部门，政

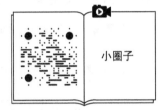
小圈子

策制定被理解为由政府不同科层机构以及大小官员所主导。三是多元模式。该模式弥补了"小圈子"决策和科层决策封闭性的缺陷，其视线不仅放在政府内部，还移向那些影响决策的社会势力。

⑤ 基本矛盾，官僚制的超稳定性与突发事件的不确定性。中国的行政体制存在"官僚制不足"和"官僚制过盛"双重特征："官僚制不足"主要表现为法制基础相对薄弱、职能分化和专业化不足、运作规范化不足、人事管理中功绩制原则未能充分体现等；"官僚制过盛"则表现为权力过分集中、金字塔式组织结构对层级节制过度依赖、存在过程导向而非结果导向的控制机制等。

总的来看，中国传统的应急决策模式具有固化、分割、"指挥-命令"式的"碎片化"官僚制的特点，在常态情境下具有很强的组织动员能力，在提高行政效率方面发挥了重要作用。不过，这种超稳定、碎片化、科层制的应急决策模式无法及时化解复杂多变、不确定性高的突发事件，无法推动相关行动主体对各种需要"跨界"合作的事项自发式开展互利合作，导致决策者对事态的辨识和认知存在失误，相关行动主体之间各自独立，应急决策和处置滞后，对突发事件的应急响应呈"撞击-反应"的被动模式。在"碎片化"的官僚制应急决策模式下，整个管理模式和运作过程主要以机构而不是过程为中心来设定相应的职能和职责，从而导致信息和资源不能完全共享，上下级之间、部门之间、地区之间、条块之间以及军地之间容易出现相互扯皮和摩擦的现象，影响了上级决策者对事态判断和通盘考虑，极大地降低了突发事件应对的效能。

2.2.2 基于信息的应急决策本土化解释模型内容

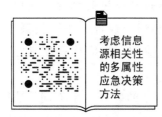
考虑信息源相关性的多属性应急决策方法

本模型①是根据"信息源-信息渠道-知识形成-科学决策"的决策过程逻辑,以信息源和信息渠道为切入点,研究突发事件的基本特性演化规律与信息传递规律,结合典型案例"深描"及相互比较研究,分析当前中国"碎片化"的官僚制应急决策模式的典型特点和薄弱环节,借鉴个体决策与群体决策心智模型,建立基于信息整合的多阶段、多主体、多层级的适应性政府应急决策模式。

2.2.2.1 应急决策的核心要素

1. 应急决策的信息及其特征

(1) 确定性信息和不完备信息。

① 确定性信息。反映事物本质特征的一切表现形式(如形象、声音、数据等)统称为信息。信息处理方法可分为**确定性信息处理方法和不完备信息处理方法**,其中确定性信息是指那些相对于随机、模糊、灰色的信息(数据)而言,稳定、确定性的信息,人们可以依据确定性信息总结出确定性的因果关系,这种确定性的因果关系是一一对应的。确定性信息处理方法,如统计分析、相关分析、主成分分析、回归分析、数据平滑、数据变换等方法。

② 不完备信息。**不完备信息指不确定和不完全的信息。**不完备信息一般包括以下内容。

a. 随机信息。**随机信息**是指可以总结出统计规律的信息。随机信息的处理方法有概率论、数理统计和随机过程等。

b. 主观信息。**主观信息**是指体现人们主观意志的信息。主观信息的处理方法有层次分析法、德尔菲法等。

c. 模糊信息。**模糊信息**是指那些难以量化的信息,数据的取值有一定的范围。模糊信息给人们提供一种模糊的依据,人们依据这些信息对其相应的必然型或统计型的规律进行模糊识别。模糊信息的处理方法有模糊数学、隶属函数、主成分分析法等。

d. 灰色信息。**灰色信息**是指那些部分明了的信息。灰色信息是相对白色信息(完全明了的信息)和黑色信息(完全不明了的信息)而言的。灰色信息的处理方法为灰色理论。

---

① 基于信息的应急决策本土化解释模型由钟开斌教授提出,本书根据课堂教学要求进行了改写。资料来源:钟开斌. 应急决策——理论与案例[M]. 北京:社会科学文献出版社,2014.

e. 小样本信息。**小样本信息**是指那些信息量较小，不足以反映事物的全部属性的信息。小样本信息的处理方法有贝叶斯方法等。

（2）应急决策信息的形态。

突发事件信息管理是应急管理与信息管理交叉而成的一个新的学科前沿领域，主要研究应急管理中的信息问题和信息管理问题。应急决策是一个由情景表征、风险认知、经验提取、信息参照、研判互动、政治考量、策略生成和风险抉择等不同的信息加工阶段构成的有序系列。突发事件信息从源头到决策者接收、解码并做出反应的动态演进过程，先后分为三个阶段（图2.7）。

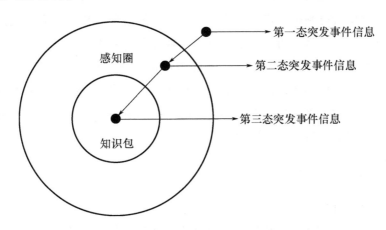

图 2.7　基于应急决策的三种形态的突发事件信息

处于第一态的信息，是决策者尚未感知的信息。决策者的感知效率主要取决于决策者的责任（包括责任制度、责任能力和责任心）和有效的组织机构，如何建立一个有效的危机感应机制成为应急管理的第一个重点。

处于第二态的信息，是决策者有效感知但尚未掌握其有效解信息，如何建立促使这部分信息向知识包转移的有效的决策组织结构，成为应急管理的第二个重点。

处于第三态的信息，是进入应急决策知识包的突发事件信息。只有处于第三态的信息，才能成为可直接解决的位于知识包的信息。知识包外的信息迅速转移到知识包内的过程，也就是突发事件信息的获取、研判、传递并为决策者所运用的过程。正因为如此，突发事件的信息获取与分析，成为应急管理理论研究的基本核心科学问题之一。

（3）应急决策过程中信息的特征。

① 动态性。一些突发事件持续时间较长，在时间和空间上发生动态变化，突发事件信息也随之演变，如台风的形成过程。

② 多源性。自然灾害等突发事件信息在数据源上有卫星遥感数据、航空拍摄的影像数据、地面跟踪数据、移动终端设备获取的位置信息数据、实时监测数据及不同时态的事件属性信息数据等。

③ 不确定性。突发事件发生后,由于事发突然、危害严重、高度紧急,事态信息难以立刻得到全面、及时、准确掌握。

在各种特征中,不确定性是突发事件区别于常规事件最基本的特征。突发事件通常在发生的状态、发生的原因、发展变化的过程、造成的后果、所需采取的应急处置措施等方面都具有高度的不确定性,存在信息不及时、不准确、不全面等不对称现象,给决策者造成认知研判和决策处置上的困境。在发生状态方面,突发事件通常突如其来,在什么时间、什么地点、以何种形式和规模爆发难以预测。在发生原因方面,突发事件发生后的第一时间,各种信息高度混杂,到底是自然原因、技术原因、人为原因还是管理原因,通常无法用常规性的规则进行判断,需要在经过比较长时间的调查核实后方能确定。在事态发展变化方面,突发事件发生之后,许多不确定因素在随时发生变化,事态的发展也会随之出现变化。究竟事态会朝哪个方向发展,是好转还是恶化,在较短时间内往往难以研判,并且其后的衍生状态和可能涉及的影响没有经验性知识可供指导。在造成的后果方面,究竟事态会产生哪些严重危害,最终能否得到有效控制和解决,取决于各方面的因素,通常需要在事件发生一段时间后才能逐渐清晰。

2. 应急决策的阶段、主体和层级

(1) 应急决策的阶段。

现代科学决策理论认为,决策是一个阶段性反复和过程嵌套的过程序列,它不是一个即时发生的事件,而是包含了若干个不同的阶段。应急决策同样也是一个多阶段、多步骤的分析判断过程。

根据《突发事件应对法》有关规定,突发事件通常遵循"事前—事发—事中—事后"的生命周期(图2.8),在发生、发展、减缓和结束的不同阶段,需要采取不同的措施,要求采取全过程的综合应对策略。

"事前"是指突发事件发生前的阶段,主要任务是做好预防与应急准备工作,目标是"尽量别出事",做好基础性的日常工作,从根源上避免或减少突发事件的发生。

"事发"是指突发事件从潜在状态转化为苗头隐患的阶段,主要是做好监测与预警工作,目标是"尽量出小事",做到"大事化小、小事化了",防止"易事拖难、小事拖大、大事拖炸"。

"事中"是指突发事件从苗头隐患转化为造成实际危害和威胁的阶段,主要任务是做好应急处置与救援工作,目标是"大事变小事",在第一时间、第一现场启动第一响应,迅速有效控制事态,减少事态已经造成或可能造成的人员伤亡、经济损失、环境破坏以及社会负面影响。

"事后"是指突发事件危害逐步减弱和恢复的阶段,主要任务是做好事后恢复与重建

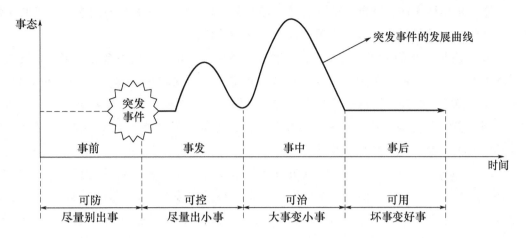

图 2.8　突发事件生命周期和全过程应对策略

工作，目标是"坏事变好事"，即从事件中学习，化险为夷，转"危"为"机""发生一起事件、解决一类问题"。

(2) 应急决策的主体。

根据对决策过程的影响程度，决策单元可分为核心决策者和决策参与者两类。

① **核心决策者**。作为应急决策的中枢决断系统，在面临敏感的重特大突发事件时，政府要成立由最高行政首脑及其身边的高级助理和少数核心部门的负责人组成的危机决策特别小组。核心决策者的多主体性，是指核心决策者通常是一个由多人组成的小团队而非单一的个人，他们处于应急决策的核心位置，拥有最终的决定权。

② **决策参与者**。与核心决策者处于应急决策的核心圈不同，决策参与者（公众参与、专家咨询）处于应急决策的外围和边缘位置，但能积极影响核心决策者的决策行为和决策结果，有时甚至进入决策层，成为核心决策层的成员。决策参与者通常也是多种多样的。具体来看，应急决策参与者的多主体，主要包括如下四个方面。

a. 应急决策涉及多个部门，需要进行跨部门协调。应急决策是一种典型的分布式组织决策，通过组织和协调地理上分散的多个部门，使其相互协作以便应对突发事件。作为分布式的组织决策，应急决策是由多个部门、单位与个体参与的组织决策、协调的过程。在应急决策过程中，可能需要行政系统内公安、水利、环保、建设、农业、卫生、防疫、医疗救护等各相关部门以及立法、司法、军队等其他系统的参与。

b. 应急决策涉及不同区域，需要进行跨区域协调。应急管理组织模式建设的一个重要目标，是协调应急管理主体的任务和功能，以更好地在动态变化的复杂环境下做出科学决策。特别是随着突发事件的复杂性、关联性、危害性和应对难度的增加，周边地区地域相邻、人缘相近、突发事件关联性强，加强应急管理区域合作、共同提升应急管理能力水平，成为促进区域经济社会平稳较快发展的必然趋势。特别是随着气候变化、恐怖主义、跨国犯罪、传染性疾病、严重自然灾害等区域性和全球性重大挑战日益增多，通过共享信息、共建队伍等进行跨地区应急协调联动成为普遍趋势。

c. 应急决策涉及条块之间的关系，需要进行条块间协调。条块关系是我国行政组织体系中基本的结构性关系。在中国，除了一般的政府部门，还存在海关、金融、外汇管理、国家安全、海事、铁路、民航等中央垂直领导部门，以及工商、质量技术监督、食品药品监督、国土资源管理等省级以下垂直领导部门。在这些部门之外，遍布各地的央属企业、事业单位基本上也不受当地政府管辖。

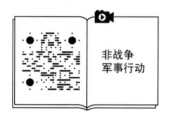
非战争军事行动

d. 应急决策涉及军地之间的关系，需要进行军地间协调。无论在哪个国家，军队都是突发事件抢险救援的重要突击力量。冷战结束后，美军率先提出"非战争军事行动"的概念，并很快将其发展为非战争军事行动理论。目前，军事力量的非战争运用已成为各国军队的普遍做法。特别是在中国，公安、武警、解放军是应急管理的骨干和突击力量。《中华人民共和国国防法》（简称《国防法》）第22条规定，中国人民解放军现役部队是国家的常备军，主要担负防卫作战任务，必要时可以依照法律规定协助维护社会秩序。《突发事件应对法》第14条规定，中国人民解放军、中国人民武装警察部队和民兵组织依照本法和其他有关法律、行政法规、军事法规的规定以及国务院、中央军事委员会的命令，参加突发事件的应急救援和处置工作。

（3）应急决策的层级。

应急决策的多层级性，既表现在从基层（事发地）、中层到高层等不同层级的政府之间，也表现在同一级政府内部的战略、战役、战术等不同层次之间。

① 不同层次级的政府间。实际上，针对突发事件事态可能升级或降级的不确定演变态势，各国都建立了分级响应的制度。如果把政府简化为一个包括两个地方政府和一个中央政府，并且它们都由若干部门或单位构成的两级架构组织，则在突发事件从地方爆发到升级、扩大到更高层次的动态变化过程中，地方职能部门和中央政府的高层决策者分别是最低和最高层级的决策机构，地方政府领导与中央政府的职能部门属于中间层次的决策单元（图2.9）。实际的应急决策行为既可能发生在最低层次的地方政府职能部门，也可能发生在最高层次的中央高层决策者，或发生在中间层次的地方政府领导或中央政府的职能部门，具体要视应急决策权力的配置情况而定。

突发事件"事前-事发-事中-事后"的生命周期与应急决策多层级的动态变化，共同构成了突发事件认知决策过程多层级、渐进式的动态演进图景（图2.10）。

罗赛蒂（Rosati）进一步指出，根据国家高层领导和官僚组织的介入程度两个指标，应急决策可进一步分为以下三类（图2.11）。

一是地方主导型。中央政府的官僚机构和高层领导介入程度低，决策主要发生在地方

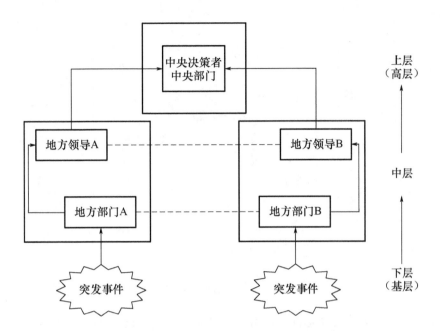

图 2.9　中央和地方两级架构中的政府应急决策层级

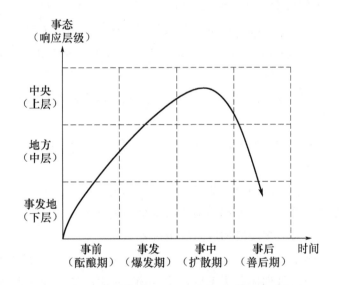

图 2.10　突发事件情景与多层级应急决策动态演进

层级（即决策链的前端）。

二是官僚主导型。决策单元由地方上移到中央政府的官僚机构（即决策链的中端），不过中央高层政治领导介入程度低。

三是政治主导型。决策上移到中央高层政治领导（即决策链的末端），此时中央政府

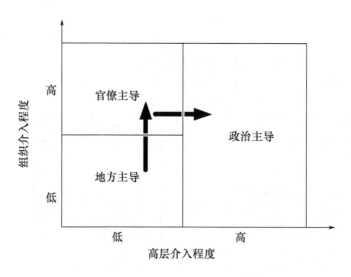

图 2.11 政府应急升级演变链条

官僚机构介入决策的程度可高可低。通常,决策链由低向高转移的趋势与事件的发展态势密切相关。

② 同一层级的不同层次。同一层级的机构往往包含高层、中层、下层等不同的层次。按照决策权在组织中的分布情况,可将一个组织中的决策分为三个层次。

a. 操作层次。由一线管理者完成,涉及具体任务的实施、注重高效多为结构性(可编程型)决策,有例行程序的性质。

b. 战术层次。由中层管理者完成,为响应战略决策所做的战术性决策,多为半结构决策。

c. 战略层次。由高层管理者完成,涉及长远规划,大部分是大结构(不可编程型)决策,很少有规律可循。

总之,由于管理者在组织中所处的层次不同,他们具有不同的决策权责。通常,随着管理层次的逐级提高,管理者所拥有的决策权责也不断增大。

(4) 多主体、多层级、多阶段的应急决策过程。

根据应急决策的多主体、多层级、多阶段特点,可进一步把突发事件情景下的应急决策链条简化为第一响应人员和应急决策者两类(图 2.12)。第一响应人员主要是指那些承担战术行动和战役指挥职责的人员,即在突发事件发生后第一时间、第一现场承担先期处置(采取包括实施紧急疏散和救援行动、组织开展自救互救,紧急调配行政区域内的应急资源用于应急处置,向社会发出避险警告或预警信息等措施)和信息报告等任务的人员。应急决策者主要是指那些承担战略决策的人员,即实际承担决策指挥权的上级人员。在突发事件动态演进过程中,第一响应人员和应急决策者形成"上报—决策—下达"链条:作为信息发送者的第一响应人员在双层级决策链中发挥下级(下层)的作用,主要承担收集、分析、研判、上报信息的职责；作为信息接收者的上级决策者在双层级决策链中发挥上级（上层）的作用，主要职责是根据第一响应人员所上报的信息进行研判和决策，并向第一响应人员下达应急处置指令或赶赴突发事件现场进行指挥。因此，多阶段、多主体、多层级的应急决策过程的首要任务，是下层第一响应人员及时、准确地收集、研判各种事态信息，迅速、准确、全面地向上级决策者上报这些信息（同时上级决策者也从横向相关部门、相关地区等其他渠道及时获取其他信息），上级决策者以接收的这些信息为基础做出优质高效的决策。

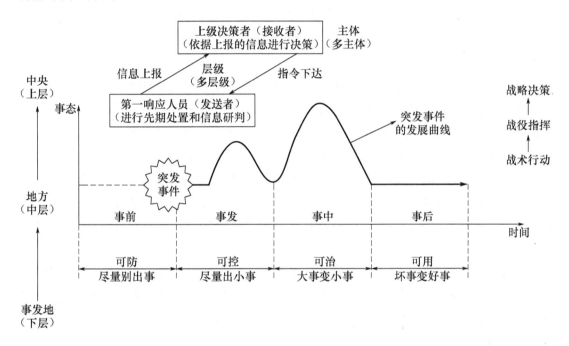

图 2.12　第一响应人员和应急决策者决策链

3. 应急决策信息源和信息渠道的构成要素

（1）信息源及信息渠道的定义。

信息包括信息源和信息渠道两个主要方面。其中，**信息源是指人类社会生活中经过加工处理、有序化并大量累积后形成的有用信息集合；信息渠道是指信息从信息源到受信者之间在传递过程中使用的通道或指沟通信息源与受信者之间的联系路径**。信息源是否清晰、信息渠道是否畅通，跟信息流直接相关。在突发事件发生后动态演进的应急决策过程中，决策者的信息源和信息渠道都可能是多种多样而非单一静态的。支持政府应急决策的信息系统主要包括以下三类机构。

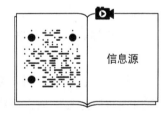

第一类专门负责搜集、处理和分析情报信息的机构，如统计机构、调查机构、情报部

门、信访部门，它们构成信息系统的主体。

第二类是新闻媒体机构，它们所报道的新闻、所反映的有关动态可为决策者提供信息。

第三类是各种研究咨询机构，尽管这类机构的主要职能是研究对策，但其研究过程中搜集的资料和研究结果也是政府决策机关的重要信息源。

（2）信息流的三个维度及信息失灵的表现形式。

在应急决策多层级动态演进的过程中，高层决策者的信息源和信息渠道主要包括体系内垂直信息流、横向信息流以及来自体系外的社会信息流三个方面，这些产生于体系内或虽产生于体系外但对组织活动有影响的信息资源构成了应急决策的信息基础。

纵向信息流指信息从下级组织到上级组织的交流，它是依靠上级组织对下级组织的等级权威来完成的，以明确的上下级关系为核心，以官僚机构为特点，其关键是下情上传，保持高层部门的信息畅通，具有单向性、命令性、等级性、强制性等特征。

横向信息流是指横向之间流动的各种信息，包括地区与地区之间、组织与组织之间以及组织内不同部门之间的横向信息传递。地区之间、组织之间以及组织内部门与部门之间并无明确的上下级关系，它们之间平等互惠，没有隶属关系，彼此既是信息的传播者也是接受者。横向信息流的关键是同级部门各负其责，协同配合，它具有双向性、平等性等特征。

社会信息流是指政府体系外所有信息的总和，它具有单向性、分散性、零碎性、非对等性等特征，属于体制外非正式的信息来源。社会信息主要源自市场领域中企业系统以及公共领域中的市民社会，因此它体现了市民社会的发育程度。社会信息的生产者和传播者主要由政府体系外的各种组织和个体所构成，包括各种非政府组织、企业、社会公众、其他国家或国际组织以及大众传播媒介（其中大众传播媒介又包括报纸、广播、电视、期刊等各种传统媒介以及网络等新型传播媒介）。其中，新闻媒体是最重要的社会信息来源，是否存在独立、自由的媒体，在很大程度上决定了政府能否及时做出有效的政策反应。

根据信息流的不同，可把导致影响中央政府和上级决策者信息偏差的原因，分为垂直历时性传递过程中地方封锁信息、水平共时性传递过程中部门隔离信息，以及社会信息渠道无法发挥作用导致系统封闭信息三个方面（图2.13）。

① 纵向信息封锁。具体而言，纵向信息不畅，影响上级决策者对事态的准确认识和及时决策，主要包括以下两种情形。

一是信息经过层层请示汇报后可能走形变样，贻误决策的最佳时机。根据中国有关请示汇报的制度规定，请示汇报本着"级级负责、从下至上、对口汇报"的原则进行，一般情况不能越级汇报。上级决策者远离基层，基层发生的问题经过层层请示汇报后再做决

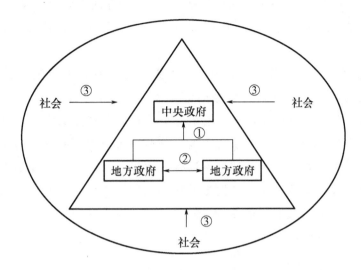

图 2.13　政府应急决策信息流

策，不仅影响决策的正确性，而且影响决策的及时性。请示汇报制度对常规性、一般性的工作汇报很有必要，但若对自然灾害、集体上访等重特大突发情况也采取同样的制度，就可能存在上级掌握情况滞后、决策迟缓的问题。

二是地方未及时上报甚至故意瞒报、漏报信息，导致事态愈演愈烈，甚至最终全面失控。发生突发事件后，个别地方政府不向上级或分管领导请示汇报工作，甚至出了问题、有了漏洞也进行"封锁"，上级找上门来还遮遮掩掩，以防"家丑"外扬。

② 横向信息隔离。现代官僚机构是由一系列多功能、微型化单位组成的复杂的综合性组织。政府官僚体系内部不同的组织机构可能因不同的组织利益而不断发生冲突，致使政府的整体凝聚力沦为"官僚机构各自为政"的牺牲品。其结果是政府部门之间、地方政府之间、条块之间、军地之间信息无法共享，条块分割难以形成整体合力，易于形成"信息隔离"，主要包括以下四种情形。

一是部门之间。在突发事件发生时，有时会出现应急主体间信息交流不完善，部门边界模糊，相互协调难度大，协调程度差的现象。

二是区域之间。在突发事件发生时，不同地区或某一特殊区域易出现信息传达不到或不到位的情形，会影响该区域的应急救援效果。

三是条块之间。在中国条块管理体制下，由于职责划分模糊，在管理实践中时常出现条块行动信息无法共享、衔接配合不够、协调困难等问题。

四是军地之间。如前所述，公安、武警、军队是中国应急管理的骨干和突击力量。近年来中国重特大突发事件的应急抢险救

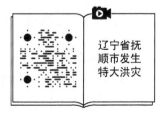

援，都具有军地联合参与、军地联合指挥的显著特点。由于现有政策法规不完善，军地之间在管理体制、信息、队伍、装备等方面标准不一，在一定程度上影响了军地协作的有效开展。

③ 社会信息封闭。公民自发组织的网络有助于形成讨论社会问题的"公共空间"，对潜在的社会问题做出警告，如同社会的警报系统一般，并影响政府的政策过程。因此，为避免政府因信息有限或不能充分有效地利用信息而产生的突发事件信息缺失，政府体系外其他力量的积极介入显得至关重要。这些信息将丰富或补充政府体系内所能获取的有限信息，从而使政府做出更加科学准确的决策，及时有效地控制事态的发展。尤其是在紧急情况下，由于政府体系内信息不对称问题变得更为普遍和更加严重，来自政府体系外各种渠道的非正式信息来源可有效地弥补政府正式信息来源的不足，为决策者进行应急决策提供重要的信息支持。

(3) 信息源和信息渠道的构成要素。

如前所述，信息源是否清晰、信息渠道是否畅通，决定了上级决策者能否在突发事件发生后的最短时间内对事态进行准确研判，迅捷有效地做出正确决策，采取有针对性的应急处置措施。信息源、信息渠道与突发事件信息流直接相关。在应急决策多层级动态演进的过程中，高层决策者的信息源和信息渠道主要包括来自体系内的垂直信息流、横向信息流以及来自体系外的社会信息流三个方面。进一步，可把信息源分成纵向信息源、横向信息源、社会信息源三个方面，把信息传递渠道分为纵向信息传递渠道、横向信息传递渠道、社会信息传递渠道三个方面，它们共同构成了决策者进行应急决策的信息基础（图 2.14）。

2.2.2.2 基于"信息源-信息渠道"的本土化应急决策解释模型

"信息源-信息渠道"解释框架的基本观点是突发事件发生后的应急决策过程是一个多阶段、多主体、多层级的动态演讲过程，在此过程中，只有信息源清晰、信息渠道畅通并且两者恰当匹配（"双畅通、互匹配"），才能出现所谓的应急决策的"机会之窗"（图 2.15），决策者由此才能及时对突发事件进行准确研判，在此基础上快速高效地做出正确决策。该解释框架把信息源和信息渠道视为影响上级决策者行为的两个相互独立的基本变量，用这两个变量来解释决策者的应急决策行为，通过考察突发事件发生后这两个因素的作用情形及其相互匹配程度，来探讨政府应急决策背后的制度性因素。

1. 基本假设及面临的基本问题

(1) 基本假设。

① 个体选择受制于制度环境的约束，但个体又会积极地回应情境和制造情境。

② 中国本土化应急制度建设基本完善，并处于持续完善中。

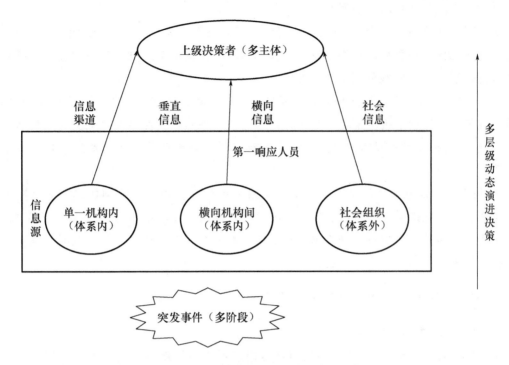

图 2.14 信息源和信息渠道的构成要素

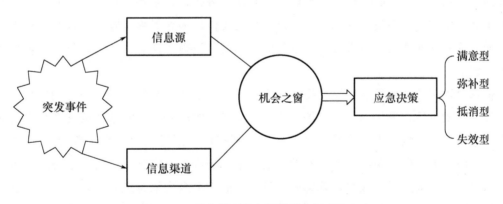

图 2.15 信息源和信息渠道应急解释框架

③ 在以"指挥—命令"为特征的集权式官僚体制下,特别是在当前中国"碎片化"的官僚制应急决策体制下,突发事件情景下的应急决策是一个多阶段、多主体、多层级的决策指挥过程,执行权多在事发现场的基层第一响应人员("第一责任人")手中,决策者多为上级管理部门的负责人("最终决策者")。

(2) 应急决策面临的棘手问题。

① 突发事件发生后,事件信息是如何分布的,对第一时间、第一现场的第一响应人员是否清晰无误,是否存在事件本身信息模糊(S1,客观模糊)以及第一响应人员研判不准或故意瞒报(S2,主观模糊)的情形?

② 突发事件发生后,事态信息是怎样被选择、编辑、传递和提供的?信息能否及时、准确、规范地上报给上级决策者?是否存在因通信联络的软硬件设施等工具和人员遭破坏(C1,软硬件受损)或不同的信息渠道混乱冲突(C2,渠道杂乱)所导致的信息传递不畅的情形?

③ 信息源和信息渠道两个因素对上级决策者的认知决策过程有何影响?能否实现信息源清晰、信息渠道畅通并且两者恰当匹配("双畅通、互匹配")的"机会之窗"情形,从而使得突发事件信息被及时准确掌握和快速全面上报,上级决策者基于及时、准确、全面的信息做出优质高效的应急决策?

2. 基于"信息源-信息渠道"的决策情景

(1) 突发事件的信息源属性。

信息源,也简称为"信源",是指信息传递过程中的信息发送端或生成端的总称,它是信息产生的源头,强调信息的内容。应急决策面临各种约束条件,包括不同的步骤,信息搜集在突发事件问题的确认,信息资源的利用、分析,方案的形成、评估和选择中发挥非常重要的作用。在突发事件情景下,信息源主要体现为突发事件本身的属性、特征和内容,即突发事件发生后所呈现的事态本身的状态是否清晰无误,为事发地的第一响应人员所了解和把握。

信息源可用**"清晰程度"**这个指标来进行测度并进行不同信息源状态之间的比较。如果突发事件发生后,发生原因、发展变化过程、造成的后果、所需采取的应急处置措施等各方面的情况第一响应人员完全了解和掌握,则把信息源界定为"完全清晰"。反之,如果各个方面的事态信息杂乱无章、非常混乱,第一响应人员完全不了解和掌握,导致在场第一响应人员无法及时上报事发现场的信息,不能为上级决策者进行事态应急决策提供事实依据,则把信息源的状态界定为"完全模糊"。

① 信息源属性。突发事件的信息源,俗称"灾情",包括自然属性和社会属性两个方面。自然属性主要是指事件的大小、频率、持续时间、区域范围、起始速度、空间扩散、时间间隔重现期等特征参数。社会属性主要是指突发事件造成或可能造成的损失和社会经济影响。例如,自然灾害信息包括灾害对人的影响、灾害影响范围和经济损失三个方面,具体包含受灾人口、死亡人数、受伤人数、受灾面积、减灾面积、绝收面积、直接损失、总损失等方面。

② 信息源类型。根据信息的已知成分特性,可将不确定信息分为随机信息、未确知

信息、模糊信息和灰色信息四类。

一是随机信息。随机信息主要体现在致险因子的发生概率和强度、承险体的敏感性、诱发次生灾害的概率三个方面。

二是未确知信息。未确知信息主要体现在以下四个方面：收集的基础资料缺失，如部分年份、地区相关灾情统计资料缺失；灾害发生种类及地点不同，对某一区域而言，由于社会、自然环境的超级复杂性，不可能全部获知一定时间跨度内所有可能发生的灾害及发生地点；承险体的物理暴露、应灾能力不同，由于承险体的动态变化或是统计资料的缺失，造成不可能完全获知所有承险体该方面详细准确的资料，尤其是在主灾害发生后的次生灾害过程中；灾种间的关联关系，由于灾害诱发的多因素复杂性，不可能完全获知各灾种的关联关系，只能量力而为。

三是模糊信息。模糊信息主要体现在以下三个方面：灾种强度、频率；物理暴露，敏感性；风险损失估计。

四是灰色信息。灰色信息主要体现在以下四个方面：灾害发生的范围、频率，由于影响灾种致险的因素很多，很多时候只能大概估计灾害可能发生的范围和频次；承险体物理暴露，重大灾害涉及的承险体种类、数量巨大，很多时候也只能给出一定的范围；灾害风险损失，尤其是多灾种损失很难准确估计；实际应急资源需求者的资源需求量存在个体差异。

（2）突发事件的信息渠道属性。

信息渠道，也简称"信道"，是指信息源与接收者的中介，即将信号进行传输、存储和处理的媒介。信息渠道是信息源的信息能否高效传输到接受客体的关键。通过信息渠道，信息由一方传递给一方或多方，或由多方传递给一方或多方，建立不同主体与主体之间的紧密联系，实现信息瞬时流通。信息渠道通常包括有力的传递工具、多样化的传递通道和专业化的信息人员等各种硬件和软件要素。信息渠道需要相应的信息工作人员以及必要的传递工具和技术，才能确保信息及时、准确、全面上报给上级决策部门和决策者。

信息渠道可用"**畅通程度**"这个指标来进行测量并进行不同信息传递情形之间的比较。如果突发事件发生后，信息工作人员和信息传递的设施设备、工具手段、技术支撑等完好无损，事发地第一响应人员能够做出与实际情况完全相符的科学研判，及时、准确、客观上报事态信息，则可把信息渠道的状态界定为"完全畅通"。反之，如果信息传递的软硬件设施、工作人员等遭到严重破坏和惨重损失，则可把信息渠道的状态界定为"完全不畅"。

（3）应急决策的情形。

突发事件情境下的信息源和信息渠道是影响应急决策的两个基本变量。从信息源是否清晰、信息渠道是否畅通来看，突发事件情景下的应急决策主要包括四类情形

(表 2-3)。

表 2-3 基于"信息源-信息渠道"的应急决策情景分类

信息渠道	信息源	
	模糊	清晰
不畅	Ⅰ（2003 年上半年中国的"非典"疫情）	Ⅱ（1976 年唐山大地震和 2008 年汶川特大地震）
畅通	Ⅲ（2008 年山西襄汾"9·8"特别重大尾矿库溃坝事故）	Ⅳ（各种常见的一般性、常规性突发事件）

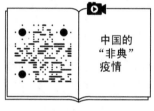

中国的"非典"疫情

① 信息源模糊且信息渠道不畅（即信息不明且无法传递上去）。这是突发事件发生后决策者面临的最为棘手的情景。在这种情境下，决策者在突发事件发生后同时面临信息源和信息渠道"双受阻""双失灵"的现象：突发事件本身的核心信息模糊，决策者知之甚少；信息渠道被打断，现场信息无法及时传递上报给上级决策者。

② 信息源清晰但信息渠道不畅（即信息明确但无法传递上去）。突发事件发生后，事件本身的核心信息清晰，即突发事件发生的状态、发生的原因、发展变化的过程、造成的后果、所需采取的应急处置措施等方面都具有相对较高程度的确定性，为事发现场人员所熟悉和了解。不过，信息的传递渠道被打断，缺乏有效的传递工具，导致现场人员无法及时将所掌握的事态信息上报给上级决策者。

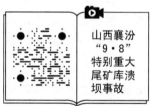

山西襄汾"9·8"特别重大尾矿库溃坝事故

③ 信息源模糊但信息渠道畅通（即信息不明但传递渠道完好）。突发事件发生后，虽然信息传递渠道保持完整畅通，信息传递渠道未遭到破坏，但事件本身的核心信息模糊，不为决策者所熟悉和了解，故决策者仍无法及时有效做出决策部署。

④ 信息源清晰且信息渠道畅通（即信息明确且能传递上来）。这是突发事件发生后决策者面临的最简单、难度系数最低的情景，也是大部分一般性、常规性突发事件发生后的情景。在这种情境下，决策者在突发事件发生后同时面临信息源和信息渠道"双顺畅"的现象：事件本身的核心信息清晰，信息传递渠道完整。此类突发事件一般属于经常发生的常规性事件，事件本身不太复杂，造成的破坏不是特别严重，而且通常决策者对此比较熟悉，能够在第一时间、第一现场迅捷有效地采取第一响应。例如，各种小型、常见的交通事故和火灾事故，事发现场的情况一般比较清晰明了（信息源清晰），事故信息能在第一时间及时上报和共享（信息渠道畅通）。因而决策者能在第一时间知情并采取有效的应急处置措施。

3. "信息源-信息渠道"解释框架中的关键问题研判

信息源模糊和信息渠道不畅的研判见表2-4。

表2-4 信息源模糊和信息渠道不畅的研判

要素	失灵的情形
信息源（S）	事件本身信息模糊（S1，客观模糊）
	研判不准或故意瞒报（S2，主观模糊）
信息渠道（C）	通信软硬件设施遭破坏（C1，软硬件受损）
	信息渠道杂乱冲突（C2，渠道杂乱）

(1) 信息源模糊的两种情形研判。

导致信息源模糊的情形，分为突发事件本身信息模糊（客观模糊，S1）、事发现场第一响应人员或上级决策者研判不准或故意瞒报（主观模糊，S2）两类。

① S1：事件本身信息模糊（客观模糊）。 突发事件通常发生突然，造成或者可能造成严重社会危害，需要采取应急处置措施予以应对。由于突发事件突如其来，出乎预料，而且演变迅速，错综复杂，事发现场的第一响应人员有时无法在第一时间、第一现场对已经或可能造成的人员伤亡、经济损失、环境破坏、引发的次生和衍生事件等危害情况，导致突发事件发生的原因和事件的性质，事态可能的后续发展变化情况，应当采取的应急处置措施等相关情况及时做出准确研判。特别是随着孕险环境、多种致险因子和不同承灾体的相互作用、相互影响，多种因素、多个条件的复合叠加，当今社会所发生的突发事件也变得更加复杂多变、综合性强，很多信息在事发后的第一时间、第一现场不为应急管理部门和决策者所认识和把握。

导致客观上突发事件本身信息模糊不清的情况又分为以下两类。

一是突发事件规模巨大（罕见巨灾），给事发地造成特别重大的冲击和破坏，导致大量人员伤亡、经济损失、环境破坏和社会影响，并且可能不断引发一系列次生、衍生事件。各种情况错综复杂，瞬息万变，突发事件信息在第一时间、第一现场不为或难以为第一响应人员所把握。

二是突发事件为过去不曾发生或很少发生的新颖的事件（新发事件），不为人们所认知、了解和熟悉，事发现场的第一响应人员和上级决策者无章可循，无经验可依，导致客观上人们对新型突发事件认识不足。以2001年美国"9·11"事件为例：当日，小布什总统正在佛罗里达州的埃玛·布克小学考察，在得到第一架飞机撞上世贸中心的报告时，小布什当时以为是一架小型的螺旋桨飞机失控撞上大楼。在随后得知不是一架小型飞机而是一架商用的喷气式大型飞机后，小布什非常

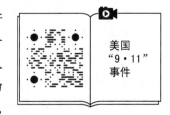

美国"9·11"事件

震惊,心想"那架飞机的飞行员一定是世界上最糟糕的飞行员。他怎么可能在一个大晴天让飞机撞上一座摩天大楼呢?或许是他突发心脏病吧"。

② S2:研判不准或故意瞒报(主观模糊)。突发事件发生后,第一时间、第一现场的很多情况可能比较清晰,但由于主观上事发现场的第一响应人员有意或无意做出错误的认知判断或信息上报,导致上级决策者掌握不实的事件信息,给应急决策行为造成失误和被动。导致主观上信息源不清楚的,又包括以下两类。

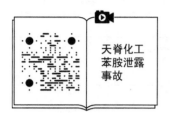

天脊化工苯胺泄露事故

一是事发现场的第一响应人员因能力所限,对突发事件的认识和研判不准确、不及时、不全面,所做出的判断与实际情况存在较大偏差,从而导致信息源模糊(无意导致的主观模糊)。例如,2012年12月31日7时40分,山西省长治市天脊煤化工集团发现因输送软管破裂导致苯胺泄漏,造成外泄的苯胺通过"雨水污水"处理管道泄漏到浊漳河造成污染,并影响到下游河北邯郸、河南安阳两市的用水安全。直到2013年1月5日上午,天脊煤化工集团续报了苯胺泄漏的进一步情况;当日12时,长治市政府向省政府值班室传真报送《关于山西天脊煤化工集团股份有限公司苯胺泄漏事故情况报告》,这是长治市政府第一次以书面形式向省政府报告。事故发生后,天脊煤化工集团误报苯胺泄漏量为1~1.5吨,迟报事故及事件信息,误导和延误了政府及有关部门对事件的准确判断和快速处置。当时地方官员认为是一个很单纯的安全事故,没想到发展成环境保护的大事。

二是事发现场的第一响应人员主观上故意迟报、谎报、瞒报和漏报突发事件信息,导致信息源模糊(主观上有意导致的主观模糊);不实的信息上报后,影响后方应急决策人员的认识和判断。例如,2008年山西省临汾市襄汾县"9·8"特别重大尾矿库溃坝事故。

(2) 信息渠道不畅的两种情形研判。

突发事件发生后导致信息渠道不畅的情形,分为信息传递的通信工具、技术手段遭受破坏无法发挥应有的作用或信息传递人员遭受冲击损失无法承担信息上报职责(软硬件受损,C1)、突发事件信息渠道杂乱或多个不同的信息渠道之间相互冲突(渠道杂乱,C2)两类。

① C1:通信软硬件设施遭破坏(软硬件受损)。信息通信联络工具、技术等匹配相应的信息人员,做到软硬件设施相结合,才能在突发事件发生后的第一时间、第一现场及时、准确、规范地把突发事件信息上报给上级决策者。突发事件尤其是重特大突发事件发生后,造成重大破坏和危害,可能使得通信软硬件设备设施、信息人员遭到冲击和破坏。一方面,通信工具和技术设备可能遭破坏(设备受损)。突发事件发生后第一时间、第一现场很多通信工具遭到冲击和破坏,在事发现场的信息人员无法及时通过信息传递工具和技术,将事发现场的信息及时、全面、准确地向上级决策者报告。例如,1976年唐山大地震发生后,灾情非常严重,且余震不断,市区交通断绝,电话不通,通信几乎完

全中断。当时互联网还没有出现，电话还不普及，与外界的联系主要靠邮局，等书信寄出去时已经是十几天以后的事情了。另一方面，事发地的信息人员可能受到冲击（人员受阻）。

② C2：信息渠道杂乱冲突（渠道杂乱）。突发事件发生后决策者获悉事态的信息渠道主要包括垂直信息渠道、横向信息渠道、社会信息渠道三个方面。通常，在重特大突发事件发生后，不同的信息渠道都会给决策者传递不同的事态信息，决策者依据不同信息渠道所传递的"碎片化"的事态信息，形成自己对所发生突发事件事态的完整的"图景"。这些不同的信息渠道最好是相互补充、互为印证的，共同构成更为完整、准确的突发事件信息，为上级决策者提供更有效的信息基础。但问题在于，很多时候这些信息渠道是零碎、杂乱甚至相互冲突、矛盾的，决策者无法及时形成对所发生突发事件完整、准确的信息"图景"，甚至形成对事态错误的认识和判断，由此延误决策者及时有效做出应急决策。

2.2.2.3 基于"信息源-信息渠道"解释模型应用的基本步骤

"信息源-信息渠道"解释框架主要从信息源和信息渠道两个维度对应急决策过程进行分析，侧重考察突发事件发生后的信息分布与传递情况，即两个或多个信息发送者与信息接收者之间的信息交换过程。在具体运用时，该解释框架主要遵循以下三个步骤。

第一，考察突发事件信息源的状态。突发事件发生后，通常会造成各种危害和破坏，信息源可能处在模糊的灰色地带。为此，需要描述和分析事发当时的信息是如何分布的，第一响应人员在第一时间、第一现场能否清晰无误地获取这些信息，是否存在因事件本身信息模糊以及第一响应人员研判不准或故意瞒报可能导致的信息源模糊不清的情形。

第二，考察突发事件信息渠道的状态，即分析信息在传递过程中可能产生的各种噪声障碍。突发事件发生后，要分析信息能否及时、准确、规范地上报给上级决策者以便他们及时做出决策指令，是否存在因通信工具遭破坏或信息人员受冲击而导致的信息传递不畅的情形。

第三，考察信息源和信道的匹配状态。要分析信息源与信息渠道两个要素是否都处在清晰、畅通、有效的"双灵敏"状态，两者之间能否恰当匹配，从而开启上级决策者做出优质高效决策的"机会之窗"。

本章小结

本章是应急决策理论的核心章节，主要阐述了基于法制的应急决策责任分析模型和基于信息的应急决策本土化解释模型两种典型的应急决策理论。通过本章的学习，要求对应急决策理论有一个清晰的认识，正确理解应急决策理论的基本假设、理论内容和应用步骤，熟练掌握应急决策理论基础及应用。

关键术语

应急决策主体　Emergency Decision-making Body
应急决策权　Emergency Decision Right
应急决策原则　Emergency Decision Principle
应急决策行为　Emergency Decision Behavior
国家应急决策行为　National Emergency Decision-making Behavior
行政应急决策行为　Administrative Emergency Decision-making Behavior
抽象应急决策行为　Abstract Emergency Decision-making Behavior
具体应急决策行为　Specific Emergency Decision-making Behavior
核心应急决策行为　Core Emergency Decision-making Behavior
辅助应急决策行为　Assist in Emergency Decision-making
应急决策监督　Emergency Decision Supervision
应急决策责任　Emergency Decision Responsibility
承灾载体　Hazard-affected Carriers
灾害要素　Disaster Factors
应急决策效果　Emergency Decision Effect
应急决策体制　Emergency Decision-making System
确定性信息　Deterministic Information　　不完备信息　Incomplete Information
核心决策者　Core Decision Maker　　决策参与者　Decision Participant
信息源　Information Source　　信息渠道　Channel of Information
纵向信息流　Vertical Information Flow　　横向信息流　Horizontal Information Flow
社会信息流　Social Information Flow　　灰色信息　Grey Information
客观模糊　Objective Fuzzy　　主观模糊　Subjective Fuzzy

❖ 案例思考与讨论

【案例1】唐山大地震中"狱警释囚案"

案发地点位于唐山的一个原本戒备森严的看守所。大地震发生后，该看守所虽被严重损毁，但并未完全坍塌。平日的监管制度陷于瘫痪，一片废墟中，地震中暂时存活下来的囚犯们纷纷从已经损坏的牢房中钻出来。许多狱警在地震中丧生，监牢被毁，高墙被震塌，所有能够限制囚犯自由的设施统统消失了。面对这种突发情况，作为囚犯，第一时间就是去寻找自由，他们很激动，但又带着一丝茫然，不敢相信自己的眼睛。就在这个时候，一名狱警从瓦砾中爬了出来，手中握着枪，

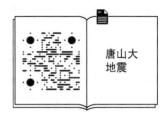
唐山大地震

只穿着裤衩和背心，浑身都是灰尘。当他发现这么多犯人要一涌而出的时候，立即朝天鸣枪，犯人习惯性地挤成一堆，再也不敢轻举妄动。虽然犯人们陷入暂时的茫然，但这名狱警非常清楚当时情况万分凶险，虽然自己手中有武器，但面对 100 多名犯人，一个狱警是无法控制住的，谁也无法预料下一步将发生什么，连唐山市政府也被埋入废墟之中，不仅建筑物和生灵遭受灭顶之灾，社会秩序也一片混乱。如果犯人集体越狱，凭他一人之力，根本无法阻止。第二次"地震"似乎正在酝酿，犯人动起来，现场情势变得紧张起来。狱警下意识地握紧了手中的枪。这时，有一个犯人是抢劫犯，高声喊道："管教，我们要去救人，不是想逃跑。"瓦砾中不时传来呼救声，狱警没有选择余地的一跺脚，大声喊道："好！我同意你们去救人，但如果有人想趁机逃跑，一定严肃处理！"话音刚落，犯人们就四散跑开，到处搜寻生还者。废墟中不断有活人被扒出来，一小部分是犯人，很多都是狱警。被扒出来的人大多伤情严重，有个强奸犯以前是医生，他自告奋勇站了出来，指挥犯人们去抢救伤员，这个断肢的怎么接，那个断腿的如何绑。天已放亮，犯人们重新集合后，一个个灰头土脸，狱警清点人数后，发现少了三人。经过事后查明，发现有两个犯人因为离家比较近，救完人以后回家看了看，然后就主动回来了，还有一个是精神分裂症患者。犯人们在没有借助任何工具的情况下，徒手从瓦砾堆中扒出了 112 人，创造了奇迹！在当时的情况下，犯人们可以选择逃跑，也可以选择了救人，但最终他们选择了救人。

资料来源：宋筱婷. 应急决策法制化研究［M］. 北京：知识产权出版社，2014.

【案例2】新疆"克拉玛依大火案"

1994 年 12 月 7 日，新疆维吾尔自治区教委检查团一行 25 人到克拉玛依市检查工作。为了迎接检查团一行，克拉玛依市教委于 12 月 8 日组织了一场由当地学校学生、教师及学生家长等 796 人组成的文艺汇报表演晚会。演出地点定在了友谊馆。当日 18 时 20 分左右，演出现场的舞台上方的一盏照明灯点燃了附近的纱幕，虽然前排的人们闻到了一些烧焦的味道，但由于现场气氛热烈，大家都没有太在意，演出照常进行。由于纱幕的易燃性非常强，几分钟后，火势就蔓延开来，灯光突然熄灭，现场一片黑暗和混乱。生存的本能开始让人们疯狂逃窜。友谊馆内浓烟滚滚，到处都是火光，人们的衣服被烤焦了，头发被灼热了，没有办法呼吸。大家都凭着直觉扑向了仅有的几个安全出口，但由于平时缺乏安全演练，秩序难以维持，很多人横冲直撞，根本找不到安全门在哪里。更加悲惨的是，无

口可出，无路可逃，此时的友谊馆变成了一个完全封闭的大火炉。仅有部分人在火势最开始的时候逃出了现场，而剩下的人们则全部活活烧死，仅仅过了二十几分钟，一切都结束了。水火无情，这简单的四个字在这一天深刻印证了沉重的历史。值得一提的是，离火源最近的领导干部都安然无恙，死的却是坐在离安全门比较近的教师和学生。据当事人回忆，当时有位干部喊了一句："学生们不要动，让领导先走"，本来可以逃生的学生们很听话，就原位置坐了下来，等官员们先撤离后，铁闸门已经关上，逃生的最佳时机已经错过了。据统计，本次火灾共造成325人死亡，132人受伤。死者中288人是学生，另外37名是老师、家长和工作人员，直接经济损失高达3800万余元。

资料来源：宋筱婷. 应急决策法制化研究［M］. 北京：知识产权出版社，2014.

思考问题：

1. 结合本讲中的应急决策责任分析模型分析案例1，试分析狱警的"违法"释囚的合理性。

2. 结合本讲中的应急决策责任分析模型分析案例2，试分析"学生们不要动，让领导先走"应急决策行为正确性。

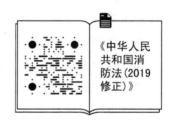

《中华人民共和国消防法(2019修正)》

第3章 应急决策方法

■ 教学目标

通过本章学习,了解应急决策的基本方法;掌握应急决策定性分析方法和应急决策定量分析方法,并能够获取相关数据。

■ 教学要求

知识要点	能力要求	相关知识
应急决策定性分析方法	能够结合实际背景判断研究对象的应急决策定性分析方法,能够获得定性评价数据	应急决策定性分析方法、专家会议法、头脑风暴法、德尔菲法
应急决策定量分析方法	能够结合实际背景判断研究对象的应急决策定量分析方法,能够获得定量评价数据	应急决策定量分析方法、确定型决策分析、风险型决策分析、不确定型决策分析、应急决策数据

自从20世纪50年代开始,特别是70年代,公共部门的决策正在发生着翻天覆地的变化。决策分析由最初的经验决策走入科学决策的时代,其发展方向及趋势主要包括:一是决策分析的发展方向之一是科学化;二是体现了定性和定量相结合的发展趋势;三是由个人决策向群体决策发展;四是单目标决策向多目标决策综合发展;五是由单赢决策向双赢决策发展甚至发展至多赢决策。决策分析的每一个阶段都有很多方法可以运用。现代决策分析的具体方法概括起来可以分两类,即定性决策分析方法和定量决策分析方法。**定性决策分析方法**,也称为"软方法",是指运用社会科学方面的理论,采取一些有效的组织结合形式充分发挥人的智慧和主观能动性,使决策分析的结果更加准确、有效的方法。**定量决策分析方法**,也称为"硬方法",是指运用自然科学方面的理论方法,是现代迅速发展起来的数学化、模型化、计算机化的决策分析方法。在现实的决策过程中,人们常常采

用的"软""硬"结合的决策分析方法,如系统分析法。本章主要介绍应急决策定性和定量分析方法。

3.1 应急决策定性分析方法

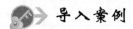导入案例

种树与种草的决策之争

为美化城市环境,某市人民政府就城市绿化问题提出了两个方案:种树与种草。种草方案支持者认为,草能固土,能涵养水分,也能进行光合作用,释放氧气。绿草如茵,凸显环境优美。人们置身于草坪,有一种柔软而惬意的感觉,既能提升城市的品位,又能提升城市的舒适度。但草皮需修剪,得浇水,养护成本太高。种树方案支持者认为,种树对于降低汽车尾气的危害,调节城市小气候,夏天防止毒日暴晒,都优于种草;即便是美感,大树具有苍翠欲滴、郁郁葱葱的自然美,也优于种草;从经济成本的角度考虑,树木的维护成本也低于花草的维护成本。当然,不足之处是见效慢,一般来说,从初种树至树成荫需要十年甚至更长的时间。

资料来源:胡象明. 公共部门决策的理论与方法[M]. 3版. 北京:高等教育出版社,2016.

思考问题:

1. 此类决策问题中包含了不可量化的因素吗?
2. 对于此类决策问题,应如何分析比较?

应急决策定性分析法(Qualitative Analysis of Emergency Decision),又称**主观决策法**,是指在应急决策中主要依靠决策者或有关专家的智慧来进行决策的方法。这是一种"软技术"。应急管理决策者运用社会科学的原理经验和判断能力,采取一些有效的组织形式,充分发挥各自丰富的经验、知识和能力,从对决策对象的本质特征的研究入手,掌握事物的内在联系及其运行规律,对突发事件的应急管理决策目标、决策方案的拟订以及方案的选择和实施做出判断。这种方法适用于受社会、经济、政治等非计量因素影响较大,所含因素错综复杂,涉及社会心理因素较多以及难以用准确数量表示的综合性问题。这种"软技术"方法是应急决策采用的主要方法,它弥补了"硬技术"方法对于人的因素、社会因素等难以奏效的缺陷。"硬""软"两类技术相互配合、取长补短,才能使决策更为有效。典型的应急决策定性

分析方法有：专家会议法、头脑风暴法、德尔菲法，其中德尔菲法（The Delphi Technique）是最具代表性的方法。例如，在战略决策中由于许多条件的不肯定性，德尔菲法特别适用。

3.1.1 专家会议法

专家会议法（Expert Meeting Law，EML），是指根据规定的原则选定一定数量的专家[①]，按照一定的方式组织专家会议，发挥专家集体的智慧结构与效应，对预测对象未来的发展趋势及状况，做出判断的方法。"头脑风暴法"就是专家会议预测法的具体运用（图3.1）。

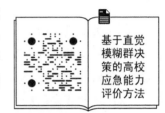

基于直觉模糊群决策的高校应急能力评价方法

图 3.1　专家会议法图例

1. 专家选取原则

（1）最佳会议时间与规模。

运用专家会议法，必须确定专家会议的最佳人数和会议进行的时间。专家小组规模以10～15人为宜，会议时间一般以进行20～60分钟效果最佳。会议提出的设想由分析组进行系统化处理，以便在后继阶段对提出的所有设想进行评估。

（2）专家选取原则。

① 如果参加者相互认识，要从同一职位（职称或级别）的人员中选取，领导人员不

[①] 所谓专家，一般是指在某些专业领域积累了丰富的知识、经验，并具有解决该专业问题能力的人。

应参加，否则可能对参加者造成某种压力。

② 如果参加者互不认识，可从不同职位（职称或级别）的人员中选取。这时，不论成员的职称或级别的高低，都应同等对待。

③ 参加者的专业应力求与所论及的预测对象的问题一致。

2. 组织形式

(1) 头脑风暴法。

头脑风暴法也称非交锋式会议法。会议不带任何限制条件，鼓励与会专家独立、任意地发表意见，没有批评或评论，以激发灵感，产生创造性思维。

(2) 交锋式会议法。

交锋式会议法是与会专家围绕一个主题，各自发表意见，并进行充分讨论，最后达成共识，取得比较一致的预测结论。

(3) 混合式会议法。

混合式会议法，也称质疑头脑风暴法，是对头脑风暴法的改进。它将会议分为两个阶段，第一阶段是非交锋式会议，产生各种思路和预测方案；第二阶段是交锋式会议，对上一阶段提出的各种设想进行质疑和讨论，也可提出新的设想，相互不断启发，最后取得一致的预测结论。

3. 实施步骤

(1) 会前准备。会前准备调查研究、提供资料以及两个主要问题：如何选择专家？如何让专家充分发表意见？

(2) 召开征询意见会议。规模10～15人为宜。

(3) 会议主持人提出题目，要求大家充分发表意见，提出各种方案。

(4) 强调会议上不要批评别人的方案，只谈自己的方案。

(5) 会议结束后，主持人再对方案进行比较、评价和归类，最后确定预测方案。

4. 方法优缺点

专家会议有助于专家们交换意见，通过互相启发，可以弥补个人意见的不足。通过内外信息的交流与反馈，产生"思维共振"，进而将产生的创造性思维活动集中于预测对象，在较短时间内得到富有成效的创造性成果，为决策提供预测依据。专家会议法也有如下一些弊端。

① 由于参加会议的人数有限，因此代表性不充分。

② 受权威的影响较大，容易压制不同意见的发表。

③ 易受表达能力的影响，而使一些有价值的意见未得到重视。

④ 由于自尊心等因素的影响，使会议出现僵局。

⑤ 易受潮流思想的影响。

3.1.2 头脑风暴法

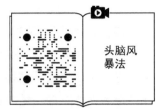
头脑风暴法

头脑风暴法（Brain Storming，BS），又称**智力激励法**，或**自由思考法**，是由美国创造学家奥斯本于 1939 年首次提出，1953 年正式发表的一种激发性思维的方法。头脑风暴法出自"头脑风暴"一词。所谓头脑风暴，最早是精神病理学上的用语，指精神病患者的精神错乱状态。而现在则成为无限制的自由联想和讨论的代名词，其目的在于产生新观念或激发创新设想。

在群体决策中，由于群体成员心理相互作用影响，易屈于权威或大多数人意见，形成所谓的**群体思维**。群体思维削弱了群体的批判精神和创造力，损害了决策的质量。为了保证群体决策的创造性，提高决策质量，管理上发展了一系列改善群体决策的方法，头脑风暴法是较为典型的一个①。头脑风暴法有可分为直接头脑风暴法（简称为头脑风暴法）和质疑头脑风暴法（简称反头脑风暴法）。前者是在专家群体决策尽可能激发创造性，产生尽可能多的设想的方法，后者则是对前者提出的设想、方案逐一质疑，分析其现实可行性的方法。

1. 方法实施的基本要求

（1）组织形式。

参加人数一般为 5~10 人（课堂教学也可以班为单位），最好由不同专业或不同岗位者组成；会议时间控制在 1 小时左右；设主持人一名，主持人只主持会议，对设想不做评论。设记录员 1~2 人，要求认真将与会者每一设想不论好坏都完整地记录下来。

（2）会议类型。

① 设想开发型。这是为获取大量的设想、为课题寻找多种解题思路而召开的会议。

---

① 头脑风暴何以能激发创新思维？根据奥斯本本人及其他研究者的看法，主要有以下几点：第一，联想反应。联想是产生新观念的基本过程。在集体讨论问题的过程中，每提出一个新的观念，都能引发他人的联想，相继产生一连串的新观念，产生连锁反应，形成新观念堆，为创造性地解决问题提供了更多的可能性。第二，热情感染。在不受任何限制的情况下，集体讨论问题能激发人的热情。人人自由发言、相互影响、相互感染，能形成热潮，突破固有观念的束缚，最大限度地发挥创造性地思维能力。第三，竞争意识。在有竞争意识情况下，人人争先恐后，竞相发言，不断地开动思维机器，力求有独到见解，新奇观念。心理学的原理告诉我们，人类有争强好胜心理，在有竞争意识的情况下，人的心理活动效率可增加 50% 或更多。第四，个人欲望。在集体讨论解决问题过程中，个人的欲望自由，不受任何干扰和控制，是非常重要的。头脑风暴法有一条原则，不得批评仓促的发言，甚至不许有任何怀疑的表情、动作、神色。这就能使每个人畅所欲言，提出大量的新观念。

因此，要求参与者要善于想象，语言表达能力要强。

② 设想论证型。这是为将众多的设想归纳转换成实用型方案召开的会议。要求与会者善于归纳、善于分析判断。

(3) 会前准备工作。

会议要明确主题。会议主题提前通报给与会人员，让与会者有一定准备。选好主持人。主持人要熟悉并掌握该技法的要点和操作要素，摸清主题现状和发展趋势。参与者要有一定的训练基础，懂得该会议提倡的原则和方法。会前可进行柔化训练，即对缺乏创新锻炼者进行打破常规思考，转变思维角度的训练活动，以减少思维惯性，从单调的紧张工作环境中解放出来，以饱满的创造热情投入激励设想活动。

(4) 会议原则。

为使与会者畅所欲言，互相启发和激励，达到较高效率，必须严格遵守下列原则。

① 禁止批评和评论，也不要自谦。对别人提出的任何想法都不能批判、不得阻拦。即使自己认为是幼稚的、错误的，甚至是荒诞离奇的设想，亦不得予以驳斥；同时也不允许自我批判，在心理上调动每一个与会者的积极性，彻底防止出现一些"扼杀性语句"和"自我扼杀语句"。诸如"这根本行不通""你这想法太陈旧了""这是不可能的""这不符合某某定律""我提一个不成熟的看法""我有一个不一定行得通的想法"等语句，禁止在会议上出现。只有这样，与会者才可能在充分放松的心境下，在别人设想的激励下，集中全部精力开拓自己的思路。

② 目标集中，追求设想数量，越多越好。在智力激励法实施会上，只强制大家提设想，越多越好。会议以谋取设想的数量为目标。

③ 鼓励巧妙地利用和改善他人的设想。这是激励的关键所在。每个与会者都要从他人的设想中激励自己，从中得到启示，或补充他人的设想，或将他人的若干设想综合起来提出新的设想等。

④ 与会人员一律平等，各种设想全部记录下来。与会人员，不论是该方面的专家、员工，还是其他领域的学者，以及该领域的外行，一律平等；各种设想，不论大小，甚至是最荒诞的设想，记录人员都要求认真地将其完整地记录下来。

⑤ 主张独立思考，不允许私下交谈，以免干扰别人思维。

⑥ 提倡自由发言，畅所欲言，任意思考。会议提倡自由奔放、随便思考、任意想象、尽量发挥，主意越新、越怪越好，因为它能启发人推导出好的观点。

⑦ 不强调个人的成绩，应以小组的整体利益为重，注意和理解别人的贡献，人人创造民主环境，不以多数人的意见阻碍个人新观点的产生，激发个人追求更多更好的主意。

(5) 主持人技巧。

主持人应懂得各种创造思维和技法，会前要向与会者重申会议应严守的原则和纪律，善于激发成员思考，使场面轻松活跃而又不失脑力激荡的规则。

可轮流发言，每轮每人简明扼要地说清楚一个创意设想，避免形成辩论会和发言不均。

要以赏识激励的词句语气和微笑点头的行为语言，鼓励与会者多出设想，如说："对，就是这样！""太棒了！""好主意！这一点对开阔思路很有好处！"

禁止使用下面的话语："这点别人已说过了！""实际情况会怎样呢？""请解释一下你的意思。""就这一点有用。""我不赞赏那种观点。"

经常强调设想的数量，比如平均3分钟内要发表10个设想。

遇到人人皆才穷计短，出现暂时停滞时，可采取一些措施，如休息几分钟，自选休息方法，散步、唱歌、喝水等，再进行几轮脑力激荡。或发给每人一张与问题无关的图画，要求讲出从图画中所获得的灵感。

根据课题和实际情况需要，引导大家掀起一次又一次脑力激荡的"激波"。如课题是某产品的进一步开发，可以将产品改进配方思考作为第一激波、将降低成本思考作为第二激波、将扩大销售思考作为第三激波等。又如，对某一问题解决方案的讨论，引导大家掀起"设想开发"的激波，及时抓住"拐点"，适时引导进入"设想论证"的激波。

要掌握好时间，会议持续1小时左右，形成的设想应不少于100种。但最好的设想往往是会议要结束时提出的，因此，预定结束的时间到了可以根据情况再延长5分钟，这是人们容易提出好的设想的时候。在5分钟时间里再没有新主意、新观点出现时，智力激励会议可宣布结束或告一段落。

(6) 头脑风暴法的原则。

① 庭外判决原则（延迟评判原则）。对各种意见、方案的评判必须放到最后阶段，此前不能对别人的意见提出批评和评价。认真对待任何一种设想，而不管其是否适当和可行。

② 自由畅想原则。欢迎各抒己见，自由鸣放，创造一种自由、活跃的气氛，激发参加者提出各种荒诞的想法，使与会者思想放松，这是智力激励法的关键。

③ 以量求质原则。追求数量，意见越多，产生好意见的可能性越大，这是获得高质量创造性设想的条件。

④ 综合改善原则。探索取长补短和改进的办法。除提出自己的意见外，鼓励参加者对他人已经提出的设想进行补充、改进和综合，强调相互启发、相互补充和相互完善，这是智力激励法能否成功的标准。

⑤ 突出求异创新。这是头脑风暴法的宗旨。

⑥ 限时限人原则。

2. 组织与实施

(1) 提出建议方案。

采用头脑风暴法组织群体决策时，要集中有关专家召开专题会议，主持者以明确的方式向所有参与者阐明问题,说明会议的规则,尽力创造融洽轻松的会议气氛。一般不发表意见,以免影响会议的自由气氛。由专家们"自由"提出尽可能多的方案。

(2) 操作程序。

第一步:准备阶段。

负责人应事先对所议问题进行一定的研究,弄清问题的实质,找到问题的关键,设定解决问题所要达到的目标。同时选定参加会议人员,一般以 5～10 人为宜,不宜太多。然后将会议的时间、地点、所要解决的问题、可供参考的资料和设想、需要达到的目标等事宜一并提前通知与会人员,让大家做好充分的准备。

第二步:热身阶段。

这个阶段的目的是创造一种自由、宽松、祥和的氛围,使大家轻松进入一种无拘无束的状态。主持人宣布开会后,先说明会议的规则,然后随便谈点有趣的话题或问题,让大家的思维处于轻松和活跃的境界。如果所提问题与会议主题有着某种联系,人们便会轻松自如地导入会议议题,效果自然更好。

第三步:明确问题。

主持人扼要地介绍有待解决的问题。介绍时须简洁、明确,不可过分周全,否则,过多的信息会限制人的思维,干扰思维创新的想象力。

第四步:重新表述问题。

经过一段讨论后,大家对问题已经有了较深程度的理解。这时,为了使大家对问题的表述能够具有新角度、新思维,主持人或记录员要记录大家的发言,并对发言记录进行整理。通过记录的整理和归纳,找出富有创意的见解,以及具有启发性的表述,供下一步畅谈时参考。

第五步:畅谈阶段。

畅谈是头脑风暴法的创意阶段。为了使大家能够畅所欲言,需要制订规则。第一,不要私下交谈,以免分散注意力。第二,不妨碍他人发言,不去评论他人发言,每人只谈自己的想法。第三,发表见解时要简单明了,一次发言只谈一种见解。主持人首先要向大家宣布这些规则,随后导引大家自由发言、自由想象、自由发挥、使彼此相互启发、相互补充,真正做到知无不言、言无不尽、畅所欲言,然后将会议发言纪录进行整理。

第六步:筛选阶段。

会议结束后的一两天内,主持人应向与会者了解大家会后的新想法和新思路,以此补充会议记录。然后将大家的想法整理成若干方案,再根据 CI(组织识别)设计的一般标准,诸如可识别性、创新性、可实施性等标准进行筛选。经过多次反复比较和优中择优,最后确定 1～3 个最佳方案。这些最佳方案往往是多种创意的优势组合,是大家的集体智慧综合作用的结果。

(3) 实施方法。

① 提出论题。

在脑力激荡会议前，订好论题是很必要的。提出的论题一定要表述清楚，不能范围太大，而是要落在一个明确的问题上，比如"现在手机里有什么功能是无法实现，而人们又需要的？"如果论题设得太大，主持人应将其分解成较小的部分，而分别提问。

② 制作背景资料。

脑力激荡背景资料是给予参与者的邀请函中，提供会议背景资料的信件，其包含会议的名称、论题、日期、时间、地点。论题以提问的形式描述出来，并且会举一些设想为例作为参考。背景资料要提前分发给予参与者，这样他们可以事先思考一下论题。

③ 选择与会者。

主持人要负责组建脑力激荡专家小组，由部分与会者和一位记录员组成。一般来说小组由十来个成员组成比较行之有效。有许多不同的组合方式，但推荐以下列举的组合：由几个有经验的成员作为项目核心；几个项目外的嘉宾，要对论题感兴趣；一个记录员，负责记录推荐的设想。

④ 创建引导问题。

在脑力激荡会议中大家的创造力可能会逐渐减弱。这个时候，主持人应该找出一个问题来引导大家回答，借以激发创造力。比如，我们能综合这些设想吗？换一个角度看怎么样？最好在开会前就准备好一些诸如此类的引导问题。

⑤ 会议的进行。

主持人要负责领导脑力激荡会议并确保遵循基本规则。一般会议分以下几步骤。

a. 热身阶段，向缺少经验的与会者展示一下这种没有批评的氛围。举出一个简单的论题用脑力激荡法来讨论，比如 CEO（首席执行官）要是退休了会怎样？或是微软的 WIN-DOWS 里哪些内容能加以改善？

b. 主持人宣布论题，如需要再做出进一步解释。

c. 主持人向脑力激荡专家小组征求意见。

d. 如果没有当即提出的设想，主持人提出引导问题来激发大家的创造力。

e. 所有与会者各自说出自己的想法，由记录员做记录。

f. 为表述清楚，与会者往往需要对自己的设想加以详细阐述。

g. 时间到，主持人依照会议宗旨将所有设想进行整理并鼓励大家讨论。

h. 把所有设想归类。

i. 回顾整个列表，以保证每个人都理解这些设想。

j. 去除重复的和显然难以实现的设想。

k. 主持人对所有与会者表示感谢并依次给予赞赏。

⑥ 过程处理。

a. 鼓励参与者把不能陈述的主意记录下来迟一点再提出。

b. 记录员应该给每个主意编号，以便主持人能使用这些号码鼓励参与者提出更多的建议来达到目标。例如主持人说：我们已经有 44 条，让我们达到 50 条吧！

c. 记录员应该口头重复她或他逐字记录的主意，以确保所记内容与提出者想要陈述的意思相吻合。

d. 当同时有很多主意被提出时，与主题最相关的具有优先权。这是为了鼓励参与者能对前一个主意做更详尽的描述。

此外，在脑力激荡会议中，经理和高层不鼓励参与会议，因为这样做可能会约束和降低效果，特别是奇思妙想的产生。

⑦ 结果评估。

脑力激荡并不是为了提出主意让他人去评估和选择。通常在最后阶段，本组成员会自己评估这些主意并从中挑选出解决问题的方法。被挑选出来的解决方案不应要求小组成员拥有不具备或不能获得的技能和资源。如果必须要这种额外资源或技巧，在解决方案的第一部分就必须提出来。这里需要一个衡量整个过程进展和成功的方法。贯彻整个解决方案的每一步都必须对小组成员透明，并有责任分配给每一个人以便他们在其中担任重要的角色。在项目还未明朗时，必须有一个共同的决策过程来推进协作努力的成果并对任务进行重新分配。在重要转折点上，需要有评判标准来决定小组讨论是否朝着最终的答案行进。在整个过程中需要不断地鼓励，以便让参与者保持他们的热情。

3. 质疑与完善

在决策过程中，对上述直接头脑风暴法提出的系统化的方案和设想，还经常采用质疑头脑风暴法进行质疑和完善。这是头脑风暴法中对设想或方案的现实可行性进行估价的一个专门程序。在这一程序中有以下几个阶段。

第一阶段就是要求参加者对每一个提出的设想都要提出质疑，并进行全面评论。评论的重点是研究有碍设想实现的所有限制性因素。在质疑过程中，可能产生一些可行的新设想。这些新设想，包括对已提出的设想无法实现的原因的论证，存在的限制因素，以及排除限制因素的建议。其结构通常是："……设想是不可行的，因为……，如要使其可行，必须……"。

第二阶段，是对每一组或每一个设想，编制一个评论意见一览表，以及可行设想一览表。质疑头脑风暴法应遵守的原则与直接头脑风暴法一样，只是禁止对已有的设想提出肯定意见，而鼓励提出批评和新的可行设想。在进行质疑头脑风暴法时，主持者应首先简明介绍所讨论问题的内容，扼要介绍各种系统化的设想和方案，以便把参加者的注意力集中于对所论问题进行全面评价上。质疑过程一直进行到没有问题可以质疑为止。质疑中抽出的所有评价意见和可行设想,应专门记录或录在磁带上。

第三个阶段,是对质疑过程中抽出的评价意见进行估价,以便形成一个对解决所讨论问题实际可行的最终设想一览表。对于评价意见的估价,与对所讨论设想质疑一样重要。因为在质疑阶段,重点是研究有碍设想实施的所有限制因素,而这些限制因素即使在设想产生阶段也是放在重要地位予以考虑的。

由分析组负责处理和分析质疑结果。分析组要吸收一些有能力对设想实施做出较准确判断的专家参加。当须在很短时间就重大问题做出决策时,吸收这些专家参加尤为重要。

3.1.3 德尔菲法

德尔菲①法是在 20 世纪 40 年代由赫尔姆和达尔克首创的,经美国兰德公司进一步发展而成的预测方法,后来推广运用到决策分析中。德尔菲法是 20 世纪 60 年代初美国兰德公司的专家们为避免集体讨论存在的屈从于权威或盲目服从多数的缺陷提出的一种有效的群体决策的方法。**德尔菲法**,又名专家函询调查法或专家规定程序调查法,是依据系统的程序,采用匿名发表意见的方式(即团队成员之间不得互相讨论,不发生横向联系,只能与调查人员发生关系)反复地填写问卷,以集结问卷填写人的共识及搜集各方意见,可用来构造团队沟通流程,应对复杂任务难题的管理技术。

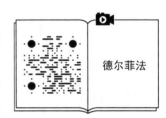
德尔菲法

1. 分析准则

德尔菲法本质上是一种反馈匿名函询法,其简单流程是:在对所要预测的问题征得专家的意见之后,进行整理、归纳、统计,再匿名反馈给各专家,再次征求意见,再集中,再反馈,直至得到一致的意见。由此可见,德尔菲法是一种利用函询形式进行的集体匿名思想交流过程。它有三个明显区别于其他专家预测方法的特点,即匿名性、多次反馈、小组的统计回答。在实施德尔菲法时应注意以下问题。

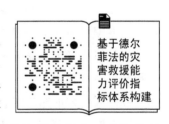
基于德尔菲法的灾害救援能力评价指标体系构建

(1) 挑选的专家应有一定的代表性、权威性。

(2) 在进行预测之前,首先应取得参加者的支持,确保他们能认真地进行每一次预测,以提高预测的有效性。同时也要向组织高层说明预测的意义和作用,取得决策层和其他高级管理人员的支持。

---

① 德尔菲这一名称起源于古希腊关于太阳神阿波罗的神话。传说阿波罗具有预见未来的能力。因此,这种方法被命名为德尔菲法。

（3）问题表设计应该措辞准确，不能引起歧义，征询的问题一次不宜太多，不要问那些与预测目的无关的问题，列入征询的问题不应相互包含；所提的问题应是所有专家都能答复的问题，而且应尽可能保证所有专家都能从同一角度去理解。

（4）进行统计分析时，应该区别对待不同的问题，对于不同专家的权威性应给予不同权数而不是一概而论。

（5）提供给专家的信息应该尽可能充分，以便其做出判断。

（6）只要求专家做出粗略的数字估计，而不要求十分精确。

（7）问题要集中，要有针对性，不要过分分散，以便使各个事件构成一个有机整体，问题要按等级排队，先简单后复杂、先综合后局部。这样易引起专家回答问题的兴趣。

（8）调查单位或领导小组意见不应强加于调查意见之中，要防止出现诱导现象，避免专家意见向领导小组靠拢，以至于得出专家迎合领导小组观点的预测结果。

（9）避免组合事件。如果一个事件包括专家同意的和专家不同意的两个方面，专家将难以做出回答。

（10）信息反馈要及时。充分利用互联网的技术优势，信息反馈要有及时性。

2. 工作流程

在德尔菲法的实施过程中，始终有两方面的人在活动，一是预测的组织者，二是被选出来的专家。其工作流程主要有以下方面。

（1）开放式的首轮调研。

一是由组织者发给专家的第一轮调查表是开放式的，不带任何框框，只提出预测问题，请专家围绕预测问题提出预测事件。

二是组织者汇总整理专家调查表，归并同类事件，排除次要事件，用准确术语提出一个预测事件一览表，并作为第二步的调查表发给专家。

（2）评价式的第二轮调研。

一是专家对第二步调查表所列的每个事件做出评价。例如，说明事件发生的时间、争论问题和事件或迟或早发生的理由。

二是组织者统计处理第二步专家意见，整理出第三张调查表。第三张调查表包括事件、事件发生的中位数和上下四分点，以及事件发生时间在四分点外侧的理由。

（3）重审式的第三轮调研。

一是发放第三张调查表，请专家重审争论。

二是对上下四分点外的对立意见做一个评价。

三是给出自己新的评价（尤其是在上下四分点外的专家，应重述自己的理由）。

四是如果修正自己的观点，也应叙述改变理由。

五是组织者回收专家们的新评论和新争论,与第二步类似地统计中位数[①]和上下四分位数[②]。

六是总结专家观点,形成第四张调查表。其重点在争论双方的意见。

(4) 复核式的第四轮调研。

一是发放第四张调查表,专家再次评价和权衡,做出新的预测。是否要求做出新的论证与评价,取决于组织者的要求。

二是回收第四张调查表,计算每个事件的中位数和上下四分点,归纳总结各种意见的理由以及争论点。

值得注意的是,并不是所有被预测的事件都要经过四步。有的事件可能在第二步就达到统一,而不必在第三步中出现;有的事件可能在第四步结束后,专家对各事件的预测也不一定都是达到统一。不统一也可以用中位数与上下四分点来做结论。事实上,总会有许多事件的预测结果不统一。

3. 具体实施步骤(图3.2)

(1) 确认问题。确定调查题目,拟定调查提纲,准备向专家提供的资料(包括预测目的、期限、调查表以及填写方法等)。

(2) 组成专家小组。按照课题所需要的知识范围,确定专家。专家人数的多少,可根据预测课题的大小和涉及面的宽窄而定,一般不超过20人。

(3) 向所有专家提出所要预测的问题及有关要求,并附上有关这个问题的所有背景材料,同时请专家提出还需要什么材料。然后,由专家做书面答复。

(4) 各位专家根据他们所收到的材料,提出自己的预测意见,并说明自己是怎样利用这些材料并提出预测值的。

(5) 将各位专家第一次判断意见汇总,列成图表,进行对比,再分发给各位专家,让专家比较自己同他人的不同意见,修改自己的意见和判断。也可以把各位专家的意见加以整理,或请身份更高的其他专家加以评论,然后把这些意见再分送给各位专家,以便他们参考后修改自己的意见。

---

① 中位数(Median),是一组数据按从小到大(或从大到小)的顺序依次排列,处在中间位置的一个数(或最中间两个数据的平均数,注意:和众数不同,中位数不一定在这组数据中)。注:当个数为奇数时,取最中间位置的数;当个数为偶数时,取最中间两个数的平均数。

② 四分位数(Quartile),即统计学中,把所有数值由小到大排列并分成四等份,处于三个分割点位置的数值就是四分位数。第一四分位数(Q1),又称"较小四分位数",等于该样本中所有数值由小到大排列后第25%的数字。第二四分位数(Q2),又称"中位数",等于该样本中所有数值由小到大排列后第50%的数字。第三四分位数(Q3),又称"较大四分位数",等于该样本中所有数值由小到大排列后第75%的数字。第三四分位数与第一四分位数的差距又称四分位距(Inter Quartile Range, IQR)。上四分位数是排在1/4的那个数,下四分位数是排在3/4的那个数。

（6）将所有专家的修改意见收集起来、汇总，再次分发给各位专家，以便做第二次修改。逐轮收集意见并为专家反馈信息是德尔菲法的主要环节。收集意见和信息反馈一般要经过三四轮。在向专家进行反馈的时候，只给出各种意见，但并不说明发表各种意见的专家的具体姓名。这一过程重复进行，直到每一位专家不再改变自己的意见为止。

（7）对专家的意见进行综合处理。一是能充分发挥各位专家的作用，集思广益，准确性高。二是能把各位专家意见的分歧点表达出来，取各家之长，避各家之短。同时，德尔菲法又能避免专家会议法的缺点：一是权威人士的意见影响他人的意见；二是有些专家碍于情面，不愿意发表与其他人不同的意见；三是出于自尊心而不愿意修改自己原来不全面的意见。

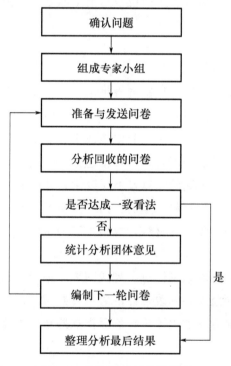

图 3.2　德尔菲法的实施步骤

4．注意事项

德尔菲法的主要缺点是过程比较复杂，花费时间较长。其注意事项包括以下方面。

（1）专家意见独立性。

由于专家组成成员之间存在身份和地位上的差别以及其他社会原因，有可能使其中一些人因不愿批评或否定其他人的观点而放弃自己的合理主张。要防止这类问题的出现，必须避免专家们面对面地集体讨论，而是由专家单独提出意见。

（2）基于突发事件的了解。

专家的挑选应基于其对突发事件的内外部情况的了解程度。专家可以是第一线的管理人员，也可以是高层决策者和外请专家。

3.2　应急决策定量分析方法

导入案例

种菜与种菊的决策之争

某市郊区上峰村为极贫村，农民长期以种红苕为生，人均年纯收入不及全市农民人均年收入的三分之一。为改善该村面貌，市政府对其实施重点扶贫工程，内容之一就是帮助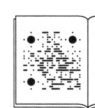
该村引进专业农业公司，调整其产业结构，利用其高山气候种植经济作物。经专家论证，提出了两种方案：一种方案是种植 800 亩高山蔬菜，估计在销售状况好或不好的情况下，每亩年纯收入分别在 6 000 元或 3 500 元左右；另一种方案是种植 800 亩胎菊，估计在销售状况好或不好的情况下，每亩年纯收入分别在 8 000 元或 3 000 元左右。通过对这两个方案进行多次论证、比较后，经该村村民代表表决，最后选择了第二方案。

资料来源：胡象明. 公共部门决策的理论与方法 [M]. 3 版. 北京：高等教育出版社，2016

思考问题：

1. 此项决策问题属于风险型决策问题还是不确定型决策问题？
2. 包含数量关系的决策问题应该如何进行决策分析？

应急决策实质上是理性人普遍从事的一种活动，也是极为重要的制胜手段。其核心是对未来活动的多个目标及用途做出合理的选择，以寻求最满意的行动方案。其决策的特征主要体现在这三方面：①面对新问题和新任务做出科学决定，属于创造性的管理活动；②必须对实际行为有直接的指导作用；③具有多因素、多目标、不确定性与方案的多样性，以及决策影响的时效性和一次性。**应急决策定量分析方法**（Quantitative Analysis of Emergency Decision），是指通过研究决策问题的客观关系和其内部量的规定性，建立数学模型，并通过求数学模型的解以确定决策的期望值，以其期望值作为选择决策方案参考的一种科学决策方法。

3.2.1 应急决策数据的来源及其统计

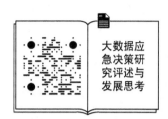
大数据应急决策研究评述与发展思考

在应急管理工作与实践中，特别在应急决策时需要大量的统计调查与数据整理。一个重要的过程是利用统计工具研究常态型与非常态型危机管理，或称传统安全管理与非传统安全管理，可以从各个统计个案入手。对各个统计个案进行观测和调查登记所取得的数据，是零星分散的必须通过统计整理才能使其成为反映应急管理总体的有用资料，才能建立用于应急决策统计分析的系列统计指标。

3.2.1.1 应急决策数据的来源

1. 统计数据的主要来源

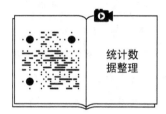
统计数据整理

应急管理要做大量的统计调查工作，统计调查是根据应急管理统计研究预定的目的、要求和任务，运用科学的调查方法，有计划、有组织地向客观实际搜集统计资料的工作过程。统计活动所涉及的资料通常有两种：一种是直接向调查单位搜集的未经加工整理的资料，称为原始资料，也叫初级资料或第一手资料；另一种是根据研究目的，搜集以前加工整理过的，积累下来的在一定程度上能够说明总体现象的资料，这种资料称为次级资料或第二手资料。实际意义上的统计调查，是指搜集原始资料的活动过程。虽然利用与搜集第二手资料有其重要性，但这只能是资料搜集的一种方式，不属于实际意义上的统计调查。其数据的主要来源有以下方面。

① 专业统计部门和政府应急管理部门日常公布的各类统计资料。
② 各类经济信息中心、信息咨询机构、专业调查机构等提供的抽样、数据。
③ 各类专业期刊、报纸、书籍所提供的资料，如各种灾难统计。
④ 各种会议，如博览会、展销会、交易会及专业性、学术性研讨会上交流的有关资料。
⑤ 从互联网或图书馆查阅到的相关应急统计资料。
⑥ 第三方调查（一般由民间组织来进行）取得的统计数据。

2. 获取应急统计数据的主要方法

(1) 直接观察法。**直接观察法**是指调查人员到灾后现场对调查单位的调查项目直接清点、测定、计量以取得灾害数据资料的一种调查方法。这种方法需要大量的人力、物力、财力和时间，它的应用受到较大限制。

(2) 采访法。**采访法**是指由调查人员直接向被调查者进行提问，根据被调查者的答复来搜集统计资料的一种调查方法。它又分为个别询问和开调查会两种方式。在典型调查中，搜集材料多采用个别询问、开调查会等采访法。

（3）报告法。**报告法**是指在常态型危机管理中，由报告单位根据一定的原始记录、统计台账，依据统计报表的格式与要求，按隶属关系，逐级向有关部门提供统计资料的一种调查方法。报告法的特点是有统一项目、统一表式、统一要求和统一上报程序，其资料来源于原始记录，可以同时进行大量的调查。如果报告制度健全，原始记录完整就可以取得比较准确的资料。例如，安监局事故调查统计表。

（4）问卷调查法。**问卷调查法**是为特定目的，以问卷形式提问，发给被调查者，由被调查者自愿、自由回答的一种采集资料的方法。通常是在初步分析调查对象的基础上，从调查对象总体中随机地或有意识地选择若干调查单位，发出问卷，要求被调查者在规定时间内以不记名或可记名方式反馈信息，经调查综合整理、分析，以形成对调查对象总体的认识，这种方法多用于对主观意识的调查。如果运用得恰当，可以较真实地了解民情民意。科学地进行问卷调查，必须精心设计，问题要简明扼要，填写答案不需花费多少时间，程序严密，保证做到为被调查者保密。在实施上，要尽量防止提出回答率或答案质量不高的问题。

（5）卫星遥感法。**卫星遥感法**是一种使用卫星高度分辨辐射计提供地面资料的方法。这种方法的覆盖面较广，应急管理中运用于各种自然灾害的卫星探测、卫星遥感所取得的资料要与地面其他资料相印证，以便做出综合分析。地面资料不仅包括类型抽样定点所形成的大面积监测网络资料，还包括统计、农业、气象、地震、土地等部门以其他调查方法取得的资料。卫星遥感法运用得好，可以达到投入少、速度快、准确度高的效果。卫星遥感与其他技术综合运用，可以建立高科技遥感与其他技术综合运用，可以建立高科技应急管理平台。例如，沈阳市应急指挥中心建设突出以科技创新为先导，整合资源为途径，集固定及移动指挥场所、应急值守、联动处置、辅助决策、综合研判、结果评估、视频传输、地理信息（GIS）、卫星定位（GPS）、卫星遥感（RS）、视频会议、警报鸣放、应急广播、网上演练、固定和移动通信枢纽开设和电子政务办公等多功能于一体的全能型平台。

（6）观察法。**观察法**即根据观察而得到有关数据。这是行为科学解决问题的方法。早期的行为科学研究操作人员的动作行为，进而分析，然后找到最优方法。观察研究的方法在天文学、地质学、动物学以及现代管理中都是很常用的。例如，某银行要观察在上午9点至下午5点之间每个时段（每10分钟为一个时段）顾客的到来数。

3. 统计调查的组织

应急统计调查是整个统计工作的基础，只有科学地确定统计调查的组织形式，才能保证应急统计调查所获得的资料能较客观地反映实际。

（1）以周期性普查为基础，以经常性抽样调查为主体。
① 普查。**普查**是根据统计研究的特定目的和任务，专门组织的一次性全面调查。它

主要用于收集某些不能够或不适宜采用定期全面填报的统计报表方法收集的统计资料。一般用来调查属于一定时点的社会经济现象的总量。目前，由于许多社会现象已难于用全面报表收集资料，所以普查的运用将更广泛，它将成为调查方法的基础。例如，可借助普查系统地、全面地掌握一个国家（或地区）的人、财、物的数量、分布及利用状况。普查有两个主要特点。第一，它是一种不连续的调查，属间断调查。由于普查搜集的通常是时点资料，所以普查总是要确定一个标准时点。第二，它是一种全面调查，调查范围通常较大，所以涉及面广、工作量大。它比任何一种调查形式更能掌握大量、详细、全面的统计资料。普查的组织形式：一种是通过组织普查机构，配备一定数量的普查人员，对调查单位直接进行登记，例如，全国人口普查、工业普查；另一种是利用调查单位的原始记录和核算资料，结合清库盘点，由调查单位自行填报调查表格，例如地质普查。

② 抽样调查。**抽样调查**是按随机原则从调查对象中抽取一部分单位作为样本进行观察然后根据所获得的样本数据，对调查对象总体特征做出具有一定可靠程度推算的非全面调查。例如，自然灾害损失抽样调查、应急救灾物资质量抽样调查。抽样调查的适用范围主要有：第一，对一些不可能或不必要进行全面调查的社会现象，可采用抽样调查。例如，对具有破坏性的产品进行质量检查时，不可能毁去所有的产品而对其质量加以鉴定，只能采用抽样调查。第二，对普查资料进行必要的修正。由于普查涉及面广，工作量大，容易产生登记误差，即出现重复登记或遗漏现象。因此通常在普查之后，做一次小规模的抽样调查，将抽样调查的结果同原来的普查资料进行核对，计算出差错（重复或遗漏）比率，然后以其作为修订系数，对普查资料进行必要的修正。

a. 抽样调查的组织形式主要包括：纯随机抽样、机械抽样、类型抽样、整群抽样、多阶段抽样和聚类抽样。

纯随机抽样，也叫简单随机抽样。它是随机抽样中最基本、最简单的抽样组织方式。这种抽样方式不对总体各单位做任何排队或分组等处理，直接中按随机原则抽取单位形成样本，然后以样本数据推算总体指标。显然，这种抽样方式理论上最符合随机原则。

机械抽样，也叫等距抽样或系统抽样。它是事先将调查对象的所有单位按照一定标志进行排列，然后依照固定顺序和间隔来抽选部分单位的一种抽样方式。用作排列顺序的标志与所要研究的问题，可以是无关标志也可以是有关标志。以无关标志排列，仍能遵循随机原则。例如，研究职工工资收入问题。

类型抽样，也叫分层抽样或分类抽样。它是先将总体各单位按有关标志分类分组，再从各组中按一定比例随机地抽选样本单位进行调查的一种抽样组织方式。这种抽样方式是将统计分组和随机抽样两种科学的方法有机地结合在一起，保证了各组都有中选的机会，提高了样本的代表性，因此具有较好的抽样效果。

整群抽样，是事先将总体各单位划分成若干群体或集团后，再根据随机原则抽取部分群体或集团，继而对被抽中的群体或集团中的所有单位——进行调查的抽样组织方式。整群抽样中的群体划分，通常是按地理位置、自然堆放或包装成箱的物品等所形成的集团。例如，按片抽查林业资源，按村落抽查农户的副业生产情况，按箱抽查产品质量。

多阶段抽样，是把抽取样本单位的过程分为几个阶段，再根据各阶段现象的特点分别采用相应的抽样方法，在最后阶段才具体抽选样本单位的一种抽样组织方式。这种抽样不是从总体中一次直接抽取样本单位，而是通过多阶段、多级别的抽选，所以又称多级抽样。例如，在全国范围内第一阶段抽省，再从被抽中的省份中第二阶段抽县，……，直至乡镇。

聚类抽样，是先将总体要素聚成类（组），随机抽取其中一个组，再对被抽取的组作简单随机抽样。理想情形是每一类（组）皆是总体的一个缩影。

b. 抽样调查又可以分为概率抽样（Probability Sampling）与非概率抽样（Nonprobability Sampling）两种。简单随机抽样、系统抽样和分层抽样都属于概率抽样。非概率抽样是在总体中每一构成要素被抽取的概率是未知的情况下进行抽样。这种抽样方法的缺点是无法对估计的精确度做出判断，其优点是成本低且容易完成。较小规模的研究，一般采用非概率抽样。它包括判断抽样、方便抽样、定额抽样等。抽样调查的一般步骤如图 3.3 所示。

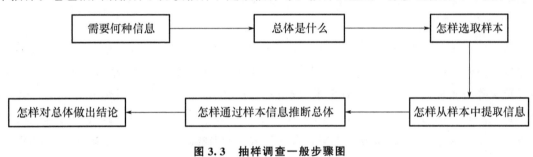

图 3.3 抽样调查一般步骤图

（2）以必要的统计报表、重点调查、典型调查等为补充。

① 统计报表。

统计报表是搜集国民经济基本统计资料的主要方法，是依照国家有关法规制定的一种报告制度。统计报表制度是按国家统一规定的表格形式、指标内容、计算口径与方法、报送程序、提交周期，以一定的原始记录为依据，自下而上地逐级定期提供统计资料的一种调查方式。在常态型风险管理与非常态型风险管理中，有利于把握风险状况，能有效地防止和化解风险。

② 重点调查。

重点调查是指在调查对象中，只选择一部分重点单位进行观察登记的一种非全面调查。所谓重点单位，是就现象的量的方面而言，尽管这些单位在全部单位中只是一小部分，但它们的标志总量在所研究现象的标志总量中却占有绝大部分的比重，在总体中具有举足轻重的作用。因而，对这些单位的调查就能够从数量上反映总体在该标志总量方面的基本情况。重点单位的确定，是组织重点调查的一个重要问题，重点单位的选择始终着眼于它在所研究现象的标志总量中所占的比重大小。重点单位可能是一些企业，也可能是一些地区、城市。重点调查由于选择的单位较少，因此调查项目就允许多一些，所了解的情况也可以详细一些。一般来说，当调查任务只要求掌握基本情况，而部分单位又能比较集中地反映研究的项目，采用重点调查比较适宜。例如，在2009年国际金融危机带来的影响，可以选择广东省企业进行重点调查。

③ 典型调查。

典型调查是一种专门组织的非全面调查。它是根据调查的目的，在对所研究对象进行初步分析的基础上，有意识地选取若干具有代表性的单位进行调查和研究，借以认识事物发展变化的规律。典型调查大体可以分为两种：一种是对个别典型单位进行调查研究，称为解剖麻雀式的典型调查。另一种是对现象总体按与研究问题有关的标志划分类型，以减少类型组中各单位之间的差异，然后再从各类型组中选择典型单位进行调查，这种形式又称为划类选典式的典型调查。在典型调查中，科学地选择代表性较高的典型单位，利用各典型单位的典型资料来推算全面数据，能取得较理想的调查效果。例如，针对出租车司机的调查，可以选择北京、上海和深圳作为重点城市。

④ 数据库建设。

突发事件应急管理调查评估可以分为三类：对突发公共事件本身的调查评估、对突发公共事件应急处置的调查评估和对应急管理能力的调查评估，这些调查评估对完善应急管理数据库建设具有重大的意义。我国各地采取多种措施，促进应急管理数据库报送工作。例如，以国家应急管理部为例，初步建立了国家应急管理系统。应急管理各部门数据库资源共享机制非常重要（表3-1），形成联合态势，有利于减少人财物的损失，争取更多的救援时间。

表3-1 应急管理资源共享机制简表

事件分类	职能部门	合并职能	共享资源
气象灾害	国家防汛抗旱总指挥部办公室 中国气象局 水利部	防汛、抗旱、防台风以及其他气象灾害的预警与救助	全国性数据库系统 全国性的指挥系统 全国性信息传播系统 相似领域的专家库 相似领域的专业人员 相似领域的技术经验 相似领域的设备设施
地质灾害	国土资源部 应急管理部 中国地震局	地震、山体滑坡等地质灾害的预警与救援	
技术灾害	应急管理部	生产安全事故预防与抢救	
传染病疫情	国家卫生健康委员会	大规模传染病预防与控制	
危险化学物品	国家市场监督管理总局 公安部 国家安全部	有毒气体、化学原料等的安全指导与应急救援	
社会安全	公安部	群发性事件应急处置	

资料来源：林毓敏．应急管理定量分析方法［M］．广州：暨南大学出版社，2011．

3.2.1.2 应急决策统计数据的定量分析模型

统计数据整理简称统计整理,是根据统计研究的目的和任务要求,对统计调查所取得的各项原始资料进行科学的统计分组[①]与汇总,或对已加工的资料进行再加工,使之系统化、条理化、科学化,以能够反映现象总体特征的综合资料的工作过程。

1. 统计数据整理的目的

统计调查所取得的是关于总体各个单位的资料,是属于有关标志的具体表现,是零碎的、分散的、不系统的,不能说明被研究总体的实际情况。只有对这些资料进行加工整理,才能使之系统化,条理化,得出反映对象总体特征的数据资料,才能据以研究现象总体各方面的数量特征和数量表现。统计整理是介于统计调查和统计分析之间的中间环节,是一个承上启下、必不可少的一个工作环节,属于统计工作的第二阶段。

2. 统计数据整理的程序

第一,选择分类标志(如何对应急管理统计资料进行分组,确定各组及总体的指标体系),制定统计数据整理纲要。

第二,审核和订正原始数据资料,保证及时性、齐备性、可靠性和系统性。

第三,对应急统计数据进行整理。根据统计整理纲要对数据资料进行分组,然后进行统计汇总或做必要的加工计算。将统计整理的结果编制成统计表或绘制成统计图,以描述统计数据的数量特征。

以上程序中,以统计分组为数据整理的中心环节,以统计表及统计图为重要表现形式。

---

① 统计分组是根据统计研究的目的和客观现象的内在特点,将总体各单位按一定标志区分为若干不同类型、不同性质的各个方面。统计分组的对象是总体。统计分组的标志可以是品质标志,也可以是数量标志。从分组的性质来看,分组兼有分和合的双重含义。即把总体分为性质相异的若干部分,再把性质相同的许多单位结合为一组。统计分组必须先对所研究现象本质做全面和深入的分析,确定所研究现象类型的属性及其内部差别,而后才能选择正确反映事物本质的分组标志。统计分组必须遵循两个原则:互斥原则和穷尽原则。所谓互斥原则,即不能重复原则,就是在特定的分组标志下,总体中的任何一个单位只能归属于某一组,而不能同时或可能归属于几个组。例如,应急物资把服装分为男装、女装、童装三类;类,这不符合互斥原则,因为童装也有男装、女装之分。若先把服装分为成年与儿童两类,然后每类再分为男女两组,这就符合互斥原则了。所谓穷尽原则,即不能遗漏原则,就是使总体中的每一个单位都应有组可归,或者说各分组的空间足以容纳总体所有的单位。例如,志愿者按文化程度分组,分为小学毕业、中学毕业(含中专)和大学毕业三组,那么,文盲或识字不多的以及大学以上的学历者则无组可归,这就不符合穷尽原则。

3. 应急决策统计数据的定量分析基本模型

在决策的定量分析过程中，必须采用科学抽象的方法，确定目标函数，找出与决策有关的诸变量间的约束关系，建立决策的数学模型。决策模型不等于实际问题本身，但它反映了实际问题最本质的特征和量的规律，这就为科学决策提供了可靠的依据。

(1) 决策定量分析模型的构成要素。

一般说来，一个决策模型（decision-making model）主要由状态、方案、概率、报酬函数和最优期望值等五个因素构成。 下面将结合实例加以叙述。

【例3-1】 某市紧靠长江之滨，为了防止洪水对该市的袭击，市人民政府决定整修一段防护堤。在设计方案时要求考虑不同程度的洪水对该堤的影响。根据当地历史资料的记载知道，在可记录的洪水资料中，一般洪水发生的概率为0.7，它不会对防护堤发生破坏作用；较大洪水发生的概率为0.25，它会对防护堤造成轻微破坏；特大洪水发生的概率为0.05，它能对防护堤造成严重破坏。设计人员经过反复研究，提出了三种设计方案：整修堤岸；增高并加固堤岸；修建混凝土防水墙。每个方案的实施需要支出费用（包括修建费用和洪水发生后所造成的损失）见表3-2。

表3-2 实施方案所需支出的费用

方案	状态概率		
	一般洪水	较大洪水	特大洪水
	0.70	0.25	0.05
	费用/亿元		
整修堤岸	30	40	50
增高并加固堤岸	35	38	42
修建混凝土防水墙	43	43	44

① 状态集。一个决策问题总涉及一个系统，系统处于的不同状况称为状态。状态是由不可控制的自然因素，即随机因素所引起的结果。把状态数量化，得到一个随机变量，称为状态变量，常记为 x，它是决策者不能控制的变量。全体状态所构成的集合，称为状态集，记以 $s=(x)$。在前述的例子中，可用 x_1 表示一般洪水，x_2 表示较大洪水，x_3 表示特大洪水，则状态集记作 $s=(x_1,x_2,x_3)$。

一般说来，确定型决策问题中只有一种状态。因此，不存在状态集，此时 $s=(x)$。在不确定型决策和风险型决策问题中都存在着两种或两种以上的自然状态，因而才有状态集。

② 状态的发生概率。系统的每种状态发生或存在的可能性，简称为状态的发生概率，常记以 $p(x)$（其中 x 为状态变量）。在确定型决策问题中，只有一种状态，因而其生存概率为1（即100%）。在风险型决策问题中，不但存在几种状态，而且每种状态的发生概率

都是可预知的,也就是说,所有状态的发生概率都已给出,因而能够知道状态变量的概率分布,这种分布概率常记为 P。至于不确定型决策问题,由于不知道其状态发生的概率,因而其状态的发生概率是不定的。

上例是一个风险型决策问题,每种程度的洪水发生的可能性的百分比,就是其状态的发生概率,即 $p(x_1)=0.7$;$p(x_2)=0.25$;$p(x_3)=0.05$。

③ 决策集。决策集也可称为方案或决策方案集,在定量分析技术中,对于一个决策问题,为达到预想的目标提出的每一个方案,称为决策或决策方案。将其数量化后称为决策变量,常记为 a。决策变量的全体所构成的集合,称为决策集或决策方案集,记为 $A=(a)$。决策变量是决策者可控制的变量,可根据不同的状态人为地加以确定。

在上例中,用 (a_1) 表示整修堤岸,(a_2) 表示增加并加固堤岸,(a_3) 表示修建混凝土防水墙,则决策集 $A=(a_1,a_2,a_3)$。

④ 报酬函数。在系统中,对应选取的决策。与可能出现的状态两者的结果或效益称为报酬值,常记为 $r(a,x)$。当 a 取任意决策变量,x 取任意决策状态变量时,$r(a,x)$ 为 a,x 的函数称为报酬函数,其意义可能表示收益值,也可能表示损失值,依具体情况而定。

在上例中,报酬函数的实际意义为费用,即每种状态下每个方案所需的费用,具体如下:

$r(a_1,x_1)=30$,$r(a_1,x_2)=40$,$r(a_1,x_3)=50$

$r(a_2,x_1)=35$,$r(a_2,x_2)=38$,$r(a_2,x_3)=42$

$r(a_3,x_1)=43$,$r(a_3,x_2)=43$,$r(a_3,x_3)=44$

在确定型决策问题中,由于不存在状态集,因此,其报酬函数为 $r(a_1)=a_1$,$r(a_2)=a_2$,$r(a_3)=a_3$。

⑤ 最优值。决策者依据不同的愿望选择不同的决策准则,根据决策准则确定最优值。因此,最优值是决策者预想目标的数量标志,常记为 V。它是通过比较各个方案的期望值所得到的最优期望值。期望值又称为期望报酬函数,用 $E[r(a,x)]$ 或 $E(A)$ 表示。

以上是决策定量分析的一些基本概念,了解这些基本概念是进行定量分析的基础。

(2) 决策定量分析模型的表示方法。

分析定量模型的表示方法有多种方法,如表格法、矩阵法、决策树法和几何法等,下面将主要对在决策分析中用得较多的前三种表示方法做一个简单的介绍。

① 表格法 (form method)。所谓表格法,就是通过表格的形式来表示决策的定量分析模型的一种方法。具体来说,就是将状态集 S 的各种状态 $x_j(j=1,2,\cdots,n)$ 及对应的发生概率 $p(x_j)$ 列在表 3-3 中的最上行,决策集 A 的各种决策 $a_i(i=1,2,\cdots,m)$ 列在最左一行,中间是对应有报酬函数值 $r(a_i,x_j)$,这样就形成了一个有关决策因素的表格。表格法的特点是整齐,对应关系明显,给出的数量关系明确。便于计算和对各方案最优值的比较。

表 3-3　表格法的决策因素表

a_i	$x_j p(x_j)$			
	x_1	x_2	⋯	x_n
	$p(x_1)$	$p(x_2)$	⋯	$p(x_n)$
	$r(a_i, x_j)$			
a_1	$r(a_1, x_1)$	$r(a_1, x_2)$	⋯	$r(a_1, x_n)$
a_2	$r(a_2, x_1)$	$r(a_2, x_2)$	⋯	$r(a_2, x_n)$
⋯	⋯	⋯	⋯	⋯
a_m	$r(a_m, x_1)$	$r(a_m, x_2)$	⋯	$r(a_m, x_n)$

②**矩阵法**(matrix method)。矩阵法就是用数学上的矩阵形式来表示决策模型的一种方法。对于决策中的上述各因素，将状态集 $S=(x_1,x_2,\cdots,x_n)$、决策集 $A=(a_1,a_2,\cdots,a_m)$ 对应于不同决策、不同状态下的报酬函数值 $r_{ij}=r(a_i,x_j)(i=1,2,\cdots,m;j=1,2,\cdots,n)$，排成一个 m 行 n 列的矩阵为

$$r=\begin{bmatrix} r_{11} & r_{12} & \cdots & r_{1j} & \cdots & r_{1n} \\ r_{21} & r_{22} & & r_{2j} & & r_{2n} \\ \vdots & \vdots & & \vdots & & \vdots \\ r_{m1} & r_{m2} & \cdots & r_{mj} & \cdots & r_{mn} \end{bmatrix}$$

上述矩阵被称为报酬矩阵。同理，可以把状态矩阵表述为

$$X=(x_1,x_2,\cdots,x_n)$$

把决策矩阵表述为

$$A=(a_1,a_2,\cdots,a_m)$$

把状态的发生概率矩阵表述为

$$P=(p_1,p_2,\cdots,p_n), p_i=p(x_i)$$

这样，决策期望值的矩阵为

$$E(A)=\begin{bmatrix} r_{11} & r_{12} & \cdots & r_{1j} & \cdots & r_{1n} \\ r_{21} & r_{22} & & r_{2j} & & r_{2n} \\ \vdots & \vdots & & \vdots & & \vdots \\ r_{m1} & r_{m2} & \cdots & r_{mj} & \cdots & r_{mn} \end{bmatrix} \begin{bmatrix} p(x_1) \\ p(x_2) \\ \vdots \\ p(x_n) \end{bmatrix} = \begin{bmatrix} E(A_1) \\ E(A_2) \\ \vdots \\ E(A_m) \end{bmatrix}$$

用矩阵法表示决策模型，便于处理状态变量和决策变量较多的决策问题；同时，把决策问题转化为线性代数的矩阵进行运算，更便于运用计算机处理决策问题，以提高决策的科学化水平。

③**决策树法**(decision tree method)。这种方法就是采用决策树状图对风险型决策问题进行分析的一种方法。其要点是把每一决策各种状态的相互关系用树形图表示出来，并且

注明对应的发生概率及其报酬值,从而选择最优决策方案。下面对这种方法及其应用做简要介绍。

决策树因其图形呈树状而得名。其画法如下:先画一个方框作为出发点,它叫作决策点;从决策点画出若干条直线,这样的直线叫作方案枝;在各个方案枝的末端画上一个圆圈,叫作自然状态点;从自然状态点引出若干条直线,这样的直线叫作概率枝;把各个方案在各种自然状态下的报酬值记在概率枝的末端。这样构成的图形叫做决策树,如图 3.4 所示。

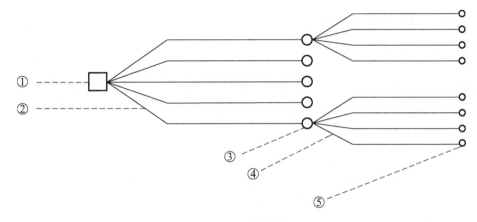

图 3.4 决策树

①—决策点;②—方案枝;③—自然状态点;④—概率枝;⑤—概率枝末端

决策树是对决策问题的分析和计算过程在图纸上的反映,从图中可以看出,决策树包括以下内容。

a. 决策点。它是以方框表示的,是几种可能选择的决策方案。

b. 方案枝。它是由决策点起自左向右画出的若干条直线,每条直线代表一种备选方案。

c. 自然状态点。它是画在方案枝末端的一个圆圈,代表备选方案的期望值,通过对各自然状态点的比较,可找出最优方案,即确定决策点。

d. 概率枝。它是由自然状态点向右画出的若干条直线,代表各备选方案不同状态的概率,它的作用是根据不同自然状态的报酬值和概率,计算出各备选方案的期望值。

e. 概率枝末端。这是概率枝右端的一个小圆圈,所代表的是各方案在每一自然状态下的报酬值。

以上五个部分构成一个决策树所代表的基本内容。

3.2.2 应急决策定量分析方法

在政府和企业应急管理中,为实现某些特定目标,往往涉及多个方案,但作为最优方案，可以使政府或企业应急管理获得较好的经济绩效，投入少、产出大。决策分析就是从多种可供选择的方案中找出最优方案的过程。决策从不同的角度可以分为不同的类型：按决策问题所处的条件分为确定型决策、不确定型决策和对抗型决策；按问题的性质分为程序化决策和非程序化决策；按决策涉及的范围分为总体决策和局部决策；按决策过程是否运用数学模型来辅助分为定性决策和定量决策；按决策目标的数量分为单一目标决策和多目标决策；按决策的整体构成分为单阶段决策和多阶段决策。本节主要介绍确定型决策分析、风险型决策分析、不确定型决策分析三种分析方法。

3.2.2.1 确定型决策分析

1. 确定型决策分析的概念

确定型决策分析，是指决策者掌握了决策所需的各种情报信息，决策面临多种可行方案，各种可行方案的后果都可以用确定的值来衡量。

2. 确定型决策法的应用条件

(1) 存在决策者希望达到的一个明确目标（收益较大或损失较小）。

(2) 只存在一个确定的自然状态（客观条件唯一）。

(3) 存在两个以上的行动方案。

(4) 可以计算各种行动方案在确定状况下的损益值。

3. 实例分析

【例 3 - 2】 某企业生产的某种产品在市场上畅销，但该厂由于资金不足，不能增加产量以满足市场需求，如要增加产量，需要向银行贷款，年利率为 10%，当该企业资金利润率为 18% 时，贷款 500 万元是否可行？

解：企业面临确定的自然状况（银行贷款年利率为 10%），有两种选择方案（贷款或不贷款）。

行动方案 1：贷款 500 万元时，收益增长值为 $500 \times (18\% - 10\%) = 40$(万元)（最佳）

行动方案 2：不贷款时，收益增长值为 0

【例 3 - 3】 某企业生产一种产品，定价 350 元/台时，年销量可达到 12 000 台；定价 400 元/台时，年销量可达到 8 000 台；定价 450 元/台时，年销量可达到 4 000 台。问：该厂生产该产品的固定成本为 50 万元，单位产品的变动成本为 300 万元时，该产品定价多少企业收益最大？

解：可以运用确定型决策方法

本题有三种可供选择的行动方案（三种不同定价），并可计算三种状态下的不同收益。

收益＝销售收入－销售成本
　　＝销售单价×销售量－（变动成本＋固定成本）
　　＝销售单价×销售量－（单位产品变动成本×销售量＋固定成本）

行动方案 1：350×12 000－(300×12 000＋500 000)＝100 000(元)
行动方案 2：400×8 000－(300×8 000＋500 000)＝300 000(元)(最佳)
行动方案 3：450×4 000－(300×4 000＋500 000)＝100 000(元)

3.2.2.2　风险型决策分析

1. 风险型决策分析的概念

风险型决策分析，是根据预测各种事件可能发生的先验概率，采用期望效果最好的方案作为最优决策方案。先验概率是根据过去经验或主观判断而形成的对各自然状态的风险程度的测算值。简而言之，原始的概率就称为先验概率。

2. 风险型决策分析的应用条件

风险型决策分析所需要的大量情报信息都是具备的，且每种方案还面临多种后果。究竟出现何种后果，预先不能确定，只能借助统计资料，推算各种方案出现的可能性。其应用条件有以下内容。

(1) 存在决策者希望达到的目标（收益较大或损失最小）。
(2) 存在两个或两个以上的自然状态。
(3) 存在两个或两个以上的行动方案。
(4) 可以计算各种行动方案在不同自然状态下的损益值。
(5) 对于未来将出现的各种自然状态的可能性（概率）可预先知道。

3. 风险型决策分析的方法

(1) 最大可能法。

最大可能法，是在风险决策分析中选择一个概率最大的自然状态进行决策的方法。这种方法只考虑概率最大的自然状态，其他概率较小的自然状态可以不管，可将风险型决策分析问题变成确定型决策分析问题。

最大可能法应用的基本步骤如下。
① 明确决策目标，收集和决策问题有关的信息。
② 找出可能出现的自然状态。
③ 列出主要而且可行的行动方案。
④ 根据前期资料和经验，确定各种自然状态出现的概率。

⑤ 计算每一行动方案在概率最大的自然状态下相应的损益值。
⑥ 列出决策表。
⑦ 确定最优方案。

【例 3-4】 某企业要确定下一期的生产批量，经市场调查和预测，已知销路好、一般、差的可能性（概率）分别为 0.3、0.5 和 0.2。经计算，产品采用大、中、小批量生产时，可能获得以下决策表（表 3-4），要求通过决策分析，确定合理批量，使企业效益最大。

表 3-4 最大可能法的决策表

方 案	自然状态概率		
	θ_1	θ_2	θ_3
	0.3	0.5	0.2
	收益/万元		
A_1（大批量生产）	2.0	1.2	0.8
A_2（中批量生产）	1.6	1.6	1.0
A_3（小批量生产）	1.2	1.2	1.2

解：在自然状态 θ_2 的概率，即 $p(\theta_2)=0.5$ 时，出现产品销路一般的可能性最大，在应用最大可能法时，只考虑按这一最大可能出现的自然状态进行，这时应采取中批量生产方案，最大可能收益为 1.6 万元。

以最大可能性为标准的决策方法适用于各种自然状态中，其中某一状态的概率显著地高于其他状态的概率，而期望值又相差不大的情况。

当某一种自然状态概率差别大时，可采用最大可能法；当概率差别不大时，不宜采用最大可能法。

(2) 期望值法。

期望值法，是以收益和损失矩阵为依据，计算出每个行动方案的期望值，然后加以比较，如果决策目标是效益最大，则采取期望值最大的行动方案，如果决策目标是费用支出或损失最小，则采取期望值最小的方案。

其计算公式为：

$$E(d_i) = \sum_{j=1}^{m} x_{ij} p(\theta_j)$$

其中，$E(d_i)$ 表示第 i 个方案的期望值；x_{ij} 表示采取第 j 个方案，出现第 j 种状态时的损益值；θ_j 表示第 j 种状态时的损益值；$p(\theta_j)$ 表示第 j 种状态发生的概率，总共可能出现 m 种状态。

以期望值为标准的决策方法的适用条件如下。
① 概率的出现具有明显的客观性质，而且比较稳定。

② 决策不是解决一次性问题，而是解决多次重复的问题。
③ 决策的结果不会对决策者带来严重的后果。
应用的基本步骤如下。
① 明确决策目标，收集可决策问题的有关信息。
② 找出可能出现的自然状态。
③ 列出主要而且可行的行动方案。
④ 根据前期资料和经验，确定各种自然状态出现的概率。
⑤ 计算每一行动方案在概率最大的自然状态下相应的损益值。
⑥ 列出决策表，并计算每个行动方案的损益期望值。
⑦ 比较分析，确定最优方案。
对例 3-4 进行期望值法分析（表 3-5）。

表 3-5 期望值法决策表

方　案	自然状态概率			损益期望值
	θ_1	θ_2	θ_3	$E(d_i)$
	0.3	0.5	0.2	
	收益/万元			
A_1（大批量生产）	2.0	1.2	0.8	1.36
A_2（中批量生产）	1.6	1.6	1.0	1.48
A_3（小批量生产）	1.2	1.2	1.2	1.20

由 $E(d_i) = \sum_{j=1}^{m} x_{ij} p(\theta_j)$ 计算后得知，这时中批量生产的损益期望值为 1.48 万元，应采用中批量生产方案。

（3）马尔科夫决策法。

马尔科夫决策法就是根据某些变量的现在状态及其变化趋向，来预测它在未来某一特定期间可能出现的状态，进而提供某种决策的依据。马尔科夫决策法是用转移概率矩阵，进行预测和决策。

① 转移概率矩阵及其决策特点。

设 p_{ij} 表示概率值，$\boldsymbol{p}^{(k)}$ 表示 k 步转移概率矩阵，则有：

$$\boldsymbol{p}^{(k)} = \begin{bmatrix} p_{11}^k & p_{12}^k & \cdots & p_{1j}^k \\ p_{21}^k & p_{22}^k & \cdots & p_{2j}^k \\ \vdots & \vdots & & \vdots \\ p_{m1}^k & p_{m2}^k & \cdots & r_{mj} \end{bmatrix}$$

转移概率矩阵用于市场决策时，矩阵中的元素是市场或顾客的保留，获得或者失去的概率。矩阵中各行概率表示状态 A_i 经过 k 步转移到状态 A_j 后的概率。

转移概率矩阵的特点：一是转移矩阵中的元素非负，即 $p_{ij} \geqslant 0$；二是矩阵各行元素之和等于 1，即 $\sum_{j=1}^{n} p_{ij} = 1$。

马尔科夫决策方法的特点：一是转移概率矩阵中的元素是根据近期市场或顾客的保留与得失流向资料确定的；二是下一期的概率只与上一期的预测结果有关，不取决于更早期的概率；三是利用转移概率矩阵进行决策，其最后结果取决于转移矩阵的组成，不取决于原始条件，即最初占有率。

② 转移概率矩阵决策的应用步骤。

第一步：建立转移概率矩阵

【例 3-5】 为了预防安全事故，有三家培训机构对农民工进行岗前免费培训，由于培训的服务态度、培训内容及培训预期等因素的不同和变化，参加培训人员有不同的选择和流动，分别如表 3-6 和表 3-7 所示。

表 3-6 三家培训机构参加培训人员流动情况

（单位：人）

培训机构	7月1日参训人员	得到			失去			8月1日参训人员
		自 A	自 B	自 C	于 A	于 B	于 C	
A	200	0	35	25	0	20	20	220
B	500	20	0	0	35	0	15	490
C	300	20	15	15	25	20	0	290

表 3-7 三家培训机构参加培训人员保留情况

（单位：人）

培训机构	7月1日参训人员	失去	保留	8月1日保留概率
A	200	40	160	160/200=0.8
B	500	50	450	450/500=0.9
C	300	45	255	255/300=0.85

根据以上两表资料，建立得失的转移概率矩阵：

$$\begin{array}{c} \quad A \quad\quad\quad\quad B \quad\quad\quad\quad C \\ \begin{array}{c} A \\ B \\ C \end{array} \begin{bmatrix} 160/200=0.8 & 20/200=0.1 & 20/200=0.1 \\ 35/500=0.07 & 450/500=0.9 & 15/500=0.03 \\ 25/300=0.083 & 20/300=0.067 & 255/300=0.85 \end{bmatrix} \end{array}$$ 其中横行表示各培训机构失去

参加培训人员到其他培训机构的概率,如 $p_{12}=0.1$ 表示 A 培训机构失去了 10% 的参加培训人员转移到 B 培训机构;纵列表示各培训机构从其他培训机构得到参加培训人员的概率,如 $p_{21}=0.07$ 表示 A 培训机构得到了 B 培训机构参加培训人员的 7%。

第二步:利用转移概率矩阵进行模拟预测

根据例 3-5,8 月 1 日各培训机构参加培训人员占有率分别为 220/1000=0.22、490/1000=0.49、290/1000=0.29。预测 9 月 1 日各培训机构参加培训人员占有率的方法是将前一期的参加培训人员占有率乘上转移概率矩阵,即 9 月 1 日各培训机构参加培训人员占有率计算如下:

$$(0.22 \quad 0.49 \quad 0.29)\begin{bmatrix} 0.8 & 0.1 & 0.1 \\ 0.07 & 0.9 & 0.03 \\ 0.083 & 0.067 & 0.85 \end{bmatrix}=(0.234 \quad 0.483 \quad 0.283)$$

若要预测 k 期的参训人员占有率,可用本期占有率乘以转移概率矩阵的 k 次方。例如,预测 10 月 1 日的占有率,用转移概率矩阵的二次方乘以 8 月 1 日的占用率即可得到。

第三步:求出转移概率矩阵的平衡状态

只要转移概率矩阵不变,不管占用率如何变化,最后总会达到平衡状态,即稳定状态,这里占有率不再变化,称此占有率为最后占有率。假定三家培训机构的参加培训人员占有率分别稳定在 x_1,x_2,x_3 经过多期转移后,占有率已微不足道,可视为保持不变,因此:

$$(x_1 x_2 x_3)\begin{bmatrix} 0.8 & 0.1 & 0.1 \\ 0.07 & 0.9 & 0.03 \\ 0.083 & 0.067 & 0.85 \end{bmatrix}=(x_1 x_2 x_3)$$

且 $x_1+x_2+x_3=1$。将转移矩阵列成如下代数方程组:

$$\begin{cases} x_1=0.8\,x_1+0.07\,x_2+0.083\,x_3 \\ x_2=0.1\,x_1+0.9\,x_2+0.067\,x_3 \\ x_3=0.1\,x_1+0.03\,x_2+0.85\,x_3 \\ x_1+x_2+x_3=1 \end{cases}$$

解方程组后得到:

$$\begin{cases} x_1=0.273 \\ x_2=0.454 \\ x_3=0.273 \end{cases}$$

即为最后稳定状态参加培训人员占有率。如果将方程组的解代入下面的矩阵,可以验证它们的结果是相同的,说明用方程组求解的结果是正确的,上面关于矩阵状态的推论也是正确的。

$$(0.273 \quad 0.454 \quad 0.273) \begin{bmatrix} 0.8 & 0.1 & 0.1 \\ 0.07 & 0.9 & 0.03 \\ 0.083 & 0.067 & 0.85 \end{bmatrix} = (0.273 \quad 0.454 \quad 0.273)$$

由此可得出占有率与矩阵状态的关系如下。

（1）占有率不能决定矩阵的最后平衡状态，只有转移概率矩阵才能决定矩阵的最后平衡状态。

（2）最初占有率越接近于最后平衡状态时的占有率，则能越快达到平衡状态。

（3）只要没有一个培训机构占有率是零，无论各培训机构的最初占有率（原始状态）如何，其最后的平衡状态是相同的。

第四步：应用转移概率矩阵进行决策

由于最后占有率不取决于原始条件，而取决于转移概率矩阵，因此决策的对策是提高培训质量和对培训的预期，改善服务态度，以提高培训机构的竞争力。

在例 3－5 中，若 A 培训机构提高占有率，有两个行动方案可以选择。

方案 1：与 B 培训机构竞争，把流失到 B 培训机构的参加培训人员争回 5％，转移概率矩阵如下。

$$\begin{bmatrix} 0.85 & 0.1 & 0.05 \\ 0.07 & 0.9 & 0.03 \\ 0.083 & 0.067 & 0.85 \end{bmatrix}$$

求得最后占有率为：$x_1 = 0.336$，$x_2 = 0.367$，$x_3 = 0.297$。

方案 2：与 C 培训机构竞争，把流失到 C 培训机构的参加培训人员争回 5％，转移概率矩阵如下。

$$\begin{bmatrix} 0.85 & 0.05 & 0.1 \\ 0.07 & 0.9 & 0.03 \\ 0.083 & 0.067 & 0.85 \end{bmatrix}$$

求得最后占有率为：$x_1 = 0.33$，$x_2 = 0.467$，$x_3 = 0.203$。

若两个行动方案费用相同，第一行动方案的最后占有率（0.336）高于第二行动方案的最后占有率（0.33），A 培训机构应该采用第一方案。

3.2.2.3 不确定型决策分析

1. 不确定型决策分析的概念

当决策者只能掌握各种方案可能出现的结果，而不能预知各种后果发生的概率时，这时的决策分析就是不确定型的。

不确定型决策分析与风险型决策分析方法的区别：一是风险型分析决策方法从合理行为假

设出发,有严格的推理和论证;二是不确定型分析决策方法是人为制定的原则,带有某种程度上的主观随意性。

2. 不确定型决策分析的应用条件

(1) 存在决策者希望的(收益较大或损失较小)。
(2) 存在两个或两个以上的自然状态。
(3) 存在两个以上的可供选择的行动方案。
(4) 可以计算出各种行动方案在不同自然状态下的损益值。

3. 不确定型决策分析的方法

(1) 乐观法。

乐观法是决策者在此类决策中,对客观事物抱乐观态度,把事情想象得非常顺利。

应用的基本步骤如下。

① 求出每一方案在各种自然状态下的最大收益值。
② 对各方案的最大收益值加以比较,取其中的最大值,所对应的行动方案就是最优方案。

【例 3-6】 某地发生特大自然灾害,大量的救援队伍奔赴该地区,本着不浪费灾区资源的原则,需要某大型餐饮企业安排盒饭应急配送,可供选择的行动方案如表 3-8 所示,试用乐观法确定日供应量计划方案。

解:

① 求出每一方案在各种自然状态下的最大收益值。

② 对各方案的最大收益值加以比较,其中 1 000 万元为最大值,所对应的方案为日供应量 2 000 万盒,故确定日供应量 2 000 万盒为最优方案。

表 3-8 乐观法的决策表

(单位:万元)

日供应量	日消耗量			
	1 800 万盒	1 900 万盒	2 000 万盒	最大收益值
	收 益			
1 800 万盒	900	900	900	900
1 900 万盒	750	950	950	950
2 000 万盒	600	800	1 000	<u>1 000</u>

(2) 悲观法。

悲观法是指决策者应用这种决策态度时,对客观事物持悲观态度,把事情估计得很不顺利。但同时力图在各种最坏情况下选择最优方案。

应用的基本步骤如下。

① 求出每一方案在各种自然状态下的最小收益值。

② 对各方案的最小收益值加以比较,取其中的最大值,所对应的行动方案就是最优方案。

对例3-6,应用悲观法确定日产量方案。

解:

① 求出每一方案在各种自然状态下的最小收益值。

② 对各方案的最小收益值加以比较,其中900万元为最大值,所对应的方案为日产量1 800万盒,故确定日供应量1 800万盒为最优方案,如表3-9所示。

表3-9 悲观法的决策表

(单位:万元)

日供应量	日消耗量			最小收益值
	1 800万盒	1 900万盒	2 000万盒	
	收 益			
1 800万盒	900	900	900	900
1 900万盒	750	950	950	750
2 000万盒	600	800	1 000	600

(3) 乐观系数法。

乐观系数法是指决策者对客观情况的估计,既不过于乐观,也不过于悲观,而是处于中间状态。

应用的基本步骤如下。

① 先确定乐观系数(主观概率),通常用a表示,乐观系数a表示决策者的乐观程度。a值在0至1之间($0 \leqslant a \leqslant 1$)。

② 计算每一方案在各种自然状态下的期望损益值,计算时区分以下两种情况。

a. 若计算的是收益,则期望收益值的计算公式为:

$$期望收益值 = a \times 最大收益值 + (1-a) \times 最小收益值$$

b. 若计算的是损失值,则期望损失值的计算公式为:

$$期望损失值 = a \times 最小损失值 + (1-a) \times 最大损失值$$

对例3-6进行计算。

解:

① 乐观系数$a=0.8$,$1-a=0.2$。

② 日产量为1 800万盒时,期望收益值$=900 \times 0.8 + 900 \times 0.2 = 900$(万元)

日产量为1 900万盒时,期望收益值$=950 \times 0.8 + 750 \times 0.2 = 910$(万元)

日产量为2 000万盒时,期望收益值$=1 000 \times 0.8 + 600 \times 0.2 = 920$(万元)

③ 比较以上计算结果可知,日产量2 000万盒为最优方案,如表3-10所示。

表 3-10 乐观系数法决策表

(单位：万元)

日供应量	日消耗量			期望收益值
	1 800 万盒	1 900 万盒	2 000 万盒	
	收 益			
1 800 万盒	900	900	900	900
1 900 万盒	750	950	950	910
2 000 万盒	600	800	1 000	920

(4) 后悔值法。

后悔值法是以方案的后悔值大小来判别方案优劣的一种决策分析方法。当一种自然状态出现后，通过列表就能明显地显示出哪个方案是最优的（收益值最大）。如果决策者没有采取这个方案，而是采取了其他的方案，这里决策者就会有后悔的感觉。所谓后悔值，就是指最大收益值与所采取方案的收益值之差。

后悔值=某种自然状态下的最大收益值-某方案收益值

在例 3-6 中，在日销售量为 1 800 万盒的自然状态下，最大收益值为 900 万元。当日产量方案取值 1 800 万盒、1 900 万盒、2 000 万盒时，各方案的后悔值分别为：

后悔值（日产量 1 800 万盒）=900-900=0（万元）

后悔值（日产量 1 900 万盒）=900-750=150（万元）

后悔值（日产量 2 000 万盒）=900-600=300（万元）

运用以上方法，可以计算各方案在各种自然状态下的后悔值，并列出每种方案的最大后悔值。把各个方案的最大后悔值加以比较，后悔值的最小方案就是最优方案。

应用的基本步骤如下：

① 计算各方案在各种自然状态下的后悔值，列出每个方案的最大后悔值。

② 比较各方案的最大后悔值，取后悔值最小的方案就是最优方案。

对例 3-6，运用后悔值法确定日产量计划方案。日产 1 800 万盒，最大后悔值为 100 万元；日产 1 900 万盒，最大后悔值为 150 万元，日产 2 000 万盒，最大后悔值为 300 万元。在各方案最大后悔值中，最小后悔值为 100 万元。因此，应确定日产量 1 800 万盒为最优方案，如表 3-11 所示。

表 3-11 后悔值法的决策表

(单位：万元)

日供应量	日消耗量			最大后悔值
	1 800 万盒	1 900 万盒	2 000 万盒	
	收 益			
1 800 万盒	0	50	100	100
1 900 万盒	150	0	50	150
2 000 万盒	300	150	0	300

本 章 小 结

本章是应急决策方法的核心章节,主要阐述了应急决策定性和定量分析方法。通过本章的学习,要求对应急决策方法有一个清晰的认识,正确理解应急决策方法的选取原则、组织和实施步骤,熟练掌握应急决策方法的应用条件。

关键术语

应急决策定性分析方法　Qualitative Analysis of Emergency Decision
应急决策定量分析方法　Quantitative Analysis of Emergency Decision
专家会议法　Expert Meeting Law　头脑风暴法　Brain Storming
应急决策数据　Emergency Decision Data 德尔菲法　The Delphi Technique
决策模型　Decision-making Model　确定型决策分析　Deterministic Decision Analysis
风险型决策分析　Risk Decision Analysis 不确定型决策分析　Uncertain Decision Analysis

❖ 案例思考与讨论

【案例1】城市应急管理十大问题的预测

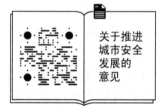
关于推进城市安全发展的意见

某市为了能为今后的城市应急管理提供决策参考,决定用德尔菲法预测该市未来10年内亟须解决的十大应急问题,以供市政府决策参考。调查对象选择了50人,分别包括政府应急中心官员和研究城市安全的相关高校、研究机构专家以及工程师。他们每人收到了一封参加德尔菲法预测的征询意见表。

第一轮:设计给出了该市目前城市安全的现状以及城市未来发展的可能面临的突发事件,要求应答者提出该市未来10年内最需要解决的应急问题,并按照轻重缓急的顺序进行填写。将第一轮结果回收后发现,回收的意见较为分散。

第二轮:经过总结归纳和统计分析以后,一共总结出了107个该市将来需要解决的应急问题。调查小组从其中选择了30个意见较为集中的问题作为第二轮征询的主要内容,向各位专家提供第二轮征询意见表,要求应答者对这些问题进行打分,评分标准如下。

5分,确定无疑。该问题肯定是该市未来亟须解决的问题。

4分,很可靠。该问题有很大的可能是该市未来亟须解决的问题。

3分，不确定。该问题有一定的可能是该市未来亟须解决的问题。

2分，风险。该问题不太可能是该市未来亟须解决的问题。

1分，不可靠。该问题不可能是该市未来亟须解决的问题。

第三轮：在第二轮意见回收以后，调查小组再次对结果进行分析，发现排在前十的10个问题中有2个问题的得分排在3分以内，属于不确定的范畴。于是把排名在前十五的问题再一次选出作为第三轮征询的主要内容，向各位专家提供第三轮征询意见表，同样要求应答者对这些问题按先前的方式打分。这一次的意见回收后经统计发现，排在前10的问题全部达到了4分以上，属于很可靠的范畴。这次分析具有较强的科学性，对该市的今后发展有重要的参考价值。

资料来源：胡象明．公共部门决策的理论与方法 [M]．3版．北京：高等教育出版社，2016．

思考问题：

1. 结合案例1，试述预测城市应急管理十大问题需要什么样的工作流程？
2. 结合案例1，分析运用德尔菲法预测城市应急管理十大问题的合理性。

【案例2】泥石流风险下的某旅游区开放与关闭之争

据预测，某旅游区及其附近在近两个月内有可能发生泥石流，如果真的发生这一灾难，必然会对旅游区造成严重破坏。为了确保旅游区的财产安全和旅游者的人身安全，当地政府就近两个月内继续开放还是关闭该旅游区这一重大决策问题召开了专题会议。会上出现了两种意见：一种意见认为，旅游区附

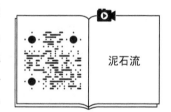

近泥石流的发生，事关旅游者的生命安全，在没有绝对把握不发生泥石流的情况下，政府应该果断做出关闭旅游区的决策。另一种意见认为，旅游区附近有可能发生泥石流并不等于一定会发生泥石流，如果简单地做出关闭旅游区的决策，势必会造成不应有的经济损失。该旅游区的旅游经济在当地的经济中占有举足轻重的地位。对于这样一项重要的决策，政府绝不能简单了事，必须慎重。由于这一决策涉及一系列技术问题，最好请有关专家先进行论证，然后再决策也不迟。会上采纳了第二种意见，即先聘请有关专家进行论证，然后再做决定。

经过与各方面协商，一个由技术专家、经济专家和决策专家组成的咨询论证小组成立了。专家小组通过对当地的地质地貌的勘察和各种经济指标的预测和评估，得到了以下数据。

(1) 该旅游区及其附近发生泥石流的可能性为30%。

(2) 近两个月内在没有泥石流发生的情况下，该旅游区开放可给当地带来旅游收入3 000万元。如果贸然关闭该旅游区，不但不能给当地带来旅游收入，还会造成经济损失500万元。

（3）如果泥石流一旦发生，在旅游区关闭的情况下，经济损失（包括旅游收入的损失、财产破坏所造成的损失和个别人员伤亡的损失）预计在1亿元左右。在旅游区开放的情况下，这种损失将有可能上升到2亿元。

专家小组运用科学的决策分析方法分别对以上两个方案进行了分析和论证，并将研究结果提交当地政府，当地政府在接到专家的论证报告后，就这一重要决策问题再次进行了充分的讨论，并最终做出决策。

资料来源：胡象明. 公共部门决策的理论与方法［M］. 3版. 北京：高等教育出版社，2016。

思考问题：

1. 这是一个什么性质的决策问题（确定型，不确定型的还是风险型决策）？为什么？

2. 假设你是论证专家小组的成员，请你为这一决策提交一个论证报告，并就如何决策提出你的看法。

3. 结合这个案例，谈谈定量分析方法在该决策中的重要性。

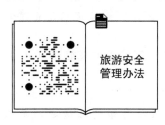

旅游安全管理办法

第 4 章 应急决策系统

教学目标

通过本章学习，了解应急决策系统及其构成；掌握应急决策系统实践应用和使用方法。

教学要求

知识要点	能力要求	相关知识
应急决策系统及其构成	能够结合实际背景判断研究对象的应急决策系统及其构成	应急决策系统及其特征、分类、构成
应急决策系统应用	能够结合实际背景判断研究对象的应急决策系统的应用、使用方法	应急决策系统的决策流程、使用方法

应急决策系统，又称为决策支持系统（Decision Support System，DSS），是以管理科学、运筹学、控制论和行为科学为基础，以计算机技术、仿真技术和信息技术为手段，针对半结构化的决策问题，支持决策活动的具有智能作用的人机系统。该系统能够为决策者提供所需的数据、信息和背景资料，帮助明确决策目标和进行问题的识别，建立或修改决策模型，提供各种备选方案，并且对各种方案进行评价和优选，通过人机交互功能进行分析、比较和判断，为正确的决策提供必要的支持。

4.1 应急决策系统及其构成

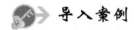导入案例

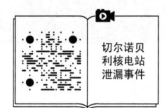

【案例1】苏联切尔诺贝利核电站泄漏事件

苏联1986年4月24日至5月9日,发生的切尔诺贝利核电站泄漏事件,就是因决策迟缓,处置不力,造成大约50吨放射性物质进入大气,2.5万平方千米的1750万人受到辐射,从而酿成人类历史上的核灾难,充分反映了当时苏联官僚决策机制的僵化和失败。

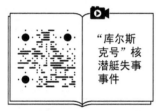

【案例2】俄罗斯政府核潜艇失事事件

2000年8月发生的"库尔斯克号"核潜艇失事事件,当时上任100余天的普京总统决策果断,及时向国际社会公布真相并且发出求援,俄罗斯政府对这场危机处置得就比较成功。

资料来源:桂维民. 应急决策论[M]. 北京:中共中央党校出版社,2007.

思考问题:
1. 对比案例1和2,苏联政府决策失败与俄罗斯政府决策成功的原因。
2. 针对案例1和2,试分析政府应急决策系统在应急决策中的重要作用。

4.1.1 应急决策系统定义及其特征

1. 应急决策系统的发展历程

自从20世纪70年代决策支持系统概念被提出以来,决策支持系统已经得到很大的发展。1980年斯普雷格(Sprague)提出了决策支持系统三部件结构(对话部件、数据部件、模型部件),明确了决策支持系统的基本组成,极大地推动了决策支持系统的发展。

第一阶段:20世纪80年代末90年代初,决策支持系统开始与专家系统(Expert System, ES)相结合,形成智能决策支持系统(Intelligent Decision Support System, IDSS)。

第二阶段:20世纪90年代中期出现了数据仓库(Data Warehouse, DW)、联机分

析处理（On-Line Analysis Processing，OLAP）和数据挖掘（Data Mining，DM），OLAP+DM 逐渐形成新决策支持系统的概念，为此，人们将智能决策系统称为传统决策支持系统。

第三阶段：把数据仓库、联机分析处理、数据挖掘、模型库、数据库、知识库结合起来形成的决策支持系统，即将传统决策支持系统和新决策支持系统结合起来的决策支持系统是更高级形式的决策支持系统，成为**综合决策支持系统**(Synthetic Decision Support System，SDSS)。

第四阶段：由于互联网的普及，特别是伴随着知识经济时代的管理——知识管理（Knowledge Management，KM）与新一代 Internet 技术-网格计算相结合，基于网络环境的决策支持系统出现和迅速普及。

2. 中国应急决策系统的现状及存在问题

（1）我国应急系统存在的问题。

相对国外，我国应急系统存在如下问题。

① 应急决策意识不强。
② 应急决策组织架构不健全。
③ 应急决策渠道不畅通。
④ 应急决策工具不适应。
⑤ 应急法制跟不上。

（2）我国初步建立的应急决策系统。

现代应急决策系统是个分级分类、分层联动的指挥中枢，主要借助计算机技术和网络技术，使应急管理关口前移、重心下移，整合公安、交警、消防、急救、防洪、森林防火、地震、防空、水、电、气等相关部门来防范和应对突发事件。目前，我国初步建立了如下应急决策系统。

① 环境污染应急决策系统。
② 核应急决策系统。
③ 地震应急决策系统。
④ 化学事故应急决策系统。
⑤ 其他应急决策系统，如医疗卫生、城市、食品等领域。

基于城市燃气工程重大危险源应急决策支持系统的研究

面对以上我国应急决策系统中的诸多问题，要坚持问题导向，增强科学决策意识。党的二十大报告指出，"我们始终从国情出发想问题、作决策、办事情，既不好高骛远，也不因循守旧，保持历史耐心，坚持稳中求进、循序渐进、持续推进"。也就是说，决策者借助不同的决策系统进行决策时，了解有关信息固然重要，但也必须清楚各类决策系统受现实条件影响的局限性。

3. 应急决策系统的特征

应急决策系统一般指高度集权的决策主体为化解公共危机而设定目标、选择方案、指挥协调和绩效评估的快速反应模式，它是由外部信息、决策主体、决策对象和决策结果构成的一个有机系统。系统只是支持用户而不是代替他判断。因此，系统并不提供所谓"最优"的解，而是给出一类满意解，让用户自行决断。同时，系统并不要求用户给出一个预先定义好的决策过程。系统所支持的主要对象是半结构化和非结构化的决策（即不能完全用数学模型、数学公式求解）。一般应急决策系统具有以下特征。

（1）主要针对管理人员经常面临的结构化程度不高、说明不够充分的问题。
（2）把模型或分析技术与传统的数据存取及检索技术结合起来。
（3）易于非计算机专业人员以交互会话的方式使用。
（4）强调环境及用户决策方法改变的灵活性和适应性。
（5）支持但不是代替高层管理者制订决策。

4. 应急决策系统的分类

（1）智能决策支持系统。**智能决策支持系统**（IDSS，也称传统决策系统），是决策支持系统（DSS）与人工智能（AI）相结合的产物。

（2）分布式决策支持系统。**分布式决策支持系统**（Distributed Decision Support System，DDSS），是由多个物理分离的信息处理结点构成的计算机网络，网络的每个结点至少含有一个决策支持系统或具有若干辅助决策的功能。

（3）群决策支持系统。**群决策支持系统**（Group Decision Support System，GDSS）可提供三个级别的决策支持：第一层次的 GDSS 旨在减少群体决策中决策者之间的通信，通过沟通信息消除交流的障碍，如及时显示各种意见的大屏幕、投票表决和汇总设备、无记名的意见和偏爱的输入、成员间的电子信息交流等。第二层次的 GDSS 提供善于认识过程和系统动态的结构技术，决策分析建模和分析判断方法的选择技术。第三层次的 GDSS 其主要特征是将上述两个层次的技术结合起来，用计算机来启发、指导群体的通信方式，包括专家咨询和会议中规则的智能安排。

（4）智能-交互-集成化决策支持系统。**智能-交互-集成化决策支持系统**（Intelligent, Interactive and Integrated DSS，3IDSS）是一种新型的、面向决策者、面向决策过程的综合性决策支持系统。

安徽省预警应急指挥辅助决策系统建设构想

4.1.2 应急决策系统的构成

应急决策系统包括软硬件支持层、信息支持层和决策辅助层三个层级，相辅相成，缺一不可，模型如图 4.1 所示。应急决策支持系统为整个突发事件的解决提供支持和决策建议，它主要依靠软科学的理论、方法和技术，日常的一些处理经验总结和相关的计算机技术。

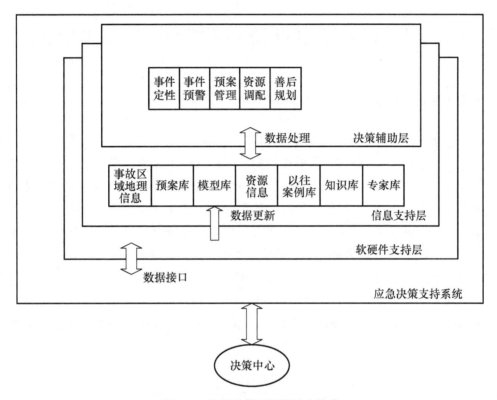

图 4.1 应急决策系统的基本构成

1. 软硬件支持层

软硬件支持层要解决的关键问题有：数据采集、数据标准与格式分类、软硬件以及网络构建等内容。

2. 信息支持层

信息支持层要解决的关键问题有：地理信息资料的完善，特别是疏散线路、物资运输路线等特征的描述；各类应急资源的分布和配置；此外，如何设置合理的预案库、模型库、以往案例库、知识库和专家库的检索属性、特征以及快速有效的检索方法，以辅助尽快制订符合现场实际或者类似事件的方案。

3. 决策辅助层

决策辅助层要解决的关键问题是根据现场实际情况结合模型库综合判定各种可能发展趋势，对突发事件进行定性，进行相应的预警工作和应急方案的调整，包括突发事件相关信息发布、应急预案选择、预案评估与动态调整、保障系统评估、资源的优化配置以及应急善后管理等内容。

4.2 地铁突发事件应急决策系统应用实例

4.2.1 地铁突发事件决策的三个阶段

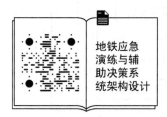

对于地铁具体突发事件来说，只需考虑地铁突发事件的阶段和突发事件的参与部门这两个层面。在建立地铁突发事件应急决策体系时，应围绕突发事件阶段和突发事件参与部门这两个层面进行决策流程分析，建立基于"阶段-部门-决策"的应急决策体系，该决策体系以地铁突发事件为基础，从突发事件的阶段、涉及部门以及智能决策方面对地铁突发事件做出快速决策。

图 4.2 中把突发事件发生过程分为事件前阶段、事件中阶段和事件后阶段。事件前阶段，主要任务是进行检测预警、快速决策，使突发事件消灭在萌芽状态；事件中阶段，主要任务是快速响应决策、紧急处理突发事件；事件后阶段，主要任务是针对善后问题做出决策。

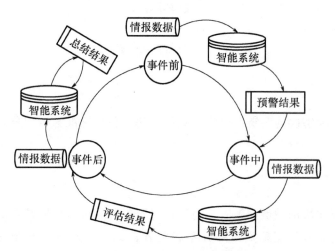

图 4.2 突发事件不同阶段的决策信息来源

4.2.2 基于案例推理的智能系统决策流程

突发事件发生前把收集到的情报数据输入智能系统，进行对比分析，得出预警结果，通过及时决策，阻止突发事件发生。如果突发事件继续发展进入事件中阶段，那么将该预警结果连同在突发事件中阶段收集到的情报数据输入智能系统,进行对比分析,得到评估结果,以供决策部门进行快速决策,迅速分配任务解决突发事件。在突发事件后阶段,将评估结果连同突发事件后阶段收集到的情报数据输入智能系统,进行对比分析,得到评估结果,并存入智能系统以备以后发生突发事件时参考。这里的智能系统实质是一个基于案例推理的决策系统,案例推理是一种通过借鉴历史案例,对当前决策问题进行推理的人工智能决策技术。如图4.3所示,智能系统主要包括案例库、规则库和模型库。

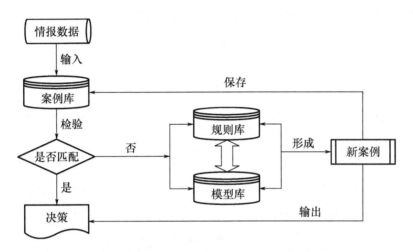

图4.3 基于案例推理的智能系统决策流程

党的二十大报告指出,"提高防灾减灾救灾和重大突发公共事件处置保障能力,加强国家区域应急力量建设"。在决策过程中,不同单位在应急组织中扮演的角色不同,反映了不同层级的应急决策主体应急决策权限的差异性,更是各类事故或灾害事件现场救援能力和处理保障能力的体现。一般而言,应急决策涉及高层、中层和基层3个部门。本案中的地铁突发事件决策也同样涉及高层、中层和基层3个部门。高层是决策主体,主要是对突发事件做出决策,并向其上级或者平级部门汇报或者发布信息,其决策是依据智能系统的分析结果;中层主要是对高层决策的传达和实施;基层主要指地铁系统的职能部门,其主要职责是收集资料和执行任务。

4.2.3 地铁突发事件应急决策系统构成

地铁突发事件应急决策系统应包括3个系统:事前预警决策系统、事中应急决策系统和事后善后决策系统。

1. 事前预警决策系统

事前预警决策系统主要是为可能发生的突发事件提供一定的预警结果。事前预警决策系统的流程如图4.4所示。应对地铁突发事件更多的是从预防入手,努力控制危险源,将各种突发事件可能造成的危害降到最低。因此，在突发事件发生前收集的信息主要是对危险源的控制。危险源情报主要包括以下内容：①地铁硬件设施故障信息、地铁外环境信息等；②涉及人员行为信息，包括工作人员操作不当、乘客的不安全行为、犯罪分子行为等。把①和②输入智能系统，通过案例库或模型库进行对比，得出预警结果，供决策层（高层）参考。这种预警结果可以保留到智能系统，或者随着突发事件的发展，将这个预警结果应用到突发事件中。高层管理人员根据预警结果和掌握的情报数据适时对外发布突发事件的进展情况，如突发事件发生的原因、处理办法等。

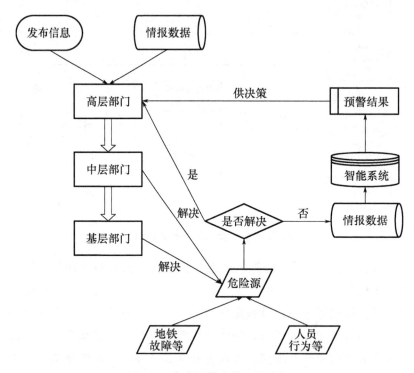

图 4.4　事前预警决策系统流程

2. 事中应急决策系统

该决策系统主要是针对突发事件已经发生，各个部门应急决策和处理突发事件的过程。事中应急决策系统是应急决策系统的重要组成部分，其流程如图 4.5 所示。

地铁突发事件造成的损害主要是人员的伤亡、财产的损失以及环境的破坏。当地铁突发事件发生后，基层部门需要收集以下信息：①发生故障的原因、程度；②现场人员的情况、伤员的救治、人员的疏导；③救援进度、事故车辆的处理以及地下交通的疏导；④保障情况，即消防部门、卫生部门的参与。以上信息作为主要的情报数据，加上将事前的预警结果与智能系统中的案例库或者模型库进行对比，得出评价结果，供高层决策部门快速做出决策参考。

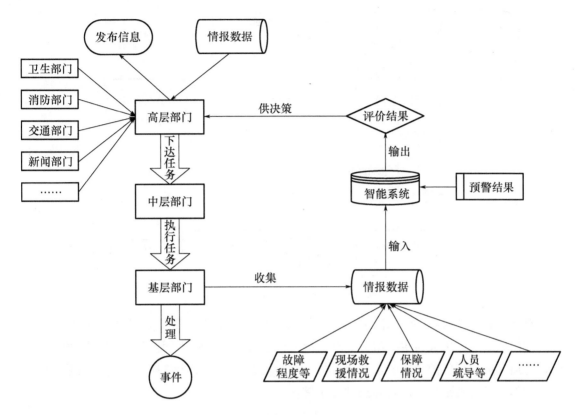

图 4.5 事中应急决策系统流程

高层决策部门做出决策后，快速下达任务到中层部门，中层部门执行任务并和基层部门具体实施各项措施来解决突发事件。一旦发生突发事件，除了地铁本部门参与外，还需要其他部门的参与，如消防部门处理危机问题、卫生部门对伤员进行医治、新闻部门进行信息的传播等。因此，在突发事件发生后，高层部门还需要联合地铁以外的其他部门处理突发事件，如卫生部门、消防部门、交通部门和新闻部门等的配合，加快突发事件处理速度。由于信息传递的及时性，即及时向外公布突发事件事态、救援情况等内容，在稳定社会秩序、安抚民心方面发挥重要作用。因此，对外发布消息也是事中应急决策系统的一个部分。

3. 事后善后决策系统

事后善后决策系统的主要任务是灾后重建、发布信息以及总结经验，其流程如图 4.6 所示。地铁系统各部门联合其他部门组织专家和有关人员对车站、区间隧道、地铁列车等的受损情况进行清查和评估，对受损区段的结构进行修复和重建，消除突发事件留下的安全隐患等，尽早恢复通车。这一阶段需要各部门分析管理中存在的问题，提出改进的方法以及总结需要吸取的教训，并存入智能系统。高层部门对外发布现有的信息，以便公众对该突发事件有较全面的了解。

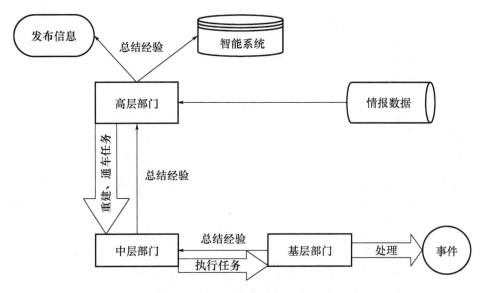

图 4.6　事后善后决策系统流程

总之，基于"阶段-部门-决策"的地铁突发事件应急决策系统，以突发事件的阶段、涉及部门以及智能决策为主要组成部分，针对地铁突发事件的不同阶段采用不同的决策系统，为地铁突发事件的快速响应提供支持。该系统以智能系统为基础，通过情报数据的输入，获得各类决策结果，以备高层部门决策参考。

本 章 小 结

本章是应急决策系统的核心章节，主要阐述了应急决策系统及实践应用。通过本章的学习，要求对应急决策系统有一个清晰的认识，正确理解应急决策系统的构成和使用方法，熟练掌握应急决策系统的决策流程。

关键术语

应急决策系统　Decision Support System　　数据挖掘　Data Mining
预案库　Database of Emergency Responding Plan　　模型库　Model Base
案例库　Case Library　　知识库　Knowledge Base
专家库　Expert Database　　数据标准　Data Standard
智能-交互-集成化决策支持系统　Intelligent，Interactive and Integrated DSS

❖ 案例思考与讨论

中小学生心理健康测评预警系统及其应用分析

1. 系统应用要求

（1）系统要求：IE9.0 以上。若 IE 版本过低建议下载最新版本 IE 浏览器。
（2）登录网址：http://123.57.150.162:8080/xinlixue/，如图 4.7 所示。
（3）360 的浏览器，需要在极速模式打开系统。

图 4.7 系统登录网址

2. 登录及管理权限

（1）输入用户名、密码、验证码，点击"登录"，如图 4.8 所示。
（2）系统用户分为三种：①学校系统管理员（学校心理老师）；②班主任账号；③学生账号。

3. 系统构成及测评预警功能

（1）目前给心理老师开放的模块包含预警管理、学生心理档案、心理测评、预约咨询、信息管理五大模块。

预警管理：学生心理测评中筛选出的预警人群。
学生心理档案：所有学生参加测评的记录。
心理测评：学生心理老师发起测评、修改测评及查看测评进度。

图 4.8　系统登录

预约咨询：学生预约心理老师进行面谈。目前系统设置一个学生每天可预约 2 次老师。上午一次，下午一次。

（2）系统关键模块。

① 量表管理，如图 4.9 所示。

② 预警管理。预警管理（如图 4.10、4.11 和 4.12 所示）显示信息为出现预警的学生。预警分红色预警、橙色预警、黄色预警；预警管理的人群，即为心理老师所关注的重点人群。

资料来源：山东省学校卫生协会（http://www.shasd.org.cn/）2019.09.21

思考问题：

1. 结合案例，试分析如何通过学生心理健康测评量表获取预警信息？

2. 结合案例，试分析某校学生心理抑郁危机的决策流程。

图 4.9　量表管理事例（1）

图 4.9　量表管理事例（2）

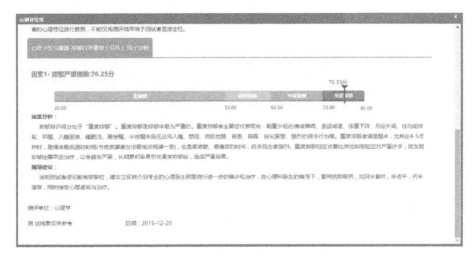

图 4.10　预警管理事例

图 4.11　抑郁因子分析结果事例

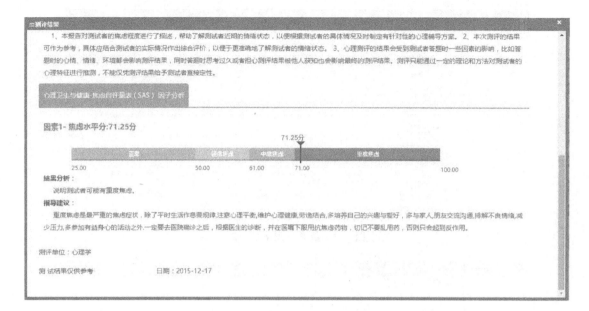

图 4.12　焦虑因子分析结果事例

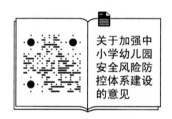

第5章
应急决策案例研究及实例

■ 教学目标

通过本章学习,了解应急决策案例研究的基础理论与应用;掌握应急决策案例研究方法。

■ 教学要求

知识要点	能力要求	相关知识
应急决策案例研究	能够结合实际背景判断研究对象的应急决策案例研究过程及案例式论文的结构	案例、案例研究、案例研究过程及结果评价、案例式论文的基本结构与要求
应急决策案例研究应用	能够结合实际背景判断研究对象的案例研究实例	平安校园治理影响因素与归因分析、案例正文、案例说明书

案例是对现实生活中某个事件的真实记录和客观叙述。把案例作为研究对象始于 19 世纪,首先应用于医学和法学界。美国哈佛大学法学院创立了案例研究,并在全球范围内得到广泛推广。由此人们开始有针对性地收集和编写案例。应急决策案例编写是近几年的一个新兴领域,且具有紧迫性。

 导入案例

如何正确进行案例研究

案例研究法是管理学中的一种研究方法,就是选择少数典型的案例进行分析,从而导出一个规则,而统计研究法则是通过大量的数据来推导出规则。两种方法各有优势,一般

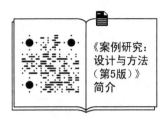

《案例研究：设计与方法（第5版）》简介

人会认为统计研究法更靠谱，因为数据说话直观、精确，但是所有统计并不能像数学一样那么绝对，现实中总有一些小概率的黑天鹅事件发生。案例研究法则比统计数据研究更加贴近案例本身，更能发现一些可能被忽略的低概率因素，黑天鹅事件之所以出现，就是因为这个世界具备不确定性和随机性。掌握了案例分析的思维模式，就会从惊叹"这怎么可能"转变为淡定的"哦，原来如此"。

应用案例研究法需要注意的五大要点：一是分析中需要注意细微的变化，它们的积累可能会导致根本性的变化；二是要敢于打破先入为主的惯性心理；三是要进行实地的现场调查，当面接触和感知调查对象；四是根据不断出现的新情况，随时验证并修复分析假设；五是进行多角度的观察，在研究对象不止一个的时候，从不同的角度出发考虑问题。

案例研究法的局限性。案例研究法通过不依赖量化分析的具体案例，提出洞见和假说，为进一步研究直通真相打开突破口。案例研究的过程充满趣味，因为在研究的过程中会不断挑战现有的思维定式，颠覆我们过往认知，让我们的思想更加自由，在人云亦云的世界中拥有独到而犀利的洞察力。但是案例研究法并不是万能的，有它的局限性。案例研究法的价值是在数据不完备的情况下先一步提出假说和洞见，也就是大胆假设，而这种假设会受到具体分析水平的影响，而且也需要其他研究方法进行跟进，进一步论证。

资料来源：https://www.jianshu.com/p/74e20c1388ee 2018.08.25.

思考问题：

1. 案例研究，就是找到一个案例简单论述吗？
2. 应急决策类案例应该如何进行科学分析？

5.1　应急决策案例研究

5.1.1　案例研究与分析

1. 案例及案例研究

（1）案例的定义。

所谓案例（Case），就是对现实生活中某个事件的真实记录和客观叙述。案例具有三个基本属性：一是客观真实；二是有内在价值；三是有必要的情景描述。

（2）案例研究的定义。

案例是认识问题和研究问题的工具。**案例研究**（Case Study）是一种常用的定性研究方法，这种方法适合对现实中某一复杂的具体问题进行深入和全面的考查。案例研究专注于对单个的研究对象进行具体而系统的研究，研究对象可以是个人、个别群体、个别组织或机构、个别事件或问题。

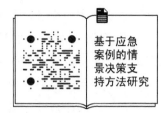
基于应急案例的情景决策支持方法研究

（3）案例研究的类型。

① 根据案例研究者的哲学基础，可以将案例研究划分为**规范性案例研究和实证性案例研究**。

规范性案例研究，规范性的哲学观点回答"应该是什么"的问题，存在明显的客观价值的判断。基于建立理论而进行的案例研究就属于规范性这一哲学基础。

实证性案例研究，实证性的哲学观点强调，只有通过观察或感觉获得的知识才是可以信赖的，"纯"实证性的哲学观点甚至不相信理论和推理在获得可靠知识上的有效性。基于检验理论而进行的案例研究就属于实证性这一哲学基础。

② 根据研究的目的可以将案例研究分为**描述性、解释性、评价性和探索性案例研究**。

描述性案例研究主要是对人、事件或情景的概况做出准确的描述，这种研究是阐述一个既有的理论或者扩大一个理论的解释范围。

解释性案例研究运用已有的理论假设来理解和解释现实中的管理实践问题。其目的在于对现象或研究的发现进行归纳，并最终做出结论。解释性案例研究适于对相关性或因果性的问题进行考察。

评价性案例研究，研究者对研究的案例提出自己的意见和看法。

探索性案例研究尝试寻找对事物的新洞察，或尝试用新的观点去评价现象，并通过提出假设作为后续研究的开端。

③ 根据实际研究中运用案例数量的不同，可以将案例研究划分为**单一案例研究和多案例研究**。

单一案例研究主要用于证实或证伪已有理论假设的某一个方面的问题，它也可以用作分析一个独特的或极端的管理情境。

多案例研究的特点在于它包括了两个分析阶段——案例内分析和跨案例分析。前者是把每一个案例看成独立的整体进行全面的分析，后者是在前者的基础上对所有的案例进行统一的抽象和归纳，进而得出更精辟的描述和更有力的解释。

单一案例通常能说明某方面的问题，但不适用于系统构建新的理论框架。多案例研究法能使案例研究更全面、更有说服力，能提高案例研究的有效性。

（4）案例研究的优缺点。

① 案例研究方法的优势主要包括：一是案例研究的结果能被更多的读者接受，而不局限于学术研究圈，给读者以身临其境的现实感；二是案例研究为其他类似案例提供了易于理解的解释；三是案例研究有可能发现被传统的统计方法忽视的特殊现象；四是案例研

究适合于个体研究者,而无须研究小组。

② 案例研究方法的局限主要包括:一是案例研究结果不易归纳为普遍结论;二是难以避免技术上的局限和研究者的偏见。

(5) 案例研究的适用条件。

什么时候应该采用案例研究呢?当研究的问题是"怎么样"和"为什么"的时候,当研究者不能控制事件的发生或进程时,当研究的问题是现实社会背景下的当代现象时,案例研究就是一种合适的研究方法。具体来说,案例研究具有如下的适用条件。

① 研究问题的性质。如果所研究的问题是一种理论空白,或者出于学科的幼稚期,已有的文献不能够解释和回答所要研究的问题,需要从实践中总结、归纳出理论框架和概念模型,这时最佳的研究策略应该是一种定性的归纳方法,而不是从已有的理论假设出发进行演绎分析和推导。案例研究就是建立探索性的理论框架的一种有效途径。

② 问题的复杂性和动态性。很多研究问题具有复杂性和动态性的特点,因此需要系统地从整体把握问题的本质和全貌,而这个任务往往是定量研究所不能承担的。如问卷调查法是预先将问题加以简单化和标准化,然后通过大样本的数理统计分析得出结果。问卷调查范围宽而深度和丰富性不够,很难深入分析复杂的、具有动态性的问题。而案例研究是对现实中某一复杂的和动态的现象进行深入和全面的实地考察,使得研究者能够发现与实际相关的知识、构建有普遍解释能力的理论框架,从而能够更好地解决管理中的实际问题。

③ 沟通的便利性。案例研究更有利于通过沟通获取丰富的信息。访谈是案例研究的一种重要方法。深入实地的案例调研能够使得研究者有机会对被访问者进行有关概念的解释和说明,并且在调研的过程中,信息的沟通是双向的,通过多次反馈达到充分的沟通,双方能够对讨论的问题的本质有共同的认识,从而保证了研究所获取数据的有效性。

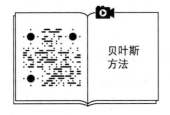
贝叶斯方法

④ 理论框架和数学模型的区别。理论框架和数学模型适用于不同类型的研究:理论框架模式适合变量复杂、关系复杂的研究,它易于找出变量之间的联系、变量之间的作用方向、变量变换的模式和影响结果及其输出的方式;而数学模型方式适用于有限复杂的问题,它将很多现象的鲜活的情景过滤掉了,它善于将复杂的问题简化为几个关键的变量。实践中的很多管理问题更加适合采用定性研究的方法,而不是定量研究的方法。案例研究就是一种重要的定性研究的工具,其目的是要产生理论框架的,而不是数学模型。

2. 案例研究过程及结果评价

案例研究需遵循一般科学的研究方法和程序。也就是说,在研究开始之前需要做研究设计，在研究工作开始以后则需遵循一定的步骤。一个完整的案例研究过程一般包括以下六个阶段，即案例研究设计、案例选择、案例资料收集、案例资料分析、编写案例和案例研究的有效性评价，如图 5.1 所示。

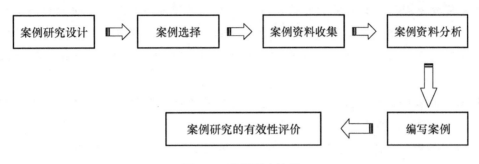

图 5.1　案例研究流程

（1）案例研究设计。

案例研究设计为案例研究提供了一个指导性的框架，主要包括以下内容。

① 研究的问题是什么？研究要回答的问题反映了案例研究的目的，这些问题一般是"怎么样"或"为什么"的问题。案例研究中要回答：要研究什么、研究目的、什么已经知道和什么还不知道。通过对以前相关研究资料的审查，研究者可以提炼出更有意义和更具洞察力的问题。

② 研究者的理论主张（或理论假设）是什么？研究者的理论主张是引导研究进行的线索。它可以来自现存的理论或假设。无论是建立新的理论还是对现存的理论进行检验，主张的提出都是必不可少的。研究主张并不能改变研究的目的，在某种程度上，研究主张，特别是提出与正面形成对比的反面主张，有利于提高案例研究的有效性。

③ 分析单位是什么？分析的单位可以是一个事件或一个实体，如一门课程、一个过程或一次机构改革。每一个研究单位都可能与各种政治、社会、历史和个人等问题有着千丝万缕的联系，这既为研究问题的设计提供了各种可能性，也为案例研究增加了复杂性。

④ 怎样把数据与理论主张（或理论假设）相联系？为了把数据与理论假设联系起来，在研究设计阶段时就必须对理论主张进行明确的表述。特别是在研究者反复阅读数据时，很有可能产生新的主张，这就需要根据新的主张对数据进行重新分析。

⑤ 诠释数据的标准是什么？对于数据的分析可以采用量化的解释性分析技术，也可以采用以定性为主的结构性分析和反射性分析技术。对于分析的结果，研究者可以针对研究的命题提出一个解释，来响应原来的理论命题。

（2）案例选择。

案例选择是案例研究中一个重要且必不可少的步骤。案例选择的标准与研究的对象和研究要回答的问题有关，研究者在案例选择的过程中必须不断地问自己在哪里寻找案例才可以满足研究的目的和回答研究的问题，以便找到最适合的案例。案例选择应该满足目的性、针对性、研究性、创新性和适度性的原则。对于 MPA 学员可以采用专长选题法和应时选题法。

（3）案例资料收集。

案例资料是指与个案有关的原始素材、加工材料和各种信息。高质量案例编写的基础是获取准确、详实、具有典型意义的案例资料。对案例资料进行分类是为了确定案例资料收集的方向、方法与重点，提高工作效率，也有利于案例资料的整理归类和甄别使用。

① 资料收集的原则，主要包括：一是使用多种来源的数据；二是建立案例研究的数据库；三是用案例资料建立证据链。

② 资料收集的方法，主要包括：文献法、访谈法、观察法和问卷调查法。

（4）案例资料分析。

对案例资料的分析是案例研究中最重要、最困难的一个环节。资料分析包括检查、分类、筛选、制表或其他组合证据的方法，以响应一项研究中最初提出的理论主张，其主要分析程序如图 5.2 所示。

图 5.2　案例资料分析的程序

① 审定鉴别。审定鉴别是为了进一步对案例资料，尤其是获取的第二手资料进行查对和分析，剔除那些虚假或无实用价值的资料，并对个别有实用意义但存有疑问的资料做进一步查证，以保证留用的案例资料真实、可靠、有价值。审定鉴别的方法包括：来源判断法、逻辑分析法、比较分析法、调查复核法。

② 分门别类。分门别类是分析资料的基本要求和重要工作。从方便使用和案例编写的角度来讲，最常见和最实用的方法是按照资料描述的内容进行分类，即把案例资料分成情况介绍、观点阐述、评判质疑、处置结论和背景衬托等若干类别，将各种资料按照资料关联度进行整合归类。

③ 筛选加工。筛选加工就是围绕案例编写的主题对各种资料进行分析取舍，从中筛选提取出信度和效度高，符合主题要求的资料，并对一些叙述累赘的资料做出必要的加工处理，以满足案例编写的要求。对案例资料进行筛选加工，有着较高的理论性和技术性要求。筛选加工的方法：一是依据案例资料的可信度进行筛选，选用真实可靠的案例资料。二是依据案例的主题进行筛选，选用切题对路和说明性强的案例资料。三是依据案例内容进行筛选，选用具有关联性，且符合情节要求，能反映实际问题的案例资料。四是依据案例属性筛选，选用有助于揭示事物本质和规律，符合案例类型结构要求的案例资料。

④ 综合分析。综合分析既是最后的检查把关，也是研究问题、发现矛盾和揭示规律的过程。综合分析的方法：一是解释性分析。解释性分析是通过对数据的深入考察，找出其中的构造、主题和模式。二是结构性分析。结构性分析是通过对数据的考察，确认隐含在文件、事件或其他现象背后的模式。三是反射性分析。反射性分析是一种主观的分析方法，它依赖于研究者的直觉和判断对数据进行描述。常用的方法有类型匹配法和时间序列方法。

(5) 编写案例。

案例研究的成果最终要以文字的形式表现出来。案例研究的目的不仅是给一个案例、一个事件绘制肖像，而且更为重要的是得出分析性归纳结果或建立理论，从而做出深层次的理论分析。MPA 学位论文中的案例一般要分为**案例描述和案例分析**两个部分。前者是描述案例事实，可以按照时间发生的顺序展开或者按照逻辑关系进行组织，后者是对案例的理论分析和结论解释。描述事实和解释结论两者之间的平衡是案例式论文书写的关键。需要特别说明的是在写作过程中，对案例中涉及的当事人和单位等敏感信息应当做一些技术性的处理，也就是将案例的一些资料来源匿名化，无论如何处理，都必须保留问题的核心部分。

(6) 案例研究的有效性评价。

有效性评价是案例研究的最后一步。任何研究都有相应的评价其有效性的标准，案例研究方法不同于数理统计以及其他数量研究方法，它有自己的一套评价标准。评价案例质量的指标一般有以下四种。

一是建构效度。它是用来检验研究是否已经为要研究的概念建立了正确的可操作的测量标准。

二是内在效度。这种标准要求研究者的推导符合逻辑和正确的因果关系，防止产生不正确的结论。这种标准仅用于解释性或因果性案例研究，不能用于描述性、探索性研究。

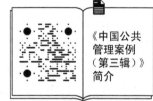

《中国公共管理案例（第三辑）》简介

三是外在效度。它是指研究结论是否能够推广。

四是信度。表明案例研究的每一个步骤（例如，资料的收集过程），都具有客观性、可重复性，并且如果不同的人重复这一研究，都能得到相同的结果。

5.1.2 案例式论文的结构

MPA 学位论文的题目有四种类型：**案例分析型论文、调研报告型论文、问题研究型**

论文、政策分析型论文[①]。其中,案例分析型 MPA 学位论文的写作一般有两种常用形式:一种是完全的案例报告式论文,即整篇学位论文构成一个完整的案例报告;另一种是部分的案例式论文,即 MPA 学员在论文前半部分提出一种新的理论或新的模式,而将案例作为对前述的理论主张实证的一种重要方法。

1. 案例分析型论文的基本结构

(1) 完全的案例报告论文的结构。

在完全的案例报告式论文中,论文通篇的结构一般是研究意义、理论回顾、案例描述、案例分析、结论与建议。

(2) 部分的案例式论文的结构。

在部分的案例式论文中,论文的结构一般按照理论研究型论文的大体框架构建,即导论、理论模型或理论框架的构建、案例研究和结论。

2. 案例大赛论文的基本要求

(1) 选题范围。

应紧密围绕我国当前公共管理、公共政策领域面临的重大或热点问题,选择具体案例,撰写案例正文和分析报告。选题范围包括政府管理创新,政府职能转变,地方治理创新,城市和社区治理问题,政治、经济、社会、文化、生态等领域的政策议题,公共与非营利组织管理,运用现代技术手段和方法改进公共治理等相关问题等方面的内容。

(2) 案例正文要求。

案例正文一般应包括标题、引言、案例摘要、正文、结束语、附录、脚注和图表等 8 部分。案例正文以 10 000 字左右为宜,附录以不超过 5 000 字为宜。案例一定要基于真实事件。案例正文要对事件进行完整的描述,要突出真实性、代表性和冲突性,要有核心人物或决策者,推出关键事件,引出争议点。通过陈述令核心人物或决策者感到迷惑或难以决断的事情,展现事件发展或决策的制约因素和困境。

(3) 案例分析要求。

① 理论明确。要明确分析案例所使用的有关公共管理理论和工具。

② 思路清晰。要提出恰适的分析框架,结构严谨,逻辑性强。

③ 分析全面。要全面系统地分析相关背景、决策要素和政策影响。

[①] 2018 年 9 月 6 日,全国公共管理专业学位研究生教育指导委员会发布了《公共管理硕士专业学位论文类型与撰写指导性意见(试行)》指出,MPA 学位论文的写作是 MPA 研究生培养的重要环节。MPA 学位论文可分为学术型和应用型等,以应用型为主。MPA 应用型学位论文的选题及撰写可参考以下四种类型,即案例分析型论文、调研报告型论文、问题研究型论文、政策分析型论文。

④ 对策可行。提出的政策或建议应具有针对性、可操作性和创新性。

（4）实地调研要求。

应围绕选题进行实地调研，通过调查访谈，系统地收集相关问题的一手资料，详细了解有关事件的发展过程、相关政策的制定和执行情况等，厘清案例所处的社会背景，剖析案例涉及的各方利益，为案例正文和分析报告的撰写奠定基础。

5.2 应急决策研究实例

Y 市 H 校"黑心食堂"事件应对及应急决策的反思

5.2.1 案例正文

摘要：本案例通过 Y 市 H 校"黑心食堂"事件的反思，试图剖析频发的中小学校园安全事件产生的主因，从而为如何走出中小学校园安全日常治理的低效、突发事件应对失灵的现实困境，提出"家—校—政"应急协同治理的创新模式。校园安全事关广大师生的生命健康，更关系到教育系统乃至整个社会

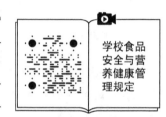

学校食品安全与营养健康管理规定

的和谐稳定，彰显出平安校园建设的特殊作用。校园突发事件常常是引发更多的社会不稳定因素的第一张"多米诺骨牌"，也暴露出"家—校—政"在突发事件处理过程中的应急协同不畅的"顽疾"，而解决问题的关键在于平安校园治理模式的创新，其科学治理取决于政府教育部门、学校及家庭的多方协同与制度安排。案例的创新点在于从"家—校—政"各方主体切入，运用突发事件应急决策理论，结合 Y 市 H 校"黑心食堂"事件应对实践提出了平安校园治理的新思路：作为平安校园建设的主体，学校应该建立科学的校园突发事件应急预案，科学应对校园突发事件，为学生及其监护人（家长）及时准确地提供应急信息，同时，配合各级教育主管部门做好社会稳定工作；学生及监护人（家长）也应理性看待校园突发事件；各级教育主管部门应立足校园突发事件着手制度建设，为平安校园治理提供有力的制度保障。

关键词：平安校园建设；"黑心食堂"事件；应急决策理论；应急协同治理

【引言】 校园安全事关广大师生的生命健康，更关系到教育系统乃至整个社会的和谐稳定，彰显出平安校园建设的特殊作用，引起各级党和政府的高度重视。2006 年 6 月 29 日，《中华人民共和国义务教育法》（简称《义务教育法》）由中华人民共和国第十届全国人民代表大会常务委员会第二十二次会议修订通过，校园安全首次写入《义务教育法》；2012 年 3 月 28 日，《校车安全管理条例》由国务院第 197 次常务会议通过，实现了校车安

全的首次立法；2013 年 11 月 12 日，党的十八届三中全会发表了《中共中央关于全面深化改革若干重大问题的决定》（简称《决定》），该《决定》提出要健全公共安全体系。校园安全作为公共安全体系建设的重要组成部分，已经提到国家和社会的基本进程中。校园安全越来越受到国家的重视、社会的关注，因为学生只有在安全的环境下才能健康成长，因为教师只有在安全的环境下才能更好教书育人，因为学校只有安全的环境才能保障教育任务的顺利完成。因此，每一所学校都有责任保障师生的身体和心理上的安全，这也是社会和国家不可推卸的责任。放眼世界，校园安全问题一直是各国关注的焦点问题。1990 年 9 月 19 日，美国公布《校园安全法》，以联邦法的形式确立校园警察机构的法律地位，并于 1994 年公布了《校园禁枪法》《校园、社会禁毒及安全法》；日本则相继以保健、体育、饮食等为核心内容颁布了校园安全方面的法律，包括《学校供给饮食法（1954）》《学校保健法（1958）》《日本学校安全协会法（1959）》《学校安全法（2006）》。发达国家的经验启示：加快我国《校园安全法》的立法工作已刻不容缓，校园突发事件的科学治理取决于政府教育部门、学校及家庭的多方应急协同与制度安排。

1. 频发的中小学校园突发事件——平安校园治理中的"顽疾"

"百年大计，教育为本"，学生的健康成长和安全教育问题，是政府、学校、家长以及全社会广泛关注的焦点问题。校园突发事件（如校园暴力、意外伤害事件）的频繁发生让家长和学校防不胜防，也为我国青少年的健康成长带来了不和谐因素。如何建立一套科学、有效的校园安全日常治理和应急决策体系，杜绝校园内的安全隐患，成了政府教育部门、家长和学校（简称"家—校—政"）急待解决的核心问题之一。2014 年 8 月 2 日，教育部根据《中华人民共和国教育法（2015 修正）》（简称《教育法》）《义务教育法》《中华人民共和国教师法（2009 修正）》（简称《教师法》）《国家中长期教育改革和发展规划纲要（2010—2020 年）》（简称《纲要》），制定了《义务教育学校管理标准（2017 修订）》（简称《标准》），就学校管理工作提出了 92 条要求，其中核心内容主要涉及"平等对待每位学生、促进学生全面发展、引领教师专业发展、提升教育教学质量、营造和谐安全环境、建设现代学校制度"等六大方面，对学校日常管理，特别校园安全管理方面提出了明确标准，从营造和谐安全环境方面提出"建立切实可行的安全与健康管理制度、建设安全卫生的学校基础设施、开展以生活技能为基础的安全健康教育、营造尊重包容的学校文化"等 4 项具体要求。2015 年 1 月 31 日，教育部出台的《教育部 2015 年工作要点》中明确提出推动《校园安全条例》立法进程，研制《中小学校服基本安全技术规范》，创新校园安全管理，深化平安校园建设，加强学校安全形势分析研判，完善学校突发事件应急管理机制。2016 年 2 月 4 日，教育部出台的《教育部 2016 年工作要点》中明确提出开展校园安全稳定隐患排查和依法整治、强化校园反恐防范工作，健全职业院校学生实习责任保险制度，推动各地制订省级校车服务方案，继续开展"护校安园"行动。2017 年 1 月 22

日,教育部出台的《教育部2017年工作要点》中明确提出加强高校安全稳定防控体系建设的意见,组织开展"平安高校"精品项目建设。2017年4月28日,国务院办公厅出台了《关于加强中小学幼儿园安全风险防控体系建设的意见(国办发〔2017〕35号)》(简称《意见》)。2018年4月9日,教育部发布《关于加强大中小学国家安全教育的实施意见》(教思政〔2018〕1号)。2018年10月29日,国务院教育督导委员会办公室发布《关于进一步加强中小学(幼儿园)安全工作的紧急通知》(国教督办〔2018〕4号)。2018年12月12日,教育部办公厅出台《关于进一步加强中小学(幼儿园)防性侵害学生工作的通知》(教督厅函〔2018〕9号)。由上可以看出,国务院、教育部近几年密集出台学校安全管理有关制度,将平安校园建设提升到了国家战略层面,凸显了加强学校安全工作的重要性和紧迫性。加强学校安全工作是全面贯彻党的教育方针,保障学生健康成长、全面发展的前提和基础,关系广大师生的人身安全,事关亿万家庭幸福和社会和谐稳定。长期以来,党中央、国务院和地方各级党委、政府高度重视学校安全工作,采取了一系列措施维护学校及周边安全,学校安全形势总体稳定。但是,受各种因素影响,学校日常安全工作还存在相关制度不完善、不配套,预防风险、应急处理事故的机制不健全,意识和能力不强等问题。因此,开展校园突发事件的科学应对已成为平安校园治理的关键问题。

2. H校"黑心食堂"事件发生过程

学校是青少年学习、生活的聚集场所,备受家长、社会的密切关注。随着信息技术和自媒体网络的快速发展,以及公民民主意识的不断觉醒,任何一件与学校有关的突发事件,如果未能及时应对,都会快速在全社会爆发成为公共危机,甚至引发群体性事件。从"信息源-信息渠道"应急决策分析模型[①]入手,对2016年Y市H校"黑心食堂"事件,从家长、学校、政府三个主体的角度进行决策分析,探讨学校在应对群体性突发事件中的主体地位的重要问题。

(1)"黑心食堂"事件发生及其过程。

H校是一所经Y市教体局批准,集幼儿、小学、初中为一体的现代化全日制民办学校。

2016年10月9日下午起,关于"H校食堂存放猪饲料、鸡饲料,用来给学生熬稀饭喝,给学生吃猪食、淋巴肉等问题"的言论和图片在微博、微信中迅速传播扩散,并引发学生家长及社会媒体的高度关注。

10月9日14点左右,H校200多名学生家长到Y市委、市政府门前集体上访,反映H校食堂管理混乱、食材质量不合格等问题。

---

① 钟开斌. 应急决策——理论与案例[M]. 北京:社会科学文献出版社,2014.

10月9日14：30，Y市政府召开紧急会议进行安排部署，成立了由市政府分管市场监督、教育工作的副市长牵头的应急处置工作组，责成市场监管局、教体局等部门立即对学校食堂的食材进行抽样检测，对学校食堂资质、食材购置手续等相关情况进行核查落实；责成H校配合调查；安排由教体局、信访局等部门组成的工作组积极与学生家长沟通情况，解答问题，做好情绪安抚工作。

10月9日晚，部分家长在学校门口聚集，要求学校给出解释，经多方做工作，21：00以后逐渐散去。

10月10日上午，部分家长再次在学校门口聚集，提出进一步的诉求，因对校长王某的答复不满意，遂强制将其挟持上车，到Y市上访。

10月10日上午，H校就家长反映的食堂伙食问题，在学校微信公众号发布致学生家长的一封公开信（见附录1），对家长反映的肉、西红柿、鸡蛋等问题逐一答复。家长对学校的这些答复表示不满意、不接受。

同日，学校声明中提到的林涛肉类公司对外发布"微信公众平台侵权投诉通知书"，称他们根本不是H校的食品供应企业，"从未给学校提供过猪肉和检疫单，现在学校伙食出现问题，找替罪羊，严重损害了公司形象。而且学校公示板上也写的肉的供应商是坤宇肉食。要求删帖并发公告声明"。另一家出现在食堂公示栏的供应公司也否认了曾向H校提供猪肉。

10月11日，Y市政府发布《Y市H校学生家长信访处理情况》（见附录2），承诺彻查学校食堂食材供货、采购、储存、加工等各个环节有无违规行为，公开市政府工作组联系方式，由专人24小时值守，耐心细致答复问题。同时，加强网上舆情监控，对于造谣、传谣的予以严厉打击，澄清事实真相，真正还群众一个明白。同时，由教体局、市场监管局人员联合组成驻校工作组，加强学校食堂管理，确保师生就餐安全，维护好学校正常教学秩序。

10月14日下午，市政府及相关部门负责人与H校家长委员会成员举行了见面会，向家长代表们通报了市委、市政府解决家长关心问题的态度和决心，通报了学校接管后的工作情况，并与家长们进行了深入的沟通与交流，听取了他们对学校今后发展的意见和建议。

10月15日中午，Y市委宣传部就此事发布调查处理结果，家长和社会关注的主要问题基本调查清楚，对问题进行了解释和澄清，同时指出学校食堂存在的管理问题和食材质量问题，对H校和相关人员进行了处罚、处理。根据调查结果和相关规定，对H校因未按规定查验采购猪肉的检疫证明、购进未经检疫的猪肉等行为，给予罚款20万元等行政处罚；H校食堂负责人于某、管理人员杨某，因未按规定查验采购猪肉的检疫证明、购进未经检疫的猪肉，各给予行政拘留15天；Y市小纪镇生猪屠宰点经营者马某，因逃避检疫、冒用公司名义从事经营活动，罚款10.5万元，并给予行政拘留15天；Y市民主市场林涛放心肉经营者赵某,未经依法核准登记领取营业执照,擅自进行猪肉经营活动,没收违法所得22 747.2元,并给予罚款10万元。

此外,Y市纪检监察部门对政府相关职能部门工作人员履职中存在的问题,启动了问责调查程序,已对监管失职的6名工作人员停职调查,待调查结束后,将根据调查结果依法依规严肃处理。

10月25日,S省教育厅发布《关于Y市H校食堂问题调查处理情况的通报》,要求各市教育局、各高等学校充分认识学校食品安全的重要性和敏感性,进一步完善学校食品安全工作机制,落实学校食品安全主体责任,加强社会监督。

(2) "黑心食堂"事件的演化进程。

"群体性事件"这一概念最初由政府提出,具有较浓的政治色彩。2000年,公安部发布的《公安机关处置群体性治安事件规定》中提出"群体性治安事件"的概念,并将这一概念定义为:聚众共同实施的违反国家法律、法规、规章,扰乱社会秩序,危害公共安全,侵犯公民人身安全和公私财产安全的行为。[1] 2004年,中共中央办公厅发布的《关于积极预防和妥善处置群体性事件的工作意见》中将"群体性事件"定义为:由人民内部矛盾引发、群众认为自身权益受到侵害,通过非法聚集、围堵等方式,向有关机关或单位表达意愿、提出要求等事件及其酝酿、形成过程中的串联、聚集等活动。[2]

上述两个官方的定义都强调了群体性事件的非法性,而学术界则对群体性事件进行了客观地研究并给出了比较中性的定义。如罗成琳等(2009)认为"群体性突发事件"是:因各种人民群众内部矛盾积累,由偶然事件诱发或者直接利益群体秘密策划导致突然爆发的、一定规模人群参与,违反国家法规,采取非法集会、游行示威、上访请愿、聚众围堵、冲击党政机关、堵塞交通、罢工、罢课、罢市等方式,扰乱社会秩序、危害公共安全、侵犯公民人身安全和财产安全,引发连锁社会反应,严重影响社会稳定的,需要多部门进行紧急协同应对的事件。中国社会科学院于建嵘教授(2011)[3]将"群体性事件"定义为:有一定人数参加的、通过没有法定依据的行为对社会秩序产生一定影响的事件,并依据目的、特征和行动指向,将群体性事件分为维权事件、社会泄愤事件、社会骚乱、社会纠纷和有组织犯罪五种类型。武超群(2012)[4]对高等学校群体性突发事件做了研究,

---

[1] 郭丽蓉. 群体性治安事件的构成要件及公安机关预警处置机制 [J]. 兰州交通大学学报, 2015, 34 (2): 35-38.

[2] 王东华. 关于积极预防和妥善处置新时期群体性事件的对策与思考 [J]. 公安研究, 2004 (3): 26-32.

[3] 于建嵘. 当前我国群体性事件的主要类型及其基本特征 [J]. 中国政法大学学报, 2009 (6): 114-120, 160.

[4] 武超群. 高等学校群体性突发事件网络传播规律探究 [J]. 沈阳农业大学学报(社会科学版), 2012, 14 (3): 325-327.

认为其是指受校内外多种因素的影响,在较短时间内突然发生的,由广大师生员工参与的,为满足某种需要或诉求,使用集结、上访、静坐、谈判、围攻、暴力等方式来激化事态发展、加剧矛盾冲突、扩大社会影响,并迅速演化为较大规模的群体性公共事件。

根据学术界的定义,可以将"学校群体性突发事件"界定为:由学校教学与管理问题导致相关主体利益受损或受到威胁,引发一定数量的教工、学生、家长及相关利益主体参加的、通过没有法定依据的行为对学校办学秩序及社会秩序产生一定影响的突发事件。

H校"黑心食堂"事件属于维权行为的群体性事件,学生食品安全牵动着亿万家庭的神经,在网络上流传学校存在食品安全隐患,甚至出现"黑心食堂"的消息后,家长为了孩子的身体健康与生命安全,维护共同利益,采取抱团取暖、群发维权诉求。[①]

该事件经历了"网络舆情爆发——家长聚集维权,要求学校正面响应以解决问题——学校未能有效处置问题,导致事态扩大——政府应急响应,平息事件"的演化过程(表5-1)。在这一过程中,学校作为事件的核心主体,其应对突发事件的应急决策结果直接影响着事件的发展动向,在事件的演变过程中存在3个由学校控制事态发展并化解危机的机会之窗。但是,由于H校应对危机、处理群体性突发事件的能力严重不足,危机管理意识薄弱,对突发事件研判失误等,错过了3个机会之窗,使学校丧失公信力,陷入等待政府和群众宣判的被动处境。

表5-1 H校"黑心食堂"事件演化进程与诱因分析

诱因事件	演化进程
学校食堂问题图片曝光和"黑心食堂"言论传播	学生家长在微信群、微博等网络平台维权情绪爆发,社会及媒体密切关注并进一步曝光事件
家长共同关心孩子饮食安全	家长聚集维权,要求学校正面响应以解决问题
学校不负责任的致家长公开信	学校未能积极控制事态,抱着侥幸心理与家长进行博弈,激化家校矛盾,导致事态扩大
学校信任危机	政府积极响应,投入最大精力进行应急管理,确保信息源清晰,信息渠道畅通,最终平息事件

(3)"家—校—政"各方主体决策应对过程。

当今社会已处于信息化时代,信息的传播与反馈是群体性突发事件的重要演化动力之一。而微信、微博等网络自媒体由于信息制造与传播的低成本化、缺乏监督与确认,很容易滋生和加速谣言与不实信息的传播。H校"黑心食堂"事件中,学生家长由于信息源模

---

① 刘德海. 群体性突发事件中政府机会主义行为的演化博弈分析[J]. 中国管理科学, 2010, 18(1): 175-183.

糊、信息渠道失控而演变为群体性维权事件；学校由于信息源模糊、信息渠道不畅而错过处置事件的最佳时机；政府在事态扩大之后，从源头对学校食堂问题进行调查，并加强网络舆情及信息渠道管控，及时公布调查结果与事实真相，严处学校食堂存在的食品安全隐患及相关人员的违规行为，最终将事件平息。

① 家长的强烈关注。

事件始于部分家长拍摄的食堂厨房照片，反映学校食堂管理混乱、食材不合格。照片显示存放的馒头表面有斑点、部分西红柿已经干瘪腐烂、淋巴肉、有印着"饲料"字样的编织袋等。图片被家长上传到网络后，很快引发热议。随着网络舆论的不断发酵，出现信息夸大、失真甚至谣传现象，如有家长怀疑"学校给学生吃猪食、鸡饲料""学校1 000多名学生拉肚子、呕吐""学校要求学生饭前吃药"等。家长群体由于缺乏对信息的甄别与调查，加之护子心切，很快形成一呼百应、联合起来上访维权的行动。因此，从家长群体的决策角度来看，存在信息源模糊的情景。

事关孩子健康的食品安全问题迅速引发家长的强烈关注，便捷的网络使家长的愤怒情绪不断发酵，两百多名家长聚集到市委、市政府门口进行上访，并与学校进行干涉。但家长群体是一个散乱的集体，缺乏统一组织与核心领导（学校虽然已成立家委会，但并未发挥其应有作用），在信息源模糊的情况下，部分家长仅凭一些片面的拍照对事件性质和影响进行研判，在真假难辨的网络舆论引导下，有人为了煽动家长情绪[①]，增强事件的吸引力，对学校食堂问题夸大，甚至编造谣言。不实或夸大化的传言，引发社会和媒体的广泛关注。

群体性突发事件普遍存在信息匮乏或过剩的特点[②]，由于群体性突发事件的"突发"特性，行动者们没有足够的时间和精力对信息进行辨别，各种失真信息的传播对事件的发展起到非常重要的推动和引导作用。因此，信息源模糊成为多数群体性突发事件快速朝着失控的方向演变的根源。

② 学校草率应对。

群体性突发事件在爆发之前首先会经历一个信息产生与传播的过程，而这个过程也经常伴随着各种传闻、谣言，对事件的发展起着非常大的影响作用。[③] H校领导及教工同样处于信息网络的末梢，甚至与家长共同存在于家长微信群、家校平互通平台等共同的网络圈子中，对信息的接收不存在客观条件不足的问题。[④] 2016年10月9日，关于学校食堂

[①] 吴春阳. 新媒体视角下的高校群体性突发事件网络舆情应对策略研究 [J]. 河南工业大学学报（社会科学版），2015，11 (4)：92-94.
[②] 赵红雷. 论公共安全危机中机会的识别与开发 [J]. 湖北警官学院学报，2012，25 (6)：139-141.
[③] 乔晓征，朱力. 谣言在群体性突发事件中的发生机制 [J]. 江苏警官学院学报，2007 (1)：20-25.
[④] 陶国根，黄毅峰. 群体性突发事件中的网络谣言分析及控制策略 [J]. 中国井冈山干部学院学报，2011，4 (3)：87-92.

食品安全问题的图片和言论在这些网络圈层中传播时,学校领导层及教工由于缺乏舆情敏感及反应能力,未做充足的信息收集和及时的信息研判,或抱着侥幸心理拖延时间,期待事件不了了之,从而错失将事态控制在萌芽状态的机会。H校在信息传播过程中的失声和不作为,反映出学校在事件中存在信息渠道不畅的问题。这种信息渠道的不畅通,不是由于硬件和技术条件不足而是由于人的意识和主观能动性缺乏导致的。

事件爆发的当晚(10月9日)及次日,家长均曾到学校门口聚集,要求学校给出解释。但学校对家长的行动并没有进行积极、主动的回应。学校领导未组织家委会及家长代表到校进行座谈,就家长关注的问题,由学校及家长代表共同成立调查小组,委托指定第三方专业机构进行事实调查;相反,学校领导为了控制事态,草率地就家长指出的问题进行澄清,推脱学校责任,10日上午,H校在学校微信公众号发布致学生家长的一封公开信,对家长反映的问题(确切地说是网络热传的几个问题)逐一进行责任推卸式的解释。

学校在没有开展专业的技术调查的情况下,草率发表声明来为学校正名,是学校决策的一大失误,成为事态进一步恶化的助燃剂。公开信存在主观隐瞒和客观信息不全(如未主动承认学校食堂存在管理漏洞和食材质量问题),缺乏客观、全面、真实的依据,一味地为自己脱罪。例如,关于所谓"淋巴肉"的问题,公开信中称"学校餐厅的肉类系林涛肉类公司所供食材,有检验检疫证书",结果林涛肉类公司直接发声给予否认,经政府调查后发现,H校食堂的猪肉是通过中间商购进的,供肉过程存在未及时向学校提供检疫证明、使用过期的肉品品质检验合格证,属于逃避检疫行为。

后续政府的调查结果已证实学校食堂确实存在多种管理混乱与食材质量问题,而且公开信中关于肉类来源不属实,证明学校的公开信存在虚假信息。

学校领导缺乏对危机的准确研判,没有认识到事件的严重性以及对学校形象的危害性,仍然抱着传统处理突发事件的被动、侥幸和逃避心态,企图大事化小,小事化了,导致事件进一步恶化,学校出现严重的信任危机,公信力受到广泛质疑。学校在草率发布致学生家长的一封信后,便错过了从学校层面控制事态发展,消除危机的机会之窗,上升到学校无法控制的地步。

③ 政府及时介入。

面对家长的上访及媒体的负面报道,Y市政府意识到事态的严重性,高度重视,迅速启动应急机制,及时决策,在接到家长上访后立刻组织成立由市政府主要领导任组长的事件处置调查组,进驻学校并全面接管学校事务,对学校食堂进行全面调查。

在信息源方面,市政府调查组立即对学校食堂食材进行抽样检测,并于一周后(10月15日)公布调查结果,坚持信息公开。① 调查结果客观地回应了家长与社会关心的问题,对不实观点进行了澄清和辟谣,同时如实公开学校食堂存在的一系列管理缺陷和食材质量

---

① 王晖,何振. 转型期群体性突发事件与县级政府应急能力研究[J]. 求索,2011(1):60-62.

问题。

在信息渠道方面，市政府成立工作组，公布工作组联系方式，专人 24 小时值守接听举报、咨询电话，搭建多种形式的沟通对话平台，积极与家长沟通对接，对家长提出的问题进行及时、正面回应。尊重群众对事件的知情权，及时组织学校家委会及家长代表召开通报会，并通过网络媒体和官方微博及时发布处理进度，确保了家长及社会能够及时、准确接收调查结果[①]，避免网络舆论的肆意蔓延[②]。

Y 市政府的决策过程符合"信息源清晰，信息渠道畅通"的应急决策情形，对事件的处置，反映出 Y 市政府对事态发展具有相当的政治敏锐性，具有较强的应急管理意识和危机治理能力[③]。正是由于 Y 市政府较强的应急管理效力，才及时控制住事态的发展，化解了政府形象危机。

【结束语】

校园突发事件作为一类典型的公共突发事件，其治理方式方法深受中国传统文化的影响，治理难度大、效率低。从公共安全的视角来看，校园安全是一个涉及人（如教师、学生、管理人员和外来人员）、机（如实验设备、设施）、环（如校内和校外环境）、管（如日常管理、应急管理预案）的复杂系统，校园安全管理更是一个复杂的系统工程。2013 年 11 月 12 日，党的十八届三中全会发表了《中共中央关于全面深化改革若干重大问题的决定》（简称《决定》），该《决定》提出要健全公共安全体系。校园安全作为公共安全体系建设的重要组成部分，已经提到国家战略层面。从管理体制来看，学校作为"无限责任主体"的现实在短时期内难以打破。但对校园突发事件管理应借鉴现代西方决策模式，逐步走科学化、规范化和法治化。教育部从 2015 年起着手起草《校园安全条例》为这项工作的开展提供了新的契机。

【思考题】

1. H 校应对"黑心食堂"事件为何不力？

2. 当前，我国校园安全治理"顽疾"表现在哪些方面？如何系统分析影响校园安全治理的关键因素？

3. 你认为影响校园安全日常管理的关键因素有哪些？在日常治理中如何界定相关责任主体的职责？在现行的法律框架下，你如何通过校园安全立法来扭转学校是"无限责任主体"的事实？

4. 中国应急决策受限于传统文化的诸多影响，请你思考如何借鉴现代西方典型的应

---

① 王勇. 群体性突发事件处理与信息公开 [J]. 行政与法，2012 (11)：6-9.
② 李文乐. 群体性突发事件政府信息发布机制研究——以重庆出租车罢运事件为例 [D]. 重庆：重庆师范大学，2010.
③ 童星，张海波. 群体性突发事件及其治理——社会风险与公共危机综合分析框架下的再考量 [J]. 学术界，2008 (2)：35-45.

急决策理论来服务于中国校园安全事件的有效治理?

5.2.2 案例说明书

1. 课前准备

学习本案例前,需要有以下准备。
(1) 预先阅读并获取《突发事件应对法》(电子版或打印版)。
(2) 预先须查找有关校园安全事故案例原文(电子版或打印版)及相关图片。
(3) 分成若干小组,提出思考题,提前阅读相关资料及文献,进行小组内初步讨论。

2. 适用对象

本案例适用于公共管理高年级本科生,MPA(公共安全管理领域)研究生。

本案例可用于《公共危机与应急管理》《公共安全管理》《应急决策理论与方法》等公共管理类课程。

3. 教学目标

(1) 覆盖的知识点。
① 决策的定义、要素及分类,从常规决策到应急决策演进中的法律问题。
② 应急决策分析范式,应急决策分析的步骤与流程。
③ 中国传统决策文化观,中国特色的政府部门决策路径。
④ 现代西方决策模式(主要包括理性、有限理性、渐进和混合扫描决策模式)。
(2) 能力训练点。
① 了解决策的概念与类型,明确决策的要素。
② 学会从管理实践和法律视角分析常规决策到应急决策范式演进过程及分析步骤。
③ 基于案例中的调查结果,深入学习中国传统决策文化观对公共部门(本案例涉及的是教育主管部门)常规决策与应急决策的基本策略影响,培养学生数据分析能力与综合水平。
④ 通过对比分析,了解中西方安全文化的差异性,理性分析现代西方决策模式优劣。

4. 教学内容及要点分析

(1) 教学内容。
① 故事导引:通过"围魏救赵"的经典故事引出中国传统决策文化观的阐述,重点分析"中庸"决策观、"无为"决策观、"经验"决策观、"权谋"决策观和"知变"决策

观等典型的传统决策文化观，进而引出中国共产党在领导中国革命和社会主义建设的实践中，总结出并遵循着一套正确的领导决策途径的现实基础和理论指导意义。

② **理论梳理**：决策的定义、要素及分类，从常规决策到应急决策演进中的法律问题以及应急决策分析范式、分析步骤与流程。

③ **案例研讨**：以 Y 市 H 校"黑心食堂"事件为例，系统阐述当前中学校园安全现状及日常治理困境，从而给出基于中国传统决策文化观的中国特色的政府部门决策路径及现代西方决策模式（重点是阐述理性决策模式、有限理性决策模式、渐进决策模式、混合扫描决策模式）的现实应用问题。

(2) 要点分析。

案例的关键要点在于校园突发事件作为一类典型的公共安全事件类型其治理的困境分析，找出影响校园突发事件的关键因素及其主要原因，提炼出适合中国国情的常规决策与应急决策理论模式，进而提升校园突发事件的治理效率。

5. 教学安排

本案例的计划安排课堂讨论时间约为 80～90 分钟，建议课堂时间安排及提问逻辑如下。

(1) 时间安排

① 案例回顾（10 分钟）。

② 集体讨论（45 分钟）。

③ 知识点梳理（20 分钟）。

④ 问答与机动（9 分钟）。

⑤ 归纳与总结（5 分钟）。

⑥ 布置课后反思（1 分钟，要求学生选择案例进行深入分析，形成案例分析报告）。

(2) 提问逻辑思路

① 当前，我国校园安全治理到底是成功还是失败？你是基于什么标准来衡量的？影响校园安全治理的关键因素是什么？

② 你认为影响校园安全日常管理的关键因素有哪些？在日常治理中如何界定相关责任主体的职责？在现行的法律框架下，你认为学校能否扭转是"无限责任主体"的事实吗？

③ 有人认为应急决策仅是日常管理（即常规决策）的延伸，这其中的原理何在？

④ 对比国内外决策观，文化要素与应急决策有什么关系？以儒家文化为代表的中国应急决策方法的优劣表现在哪些方面？

6. 补充材料

需要使用多媒体讲台和计算机及讨论用的图片、视频资料。

本章小结

本章是应急决策案例研究的核心章节,主要阐述了应急决策案例研究过程与结果评价。通过本章的学习,要求对应急决策案例研究有一定的认识,正确理解案例式论文的基本结构与要求,熟练掌握案例研究分析方法。

关键术语

案例　Case　　　　　　　　　　　案例研究　Case Study
案例研究设计　Case Study Design　　案例选择　Case Selection
案例资料　Case Data　　　　　　　　实地调研　Feld Research
案例描述　Case Description　　　　　案例分析　Case Analysis
案例分析型论文　Case Analysis Dissertation
调研报告型论文　Research Report type Dissertation
问题研究型论文　Problem Research Dissertation
政策分析型论文　Policy Analysis Dissertation

❖ 案例思考与讨论

如何区分案例研究与实证分析

案例研究是感性的,它是通过实际事例分析问题,通过现象看本质,再解决问题,并得到推广到其他案例上后的一般解决方法。通过特殊事例寻求共同性,来下结论。它的特点是与实际相结合,可操作性大,但逻辑上不够严谨,理论支持不足。

实证分析是理性的,它是通过反复实验、论证,得到结论。它的特点是逻辑严谨,但很可能脱离实际,可操作性比案例分析差。

一般来说需要两种方法相结合来分析问题,这样能够通过理论框架得到理论支持,又具有很强的可操作性。

案例研究就是通过对一个含有问题在内的具体教育情境的描述,或通过对某一教学情境的描述或录像回放,引导教师对这个特殊情境进行讨论的一种校本研究方法。

案例分析是专业技术学习和业务培训中的重要内容。在现代管理原理与知识的学习过程中,对一些典型案例进行分析是促进学习和提高教学的有效方法。

实证研究指研究者亲自收集观察资料,为提出理论假设或检验理论假设而展开的研究。实证研究具有鲜明的直接经验特征。

实证主义所推崇的基本原则是科学结论的客观性和普遍性，强调知识必须建立在观察和实验的经验事实上，通过经验观察的数据和实验研究的手段来揭示一般结论，并且要求这种结论在同一条件下具有可证性。根据以上原则，实证性研究方法可以概括为通过对研究对象大量的观察、实验和调查，获取客观材料，从个别到一般，归纳出事物的本质属性和发展规律的一种研究方法。

实证性研究的产生：作为一种研究范式，产生于培根的经验哲学、牛顿和伽利略的自然科学研究。法国哲学家孔多塞（1743—1794）、圣西门（1760—1825）、孔德（1798—1857）倡导将自然科学实证的精神贯彻于社会现象研究之中，他们主张从经验入手，采用程序化、操作化和定量分析的手段，使社会现象的研究达到精细化和准确化的水平。孔德1830—1842年《实证哲学教程》六卷本的出版，揭开了实证主义运动的序幕，在西方哲学史上形成实证主义思潮。

实证研究方法包括观察法、谈话法、测验法、个案法、实验法。

资料来源：https://zhidao.baidu.com/question/486177573.html2017.10.11.

思考问题：

1. 试分析案例研究与实证分析的区别与联系？
2. 试分析开展案例研究与实证分析的基本流程。

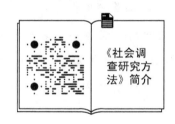

《社会调查研究方法》简介

附 录

附录1　Y市H校致学生家长公开信

自有学生家长反映学校餐厅食材问题后,学校非常重视,立即对家长反映的问题进行调查核实,现将调查核实的情况郑重声明如下:

一、关于所谓"变质鸡蛋"的问题。经核实,家长拍摄的"变质鸡蛋",实际上是10月9日餐厅供应早饭时制作的茶蛋的剩下部分,因此鸡蛋颜色比普通水煮蛋要深,餐厅早饭长期供应茶蛋,这一点家长可以向学生核实。学校餐厅绝不存在用变质鸡蛋给学生吃的情况。

二、关于所谓"淋巴肉"的问题。经核实,学校餐厅的肉类系林涛肉类公司所供食材,有检验检疫证书。拍摄的肉馅系绞肉机所切绞成品,系10月9日早晨所进已经专门鉴定过的整面猪肉。

三、关于西红柿变质的问题。经核实,家长拍摄的霉变西红柿,是因为大批量采购过程中,部分西红柿确有个别坏的情况。学校餐厅每天凌晨去菜场采购当天食材,运回餐厅后由专人进行挑拣、清洗,整幅照片中已有对比显示,绝不存在将变质或不干净食材做菜的情况。

对于家长反映的问题,市政府已成立专项调查组,市场监管局已经介入调查,一切按照法律程序进行。

H校自办学以来,在家长的支持和信任下,培养了一批批优秀的学生,学校理解家长对孩子们食品安全的关心和重视，将全力配合本次调查。如果确属学校餐厅责任，学校将严肃处理，绝不姑息，请家长们放心！也恳请家长们保持冷静，一切以事实为依据，切勿轻易被流言煽动，早日还孩子们一个正常学习环境！谢谢！

Y 市 H 校

2016 年 10 月 10 日

附录2 Y市H校学生家长信访处理情况

1. 事件的起因和初步应对

2016年10月9日下午14点左右，Y市H校200多名学生家长到Y市委、市政府门前集体上访，反映H校食堂管理混乱、食材质量不合格等问题。

对此，市委、市政府高度重视，于10月9日下午14:30召开紧急会议进行安排部署，成立了由市政府分管市场监督、教育工作的副市长牵头的应急处置工作组，责成市场监管局、教体局等部门立即对学校食堂的食材进行抽样检测，对学校食堂资质、食材购置手续等相关情况进行核查落实；责成H校配合调查；安排由教体局、信访局等部门组成的工作组积极与学生家长沟通情况，解答问题，做好情绪安抚工作。会议结束后，市教体局立即安排人员深入学校展开详细调查；市场监管局第一时间对学校食堂22个品种的食材进行了抽样，并委托青岛英格尔检测技术服务有限公司进行检测，结果将于一周后反馈；工作组立即分头与学生家长沟通对接，对学生家长提出的问题予以正面回应。大部分学生家长对市政府的态度和解决方案表示理解和接受，下午16:30左右在市政府上访的学生家长逐渐离开。

2. 事件的发展和进一步应对

由于该问题涉及学生的身体健康，因此家长和社会层面的关注度比较高。自10月9日下午起，各类真假难辨的信息和图片就在网络、微信中迅速传播扩散。10月9日晚，又有部分家长在学校聚集，要求学校给出解释，经多方调解，晚21:00以后逐渐散去。10月10日上午，部分家长再次在学校聚集门口，提出进一步的诉求，因对副校长王某的答复不满意，遂强制将其挟持上车，到Y市上访。鉴于该事件已呈进一步发酵和发展的态势，10月10日上午9点，市委、市政府主要领导主持召开会议，听取工作组各成员单位的情况汇报，做出了以下决定并立即着手开展相关工作。

（1）立即调整充实事件处置工作机构和力量，由市政府主要领导担任组长，充实相关的市级领导担任副组长，相关的部门主要负责人为成员，成立了综合组、调查组、维稳组、宣传组和问责组五个组别，组长均由市级领导担任，并进一步明确了各组的责任和分工，要求会后立即各负其责全力以赴开展工作。

（2）明确事件处理的基本原则。鉴于此事件涉及学生和家长数量众多，社会关注度高，必须严谨慎重。会议决定，此事件的处理要坚持以下四条原则：一是学生身心健康至高无上的原则，所有的工作都应立足于查清问题、改进工作，确保学生的饮食安全；二是充分理解家长急迫心情的原则，在整个事件的处理过程中，都要掌握好工作的尺度，以最大的理解和包容面对家长们的诉求；三是坚持客观公正依法办理的原则，以事实为依据、以法律为准绳，只要查出了问题，不论涉及哪一个部门、哪一个责任人，都坚决一查到底、严肃处理、绝不姑息；四是坚持稳控局面、严防事态扩大的原则，由于涉及家庭众多，又是社会敏感问题，不排除个别别有用心人员趁机混淆视听、滋事闹事的可能，必须全面掌握信息、及时科学研判、果断而又审慎地处理突发情况。

（3）彻查学校食堂食材供货、采购、储存、加工等各个环节有无违规行为，对具体经手及负责人员进行问询，凡涉及违规人员一律先采取控制措施，调查确证，待事实清楚后再做处理。同时由教体局、市场监管局人员联合组成驻校工作组，加强学校食堂管理，确保师生就餐安全，维护好学校正常教学秩序。目前工作组进驻后，学校师生以及家长状态平稳。

（4）彻查政府职能部门及相关人员是否存在监管缺失、失职渎职等行为，由纪委和检察院成立调查组，对教体局、市场监管局、畜牧局以及属地等部门单位在学校食堂涉及的各个领域日常监管情况进行全面调查，对于在工作中存在失职渎职行为的一律立即停职接受调查，视情再作处理。

（5）确保政府与学生家长沟通渠道的充分畅通，必须保证让学生家长第一时间听到政府的反馈、了解事件的进展情况，以正面的声音压制个别别有用心人员的谣言。10日下午，市政府向学生家长发放了《致Y市H校学生家长的公开信》，在网络媒体及官方微博上予以发布，并公开了市政府工作组联系方式，由专人24小时值守，耐心细致答复问题。同时，加强网上舆情监控，对于造谣、传谣的予以严厉打击，澄清事实真相，真正还群众一个明白。

（6）对于个别学生家长在反映问题过程中挟持殴打接访人员、冲击党政机关、编造散布谣言、干扰学校正常教学秩序的，由公安机关依法传唤、调查处理。鉴于部分家长出于关心孩子的迫切心理而导致的过激行为且没有其他主观恶意的情况，本着教育为主的原则，从轻予以适当处理。

（7）从此次事件中认真吸取教训，举一反三，切实加强全市学校的食品安全管理，立即开展全市学校食堂食品安全大检查工作，进一步健全相关制度，防范为先，努力为全市师生营造安全放心的就餐环境。

下一步，市委、市政府将密切关注事态动向，积极妥善推进事件处理工作，给学生家长一个满意的答复，给社会一个公正的交代，确保事件得以圆满处理。

附录3 中华人民共和国突发事件应对法（2007）

（2007年8月30日第十届全国人民代表大会常务委员会第二十九次会议通过）

目 录

第一章　总则

第二章　预防与应急准备

第三章　监测与预警

第四章　应急处置与救援

第五章　事后恢复与重建

第六章　法律责任

第七章　附则

第一章　总　则

第一条　为了预防和减少突发事件的发生，控制、减轻和消除突发事件引起的严重社会危害，规范突发事件应对活动，保护人民生命财产安全，维护国家安全、公共安全、环境安全和社会秩序，制定本法。

第二条　突发事件的预防与应急准备、监测与预警、应急处置与救援、事后恢复与重建等应对活动，适用本法。

第三条　本法所称突发事件，是指突然发生，造成或者可能造成严重社会危害，需要采取应急处置措施予以应对的自然灾害、事故灾难、公共卫生事件和社会安全事件。

按照社会危害程度、影响范围等因素，自然灾害、事故灾难、公共卫生事件分为特别重大、重大、较大和一般四级。法律、行政法规或者国务院另有规定的，从其规定。

突发事件的分级标准由国务院或者国务院确定的部门制定。

第四条　国家建立统一领导、综合协调、分类管理、分级负责、属地管理为主的应急管理体制。

第五条　突发事件应对工作实行预防为主、预防与应急相结合的原则。国家建立重大突发事件风险评估体系，对可能发生的突发事件进行综合性评估，减少重大突发事件的发生，最大限度地减轻重大突发事件的影响。

第六条　国家建立有效的社会动员机制，增强全民的公共安全和防范风险的意识，提高全社会的避险救助能力。

第七条　县级人民政府对本行政区域内突发事件的应对工作负责；涉及两个以上行政区域的，由有关行政区域共同的上一级人民政府负责，或者由各有关行政区域的上一级人民政府共同负责。

突发事件发生后，发生地县级人民政府应当立即采取措施控制事态发展，组织开展应急救援和处置工作，并立即向上一级人民政府报告，必要时可以越级上报。

突发事件发生地县级人民政府不能消除或者不能有效控制突发事件引起的严重社会危害的，应当及时向上级人民政府报告。上级人民政府应当及时采取措施，统一领导应急处置工作。

法律、行政法规规定由国务院有关部门对突发事件的应对工作负责的，从其规定；地方人民政府应当积极配合并提供必要的支持。

第八条　国务院在总理领导下研究、决定和部署特别重大突发事件的应对工作；根据实际需要，设立国家突发事件应急指挥机构，负责突发事件应对工作；必要时，国务院可以派出工作组指导有关工作。

县级以上地方各级人民政府设立由本级人民政府主要负责人、相关部门负责人、驻当地中国人民解放军和中国人民武装警察部队有关负责人组成的突发事件应急指挥机构，统一领导、协调本级人民政府各有关部门和下级人民政府开展突发事件应对工作；根据实际需要，设立相关类别突发事件应急指挥机构，组织、协调、指挥突发事件应对工作。

上级人民政府主管部门应当在各自职责范围内，指导、协助下级人民政府及其相应部门做好有关突发事件的应对工作。

第九条　国务院和县级以上地方各级人民政府是突发事件应对工作的行政领导机关，其办事机构及具体职责由国务院规定。

第十条　有关人民政府及其部门作出的应对突发事件的决定、命令，应当及时公布。

第十一条　有关人民政府及其部门采取的应对突发事件的措施，应当与突发事件可能造成的社会危害的性质、程度和范围相适应；有多种措施可供选择的，应当选择有利于最大程度地保护公民、法人和其他组织权益的措施。

公民、法人和其他组织有义务参与突发事件应对工作。

第十二条　有关人民政府及其部门为应对突发事件，可以征用单位和个人的财产。被征用的财产在使用完毕或者突发事件应急处置工作结束后，应当及时返还。财产被征用或者征用后毁损、灭失的，应当给予补偿。

第十三条　因采取突发事件应对措施，诉讼、行政复议、仲裁活动不能正常进行的，适用有关时效中止和程序中止的规定，但法律另有规定的除外。

第十四条　中国人民解放军、中国人民武装警察部队和民兵组织依照本法和其他有关法律、行政法规、军事法规的规定以及国务院、中央军事委员会的命令，参加突发事件的应急救援和处置工作。

第十五条　中华人民共和国政府在突发事件的预防、监测与预警、应急处置与救援、事后恢复与重建等方面，同外国政府和有关国际组织开展合作与交流。

第十六条　县级以上人民政府作出应对突发事件的决定、命令，应当报本级人民代表大会常务委员会备案；突发事件应急处置工作结束后，应当向本级人民代表大会常务委员会作出专项工作报告。

第二章　预防与应急准备

第十七条　国家建立健全突发事件应急预案体系。

国务院制定国家突发事件总体应急预案，组织制定国家突发事件专项应急预案；国务院有关部门根据各自的职责和国务院相关应急预案，制定国家突发事件部门应急预案。

地方各级人民政府和县级以上地方各级人民政府有关部门根据有关法律、法规、规章、上级人民政府及其有关部门的应急预案以及本地区的实际情况，制定相应的突发事件应急预案。

应急预案制定机关应当根据实际需要和情势变化，适时修订应急预案。应急预案的制定、修订程序由国务院规定。

第十八条　应急预案应当根据本法和其他有关法律、法规的规定，针对突发事件的性质、特点和可能造成的社会危害，具体规定突发事件应急管理工作的组织指挥体系与职责和突发事件的预防与预警机制、处置程序、应急保障措施以及事后恢复与重建措施等内容。

第十九条　城乡规划应当符合预防、处置突发事件的需要，统筹安排应对突发事件所必需的设备和基础设施建设，合理确定应急避难场所。

第二十条　县级人民政府应当对本行政区域内容易引发自然灾害、事故灾难和公共卫生事件的危险源、危险区域进行调查、登记、风险评估，定期进行检查、监控，并责令有关单位采取安全防范措施。

省级和设区的市级人民政府应当对本行政区域内容易引发特别重大、重大突发事件的危险源、危险区域进行调查、登记、风险评估，组织进行检查、监控，并责令有关单位采取安全防范措施。

县级以上地方各级人民政府按照本法规定登记的危险源、危险区域，应当按照国家规定及时向社会公布。

第二十一条　县级人民政府及其有关部门、乡级人民政府、街道办事处、居民委员会、村民委员会应当及时调解处理可能引发社会安全事件的矛盾纠纷。

第二十二条　所有单位应当建立健全安全管理制度，定期检查本单位各项安全防范措施的落实情况，及时消除事故隐患；掌握并及时处理本单位存在的可能引发社会安全事件的问题，防止矛盾激化和事态扩大；对本单位可能发生的突发事件和采取安全防范措施的情况，应当按照规定及时向所在地人民政府或者人民政府有关部门报告。

第二十三条　矿山、建筑施工单位和易燃易爆物品、危险化学品、放射性物品等危险物品的生产、经营、储运、使用单位，应当制定具体应急预案，并对生产经营场所、有危险物品的建筑物、构筑物及周边环境开展隐患排查，及时采取措施消除隐患，防止发生突发事件。

第二十四条　公共交通工具、公共场所和其他人员密集场所的经营单位或者管理单位应当制定具体应急预案，为交通工具和有关场所配备报警装置和必要的应急救援设备、设施，注明其使用方法，并显著标明安全撤离的通道、路线，保证安全通道、出口的畅通。

有关单位应当定期检测、维护其报警装置和应急救援设备、设施，使其处于良好状态，确保正常使用。

第二十五条　县级以上人民政府应当建立健全突发事件应急管理培训制度，对人民政府及其有关部门负有处置突发事件职责的工作人员定期进行培训。

第二十六条　县级以上人民政府应当整合应急资源，建立或者确定综合性应急救援队伍。人民政府有关部门可以根据实际需要设立专业应急救援队伍。

县级以上人民政府及其有关部门可以建立由成年志愿者组成的应急救援队伍。单位应当建立由本单位职工组成的专职或者兼职应急救援队伍。

县级以上人民政府应当加强专业应急救援队伍与非专业应急救援队伍的合作，联合培训、联合演练，提高合成应急、协同应急的能力。

第二十七条　国务院有关部门、县级以上地方各级人民政府及其有关部门、有关单位应当为专业应急救援人员购买人身意外伤害保险，配备必要的防护装备和器材，减少应急救援人员的人身风险。

第二十八条　中国人民解放军、中国人民武装警察部队和民兵组织应当有计划地组织开展应急救援的专门训练。

第二十九条　县级人民政府及其有关部门、乡级人民政府、街道办事处应当组织开展应急知识的宣传普及活动和必要的应急演练。

居民委员会、村民委员会、企业事业单位应当根据所在地人民政府的要求，结合各自的实际情况，开展有关突发事件应急知识的宣传普及活动和必要的应急演练。

新闻媒体应当无偿开展突发事件预防与应急、自救与互救知识的公益宣传。

第三十条　各级各类学校应当把应急知识教育纳入教学内容，对学生进行应急知识教育，培养学生的安全意识和自救与互救能力。

教育主管部门应当对学校开展应急知识教育进行指导和监督。

第三十一条　国务院和县级以上地方各级人民政府应当采取财政措施，保障突发事件应对工作所需经费。

第三十二条　国家建立健全应急物资储备保障制度，完善重要应急物资的监管、生产、储备、调拨和紧急配送体系。

设区的市级以上人民政府和突发事件易发、多发地区的县级人民政府应当建立应急救援物资、生活必需品和应急处置装备的储备制度。

县级以上地方各级人民政府应当根据本地区的实际情况，与有关企业签订协议，保障应急救援物资、生活必需品和应急处置装备的生产、供给。

第三十三条　国家建立健全应急通信保障体系，完善公用通信网，建立有线与无线相结合、基础电信网络与机动通信系统相配套的应急通信系统，确保突发事件应对工作的通信畅通。

第三十四条　国家鼓励公民、法人和其他组织为人民政府应对突发事件工作提供物资、资金、技术支持和捐赠。

第三十五条　国家发展保险事业，建立国家财政支持的巨灾风险保险体系，并鼓励单位和公民参加保险。

第三十六条　国家鼓励、扶持具备相应条件的教学科研机构培养应急管理专门人才，鼓励、扶持教学科研机构和有关企业研究开发用于突发事件预防、监测、预警、应急处置与救援的新技术、新设备和新工具。

第三章　监测与预警

第三十七条　国务院建立全国统一的突发事件信息系统。

县级以上地方各级人民政府应当建立或者确定本地区统一的突发事件信息系统，汇集、储存、分析、传输有关突发事件的信息，并与上级人民政府及其有关部门、下级人民政府及其有关部门、专业机构和监测网点的突发事件信息系统实现互联互通，加强跨部门、跨地区的信息交流与情报合作。

第三十八条　县级以上人民政府及其有关部门、专业机构应当通过多种途径收集突发事件信息。

县级人民政府应当在居民委员会、村民委员会和有关单位建立专职或者兼职信息报告员制度。

获悉突发事件信息的公民、法人或者其他组织，应当立即向所在地人民政府、有关主管部门或者指定的专业机构报告。

第三十九条　地方各级人民政府应当按照国家有关规定向上级人民政府报送突发事件信息。县级以上人民政府有关主管部门应当向本级人民政府相关部门通报突发事件信息。专业机构、监测网点和信息报告员应当及时向所在地人民政府及其有关主管部门报告突发事件信息。

有关单位和人员报送、报告突发事件信息，应当做到及时、客观、真实，不得迟报、谎报、瞒报、漏报。

第四十条　县级以上地方各级人民政府应当及时汇总分析突发事件隐患和预警信息，必要时组织相关部门、专业技术人员、专家学者进行会商，对发生突发事件的可能性及其可能造成的影响进行评估；认为可能发生重大或者特别重大突发事件的，应当立即向上级人民政府报告，并向上级人民政府有关部门、当地驻军和可能受到危害的毗邻或者相关地区的人民政府通报。

第四十一条　国家建立健全突发事件监测制度。

县级以上人民政府及其有关部门应当根据自然灾害、事故灾难和公共卫生事件的种类和特点，建立健全基础信息数据库，完善监测网络，划分监测区域，确定监测点，明确监测项目，提供必要的设备、设施，配备专职或者兼职人员，对可能发生的突发事件进行监测。

第四十二条　国家建立健全突发事件预警制度。

可以预警的自然灾害、事故灾难和公共卫生事件的预警级别，按照突发事件发生的紧急程度、发展势态和可能造成的危害程度分为一级、二级、三级和四级，分别用红色、橙色、黄色和蓝色标示，一级为最高级别。

预警级别的划分标准由国务院或者国务院确定的部门制定。

第四十三条　可以预警的自然灾害、事故灾难或者公共卫生事件即将发生或者发生的可能性增大时，县级以上地方各级人民政府应当根据有关法律、行政法规和国务院规定的权限和程序，发布相应级别的警报，决定并宣布有关地区进入预警期，同时向上一级人民政府报告，必要时可以越级上报，并向当地驻军和可能受到危害的毗邻或者相关地区的人民政府通报。

第四十四条　发布三级、四级警报，宣布进入预警期后，县级以上地方各级人民政府应当根据即将发生的突发事件的特点和可能造成的危害，采取下列措施：

（一）启动应急预案；

（二）责令有关部门、专业机构、监测网点和负有特定职责的人员及时收集、报告有关信息，向社会公布反映突发事件信息的渠道，加强对突发事件发生、发展情况的监测、预报和预警工作；

（三）组织有关部门和机构、专业技术人员、有关专家学者，随时对突发事件信息进行分析评估，预测发生突发事件可能性的大小、影响范围和强度以及可能发生的突发事件的级别；

（四）定时向社会发布与公众有关的突发事件预测信息和分析评估结果，并对相关信息的报道工作进行管理；

（五）及时按照有关规定向社会发布可能受到突发事件危害的警告，宣传避免、减轻危害的常识，公布咨询电话。

第四十五条　发布一级、二级警报，宣布进入预警期后，县级以上地方各级人民政府除采取本法第四十四条规定的措施外，还应当针对即将发生的突发事件的特点和可能造成的危害，采取下列一项或者多项措施：

（一）责令应急救援队伍、负有特定职责的人员进入待命状态，并动员后备人员做好参加应急救援和处置工作的准备；

（二）调集应急救援所需物资、设备、工具，准备应急设施和避难场所，并确保其处于良好状态、随时可以投入正常使用；

（三）加强对重点单位、重要部位和重要基础设施的安全保卫，维护社会治安秩序；

（四）采取必要措施，确保交通、通信、供水、排水、供电、供气、供热等公共设施的安全和正常运行；

（五）及时向社会发布有关采取特定措施避免或者减轻危害的建议、劝告；

（六）转移、疏散或者撤离易受突发事件危害的人员并予以妥善安置，转移重要财产；

（七）关闭或者限制使用易受突发事件危害的场所，控制或者限制容易导致危害扩大的公共场所的活动；

（八）法律、法规、规章规定的其他必要的防范性、保护性措施。

第四十六条　对即将发生或者已经发生的社会安全事件，县级以上地方各级人民政府及其有关主管部门应当按照规定向上一级人民政府及其有关主管部门报告，必要时可以越级上报。

第四十七条　发布突发事件警报的人民政府应当根据事态的发展，按照有关规定适时调整预警级别并重新发布。

有事实证明不可能发生突发事件或者危险已经解除的，发布警报的人民政府应当立即宣布解除警报，终止预警期，并解除已经采取的有关措施。

第四章 应急处置与救援

第四十八条 突发事件发生后,履行统一领导职责或者组织处置突发事件的人民政府应当针对其性质、特点和危害程度,立即组织有关部门,调动应急救援队伍和社会力量,依照本章的规定和有关法律、法规、规章的规定采取应急处置措施。

第四十九条 自然灾害、事故灾难或者公共卫生事件发生后,履行统一领导职责的人民政府可以采取下列一项或者多项应急处置措施:

(一)组织营救和救治受害人员,疏散、撤离并妥善安置受到威胁的人员以及采取其他救助措施;

(二)迅速控制危险源,标明危险区域,封锁危险场所,划定警戒区,实行交通管制以及其他控制措施;

(三)立即抢修被损坏的交通、通信、供水、排水、供电、供气、供热等公共设施,向受到危害的人员提供避难场所和生活必需品,实施医疗救护和卫生防疫以及其他保障措施;

(四)禁止或者限制使用有关设备、设施,关闭或者限制使用有关场所,中止人员密集的活动或者可能导致危害扩大的生产经营活动以及采取其他保护措施;

(五)启用本级人民政府设置的财政预备费和储备的应急救援物资,必要时调用其他急需物资、设备、设施、工具;

(六)组织公民参加应急救援和处置工作,要求具有特定专长的人员提供服务;

(七)保障食品、饮用水、燃料等基本生活必需品的供应;

(八)依法从严惩处囤积居奇、哄抬物价、制假售假等扰乱市场秩序的行为,稳定市场价格,维护市场秩序;

(九)依法从严惩处哄抢财物、干扰破坏应急处置工作等扰乱社会秩序的行为,维护社会治安;

(十)采取防止发生次生、衍生事件的必要措施。

第五十条 社会安全事件发生后,组织处置工作的人民政府应当立即组织有关部门并由公安机关针对事件的性质和特点,依照有关法律、行政法规和国家其他有关规定,采取下列一项或者多项应急处置措施:

(一)强制隔离使用器械相互对抗或者以暴力行为参与冲突的当事人,妥善解决现场纠纷和争端,控制事态发展;

(二)对特定区域内的建筑物、交通工具、设备、设施以及燃料、燃气、电力、水的供应进行控制;

(三)封锁有关场所、道路,查验现场人员的身份证件,限制有关公共场所内的活动;

（四）加强对易受冲击的核心机关和单位的警卫，在国家机关、军事机关、国家通讯社、广播电台、电视台、外国驻华使领馆等单位附近设置临时警戒线；

（五）法律、行政法规和国务院规定的其他必要措施。

严重危害社会治安秩序的事件发生时，公安机关应当立即依法出动警力，根据现场情况依法采取相应的强制性措施，尽快使社会秩序恢复正常。

第五十一条　发生突发事件，严重影响国民经济正常运行时，国务院或者国务院授权的有关主管部门可以采取保障、控制等必要的应急措施，保障人民群众的基本生活需要，最大限度地减轻突发事件的影响。

第五十二条　履行统一领导职责或者组织处置突发事件的人民政府，必要时可以向单位和个人征用应急救援所需设备、设施、场地、交通工具和其他物资，请求其他地方人民政府提供人力、物力、财力或者技术支援，要求生产、供应生活必需品和应急救援物资的企业组织生产、保证供给，要求提供医疗、交通等公共服务的组织提供相应的服务。

履行统一领导职责或者组织处置突发事件的人民政府，应当组织协调运输经营单位，优先运送处置突发事件所需物资、设备、工具、应急救援人员和受到突发事件危害的人员。

第五十三条　履行统一领导职责或者组织处置突发事件的人民政府，应当按照有关规定统一、准确、及时发布有关突发事件事态发展和应急处置工作的信息。

第五十四条　任何单位和个人不得编造、传播有关突发事件事态发展或者应急处置工作的虚假信息。

第五十五条　突发事件发生地的居民委员会、村民委员会和其他组织应当按照当地人民政府的决定、命令，进行宣传动员，组织群众开展自救和互救，协助维护社会秩序。

第五十六条　受到自然灾害危害或者发生事故灾难、公共卫生事件的单位，应当立即组织本单位应急救援队伍和工作人员营救受害人员，疏散、撤离、安置受到威胁的人员，控制危险源，标明危险区域，封锁危险场所，并采取其他防止危害扩大的必要措施，同时向所在地县级人民政府报告；对因本单位的问题引发的或者主体是本单位人员的社会安全事件，有关单位应当按照规定上报情况，并迅速派出负责人赶赴现场开展劝解、疏导工作。

突发事件发生地的其他单位应当服从人民政府发布的决定、命令，配合人民政府采取的应急处置措施，做好本单位的应急救援工作，并积极组织人员参加所在地的应急救援和处置工作。

第五十七条　突发事件发生地的公民应当服从人民政府、居民委员会、村民委员会或者所属单位的指挥和安排，配合人民政府采取的应急处置措施，积极参加应急救援工作，协助维护社会秩序。

第五章 事后恢复与重建

第五十八条 突发事件的威胁和危害得到控制或者消除后，履行统一领导职责或者组织处置突发事件的人民政府应当停止执行依照本法规定采取的应急处置措施，同时采取或者继续实施必要措施，防止发生自然灾害、事故灾难、公共卫生事件的次生、衍生事件或者重新引发社会安全事件。

第五十九条 突发事件应急处置工作结束后，履行统一领导职责的人民政府应当立即组织对突发事件造成的损失进行评估，组织受影响地区尽快恢复生产、生活、工作和社会秩序，制定恢复重建计划，并向上一级人民政府报告。

受突发事件影响地区的人民政府应当及时组织和协调公安、交通、铁路、民航、邮电、建设等有关部门恢复社会治安秩序，尽快修复被损坏的交通、通信、供水、排水、供电、供气、供热等公共设施。

第六十条 受突发事件影响地区的人民政府开展恢复重建工作需要上一级人民政府支持的，可以向上一级人民政府提出请求。上一级人民政府应当根据受影响地区遭受的损失和实际情况，提供资金、物资支持和技术指导，组织其他地区提供资金、物资和人力支援。

第六十一条 国务院根据受突发事件影响地区遭受损失的情况，制定扶持该地区有关行业发展的优惠政策。

受突发事件影响地区的人民政府应当根据本地区遭受损失的情况，制定救助、补偿、抚慰、抚恤、安置等善后工作计划并组织实施，妥善解决因处置突发事件引发的矛盾和纠纷。

公民参加应急救援工作或者协助维护社会秩序期间，其在本单位的工资待遇和福利不变；表现突出、成绩显著的，由县级以上人民政府给予表彰或者奖励。

县级以上人民政府对在应急救援工作中伤亡的人员依法给予抚恤。

第六十二条 履行统一领导职责的人民政府应当及时查明突发事件的发生经过和原因，总结突发事件应急处置工作的经验教训，制定改进措施，并向上一级人民政府提出报告。

第六章 法 律 责 任

第六十三条 地方各级人民政府和县级以上各级人民政府有关部门违反本法规定，不履行法定职责的，由其上级行政机关或者监察机关责令改正；有下列情形之一的，根据情节对直接负责的主管人员和其他直接责任人员依法给予处分：

（一）未按规定采取预防措施，导致发生突发事件，或者未采取必要的防范措施，导致发生次生、衍生事件的；

（二）迟报、谎报、瞒报、漏报有关突发事件的信息，或者通报、报送、公布虚假信息，造成后果的；

（三）未按规定及时发布突发事件警报、采取预警期的措施，导致损害发生的；

（四）未按规定及时采取措施处置突发事件或者处置不当，造成后果的；

（五）不服从上级人民政府对突发事件应急处置工作的统一领导、指挥和协调的；

（六）未及时组织开展生产自救、恢复重建等善后工作的；

（七）截留、挪用、私分或者变相私分应急救援资金、物资的；

（八）不及时归还征用的单位和个人的财产，或者对被征用财产的单位和个人不按规定给予补偿的。

第六十四条　有关单位有下列情形之一的，由所在地履行统一领导职责的人民政府责令停产停业，暂扣或者吊销许可证或者营业执照，并处 5 万元以上 20 万元以下的罚款；构成违反治安管理行为的，由公安机关依法给予处罚：

（一）未按规定采取预防措施，导致发生严重突发事件的；

（二）未及时消除已发现的可能引发突发事件的隐患，导致发生严重突发事件的；

（三）未做好应急设备、设施日常维护、检测工作，导致发生严重突发事件或者突发事件危害扩大的；

（四）突发事件发生后，不及时组织开展应急救援工作，造成严重后果的。

前款规定的行为，其他法律、行政法规规定由人民政府有关部门依法决定处罚的，从其规定。

第六十五条　违反本法规定，编造并传播有关突发事件事态发展或者应急处置工作的虚假信息，或者明知是有关突发事件事态发展或者应急处置工作的虚假信息而进行传播的，责令改正，给予警告；造成严重后果的，依法暂停其业务活动或者吊销其执业许可证；负有直接责任的人员是国家工作人员的，还应当对其依法给予处分；构成违反治安管理行为的，由公安机关依法给予处罚。

第六十六条　单位或者个人违反本法规定，不服从所在地人民政府及其有关部门发布的决定、命令或者不配合其依法采取的措施，构成违反治安管理行为的，由公安机关依法给予处罚。

第六十七条　单位或者个人违反本法规定，导致突发事件发生或者危害扩大，给他人人身、财产造成损害的，应当依法承担民事责任。

第六十八条　违反本法规定，构成犯罪的，依法追究刑事责任。

第七章 附　则

第六十九条　发生特别重大突发事件，对人民生命财产安全、国家安全、公共安全、环境安全或者社会秩序构成重大威胁，采取本法和其他有关法律、法规、规章规定的应急处置措施不能消除或者有效控制、减轻其严重社会危害，需要进入紧急状态的，由全国人民代表大会常务委员会或者国务院依照宪法和其他有关法律规定的权限和程序决定。

紧急状态期间采取的非常措施，依照有关法律规定执行或者由全国人民代表大会常务委员会另行规定。

第七十条　本法自 2007 年 11 月 1 日起施行。

附录4　生产安全事故应急预案管理办法（2019修正）

（2016年6月3日国家安全生产监督管理总局令第88号公布，根据2019年7月11日应急管理部令第2号《应急管理部关于修改〈生产安全事故应急预案管理办法〉的决定》修正）

第一章　总　　则

第一条　为规范生产安全事故应急预案管理工作，迅速有效处置生产安全事故，依据《中华人民共和国突发事件应对法》《中华人民共和国安全生产法》《生产安全事故应急条例》等法律、行政法规和《突发事件应急预案管理办法》（国办发〔2013〕101号），制定本办法。

第二条　生产安全事故应急预案（以下简称应急预案）的编制、评审、公布、备案、实施及监督管理工作，适用本办法。

第三条　应急预案的管理实行属地为主、分级负责、分类指导、综合协调、动态管理的原则。

第四条　应急管理部负责全国应急预案的综合协调管理工作。国务院其他负有安全生产监督管理职责的部门在各自职责范围内，负责相关行业、领域应急预案的管理工作。

县级以上地方各级人民政府应急管理部门负责本行政区域内应急预案的综合协调管理工作。县级以上地方各级人民政府其他负有安全生产监督管理职责的部门按照各自的职责负责有关行业、领域应急预案的管理工作。

第五条　生产经营单位主要负责人负责组织编制和实施本单位的应急预案，并对应急预案的真实性和实用性负责；各分管负责人应当按照职责分工落实应急预案规定的职责。

第六条　生产经营单位应急预案分为综合应急预案、专项应急预案和现场处置方案。

综合应急预案，是指生产经营单位为应对各种生产安全事故而制定的综合性工作方案，是本单位应对生产安全事故的总体工作程序、措施和应急预案体系的总纲。

专项应急预案，是指生产经营单位为应对某一种或者多种类型生产安全事故，或者针对重要生产设施、重大危险源、重大活动防止生产安全事故而制定的专项性工作方案。

现场处置方案,是指生产经营单位根据不同生产安全事故类型,针对具体场所、装置或者设施所制定的应急处置措施。

第二章 应急预案的编制

第七条 应急预案的编制应当遵循以人为本、依法依规、符合实际、注重实效的原则,以应急处置为核心,明确应急职责、规范应急程序、细化保障措施。

第八条 应急预案的编制应当符合下列基本要求:

(一)有关法律、法规、规章和标准的规定;

(二)本地区、本部门、本单位的安全生产实际情况;

(三)本地区、本部门、本单位的危险性分析情况;

(四)应急组织和人员的职责分工明确,并有具体的落实措施;

(五)有明确、具体的应急程序和处置措施,并与其应急能力相适应;

(六)有明确的应急保障措施,满足本地区、本部门、本单位的应急工作需要;

(七)应急预案基本要素齐全、完整,应急预案附件提供的信息准确;

(八)应急预案内容与相关应急预案相互衔接。

第九条 编制应急预案应当成立编制工作小组,由本单位有关负责人任组长,吸收与应急预案有关的职能部门和单位的人员,以及有现场处置经验的人员参加。

第十条 编制应急预案前,编制单位应当进行事故风险辨识、评估和应急资源调查。

事故风险辨识、评估,是指针对不同事故种类及特点,识别存在的危险危害因素,分析事故可能产生的直接后果以及次生、衍生后果,评估各种后果的危害程度和影响范围,提出防范和控制事故风险措施的过程。

应急资源调查,是指全面调查本地区、本单位第一时间可以调用的应急资源状况和合作区域内可以请求援助的应急资源状况,并结合事故风险辨识评估结论制定应急措施的过程。

第十一条 地方各级人民政府应急管理部门和其他负有安全生产监督管理职责的部门应当根据法律、法规、规章和同级人民政府以及上一级人民政府应急管理部门和其他负有安全生产监督管理职责的部门的应急预案,结合工作实际,组织编制相应的部门应急预案。

部门应急预案应当根据本地区、本部门的实际情况,明确信息报告、响应分级、指挥权移交、警戒疏散等内容。

第十二条 生产经营单位应当根据有关法律、法规、规章和相关标准,结合本单位组织管理体系、生产规模和可能发生的事故特点,与相关预案保持衔接,确立本单位的应急预案体系，编制相应的应急预案，并体现自救互救和先期处置等特点。

第十三条 生产经营单位风险种类多、可能发生多种类型事故的，应当组织编制综合应急预案。

综合应急预案应当规定应急组织机构及其职责、应急预案体系、事故风险描述、预警及信息报告、应急响应、保障措施、应急预案管理等内容。

第十四条 对于某一种或者多种类型的事故风险，生产经营单位可以编制相应的专项应急预案，或将专项应急预案并入综合应急预案。

专项应急预案应当规定应急指挥机构与职责、处置程序和措施等内容。

第十五条 对于危险性较大的场所、装置或者设施，生产经营单位应当编制现场处置方案。

现场处置方案应当规定应急工作职责、应急处置措施和注意事项等内容。

事故风险单一、危险性小的生产经营单位，可以只编制现场处置方案。

第十六条 生产经营单位应急预案应当包括向上级应急管理机构报告的内容、应急组织机构和人员的联系方式、应急物资储备清单等附件信息。附件信息发生变化时，应当及时更新，确保准确有效。

第十七条 生产经营单位组织应急预案编制过程中，应当根据法律、法规、规章的规定或者实际需要，征求相关应急救援队伍、公民、法人或者其他组织的意见。

第十八条 生产经营单位编制的各类应急预案之间应当相互衔接，并与相关人民政府及其部门、应急救援队伍和涉及的其他单位的应急预案相衔接。

第十九条 生产经营单位应当在编制应急预案的基础上，针对工作场所、岗位的特点，编制简明、实用、有效的应急处置卡。

应急处置卡应当规定重点岗位、人员的应急处置程序和措施，以及相关联络人员和联系方式，便于从业人员携带。

第三章 应急预案的评审、公布和备案

第二十条 地方各级人民政府应急管理部门应当组织有关专家对本部门编制的部门应急预案进行审定；必要时，可以召开听证会，听取社会有关方面的意见。

第二十一条 矿山、金属冶炼企业和易燃易爆物品、危险化学品的生产、经营（带储存设施的，下同）、储存、运输企业，以及使用危险化学品达到国家规定数量的化工企业、烟花爆竹生产、批发经营企业和中型规模以上的其他生产经营单位，应当对本单位编制的应急预案进行评审，并形成书面评审纪要。

前款规定以外的其他生产经营单位可以根据自身需要，对本单位编制的应急预案进行论证。

第二十二条　参加应急预案评审的人员应当包括有关安全生产及应急管理方面的专家。

评审人员与所评审应急预案的生产经营单位有利害关系的，应当回避。

第二十三条　应急预案的评审或者论证应当注重基本要素的完整性、组织体系的合理性、应急处置程序和措施的针对性、应急保障措施的可行性、应急预案的衔接性等内容。

第二十四条　生产经营单位的应急预案经评审或者论证后，由本单位主要负责人签署，向本单位从业人员公布，并及时发放到本单位有关部门、岗位和相关应急救援队伍。

事故风险可能影响周边其他单位、人员的，生产经营单位应当将有关事故风险的性质、影响范围和应急防范措施告知周边的其他单位和人员。

第二十五条　地方各级人民政府应急管理部门的应急预案，应当报同级人民政府备案，同时抄送上一级人民政府应急管理部门，并依法向社会公布。

地方各级人民政府其他负有安全生产监督管理职责的部门的应急预案，应当抄送同级人民政府应急管理部门。

第二十六条　易燃易爆物品、危险化学品等危险物品的生产、经营、储存、运输单位，矿山、金属冶炼、城市轨道交通运营、建筑施工单位，以及宾馆、商场、娱乐场所、旅游景区等人员密集场所经营单位，应当在应急预案公布之日起 20 个工作日内，按照分级属地原则，向县级以上人民政府应急管理部门和其他负有安全生产监督管理职责的部门进行备案，并依法向社会公布。

前款所列单位属于中央企业的，其总部（上市公司）的应急预案，报国务院主管的负有安全生产监督管理职责的部门备案，并抄送应急管理部；其所属单位的应急预案报所在地的省、自治区、直辖市或者设区的市级人民政府主管的负有安全生产监督管理职责的部门备案，并抄送同级人民政府应急管理部门。

本条第一款所列单位不属于中央企业的，其中非煤矿山、金属冶炼和危险化学品生产、经营、储存、运输企业，以及使用危险化学品达到国家规定数量的化工企业、烟花爆竹生产、批发经营企业的应急预案，按照隶属关系报所在地县级以上地方人民政府应急管理部门备案；本款前述单位以外的其他生产经营单位应急预案的备案，由省、自治区、直辖市人民政府负有安全生产监督管理职责的部门确定。

油气输送管道运营单位的应急预案，除按照本条第一款、第二款的规定备案外，还应当抄送所经行政区域的县级人民政府应急管理部门。

海洋石油开采企业的应急预案，除按照本条第一款、第二款的规定备案外，还应当抄送所经行政区域的县级人民政府应急管理部门和海洋石油安全监管机构。

煤矿企业的应急预案除按照本条第一款、第二款的规定备案外，还应当抄送所在地的煤矿安全监察机构。

第二十七条　生产经营单位申报应急预案备案，应当提交下列材料：

（一）应急预案备案申报表；

（二）本办法第二十一条所列单位，应当提供应急预案评审意见；

（三）应急预案电子文档；

（四）风险评估结果和应急资源调查清单。

第二十八条　受理备案登记的负有安全生产监督管理职责的部门应当在5个工作日内对应急预案材料进行核对，材料齐全的，应当予以备案并出具应急预案备案登记表；材料不齐全的，不予备案并一次性告知需要补齐的材料。逾期不予备案又不说明理由的，视为已经备案。

对于实行安全生产许可的生产经营单位，已经进行应急预案备案的，在申请安全生产许可证时，可以不提供相应的应急预案，仅提供应急预案备案登记表。

第二十九条　各级人民政府负有安全生产监督管理职责的部门应当建立应急预案备案登记建档制度，指导、督促生产经营单位做好应急预案的备案登记工作。

第四章　应急预案的实施

第三十条　各级人民政府应急管理部门、各类生产经营单位应当采取多种形式开展应急预案的宣传教育，普及生产安全事故避险、自救和互救知识，提高从业人员和社会公众的安全意识与应急处置技能。

第三十一条　各级人民政府应急管理部门应当将本部门应急预案的培训纳入安全生产培训工作计划，并组织实施本行政区域内重点生产经营单位的应急预案培训工作。

生产经营单位应当组织开展本单位的应急预案、应急知识、自救互救和避险逃生技能的培训活动，使有关人员了解应急预案内容，熟悉应急职责、应急处置程序和措施。

应急培训的时间、地点、内容、师资、参加人员和考核结果等情况应当如实记入本单位的安全生产教育和培训档案。

第三十二条　各级人民政府应急管理部门应当至少每两年组织一次应急预案演练，提高本部门、本地区生产安全事故应急处置能力。

第三十三条　生产经营单位应当制定本单位的应急预案演练计划，根据本单位的事故风险特点，每年至少组织一次综合应急预案演练或者专项应急预案演练，每半年至少组织一次现场处置方案演练。

易燃易爆物品、危险化学品等危险物品的生产、经营、储存、运输单位，矿山、金属冶炼、城市轨道交通运营、建筑施工单位，以及宾馆、商场、娱乐场所、旅游景区等人员密集场所经营单位，应当至少每半年组织一次生产安全事故应急预案演练，并将演练情况报送所在地县级以上地方人民政府负有安全生产监督管理职责的部门。

县级以上地方人民政府负有安全生产监督管理职责的部门应当对本行政区域内前款规定的重点生产经营单位的生产安全事故应急救援预案演练进行抽查；发现演练不符合要求的，应当责令限期改正。

第三十四条　应急预案演练结束后，应急预案演练组织单位应当对应急预案演练效果进行评估，撰写应急预案演练评估报告，分析存在的问题，并对应急预案提出修订意见。

第三十五条　应急预案编制单位应当建立应急预案定期评估制度，对预案内容的针对性和实用性进行分析，并对应急预案是否需要修订作出结论。

矿山、金属冶炼、建筑施工企业和易燃易爆物品、危险化学品等危险物品的生产、经营、储存、运输企业、使用危险化学品达到国家规定数量的化工企业、烟花爆竹生产、批发经营企业和中型规模以上的其他生产经营单位，应当每三年进行一次应急预案评估。

应急预案评估可以邀请相关专业机构或者有关专家、有实际应急救援工作经验的人员参加，必要时可以委托安全生产技术服务机构实施。

第三十六条　有下列情形之一的，应急预案应当及时修订并归档：

（一）依据的法律、法规、规章、标准及上位预案中的有关规定发生重大变化的；

（二）应急指挥机构及其职责发生调整的；

（三）安全生产面临的风险发生重大变化的；

（四）重要应急资源发生重大变化的；

（五）在应急演练和事故应急救援中发现需要修订预案的重大问题的；

（六）编制单位认为应当修订的其他情况。

第三十七条　应急预案修订涉及组织指挥体系与职责、应急处置程序、主要处置措施、应急响应分级等内容变更的，修订工作应当参照本办法规定的应急预案编制程序进行，并按照有关应急预案报备程序重新备案。

第三十八条　生产经营单位应当按照应急预案的规定，落实应急指挥体系、应急救援队伍、应急物资及装备，建立应急物资、装备配备及其使用档案，并对应急物资、装备进行定期检测和维护，使其处于适用状态。

第三十九条　生产经营单位发生事故时，应当第一时间启动应急响应，组织有关力量进行救援，并按照规定将事故信息及应急响应启动情况报告事故发生地县级以上人民政府应急管理部门和其他负有安全生产监督管理职责的部门。

第四十条　生产安全事故应急处置和应急救援结束后，事故发生单位应当对应急预案实施情况进行总结评估。

第五章　监督管理

第四十一条　各级人民政府应急管理部门和煤矿安全监察机构应当将生产经营单位应急预案工作纳入年度监督检查计划，明确检查的重点内容和标准，并严格按照计划开展执法检查。

第四十二条　地方各级人民政府应急管理部门应当每年对应急预案的监督管理工作情况进行总结，并报上一级人民政府应急管理部门。

第四十三条　对于在应急预案管理工作中做出显著成绩的单位和人员，各级人民政府应急管理部门、生产经营单位可以给予表彰和奖励。

第六章　法律责任

第四十四条　生产经营单位有下列情形之一的，由县级以上人民政府应急管理等部门依照《中华人民共和国安全生产法》第九十四条的规定，责令限期改正，可以处5万元以下罚款；逾期未改正的，责令停产停业整顿，并处5万元以上10万元以下的罚款，对直接负责的主管人员和其他直接责任人员处1万元以上2万元以下的罚款：

（一）未按照规定编制应急预案的；

（二）未按照规定定期组织应急预案演练的。

第四十五条　生产经营单位有下列情形之一的，由县级以上人民政府应急管理部门责令限期改正，可以处1万元以上3万元以下的罚款：

（一）在应急预案编制前未按照规定开展风险辨识、评估和应急资源调查的；

（二）未按照规定开展应急预案评审的；

（三）事故风险可能影响周边单位、人员的，未将事故风险的性质、影响范围和应急防范措施告知周边单位和人员的；

（四）未按照规定开展应急预案评估的；

（五）未按照规定进行应急预案修订的；

（六）未落实应急预案规定的应急物资及装备的。

生产经营单位未按照规定进行应急预案备案的，由县级以上人民政府应急管理等部门依照职责责令限期改正；逾期未改正的，处3万元以上5万元以下的罚款，对直接负责的主管人员和其他直接责任人员处1万元以上2万元以下的罚款。

第七章 附 则

第四十六条 《生产经营单位生产安全事故应急预案备案申报表》和《生产经营单位生产安全事故应急预案备案登记表》由应急管理部统一制定。

第四十七条 各省、自治区、直辖市应急管理部门可以依据本办法的规定，结合本地区实际制定实施细则。

第四十八条 对储存、使用易燃易爆物品、危险化学品等危险物品的科研机构、学校、医院等单位的安全事故应急预案的管理，参照本办法的有关规定执行。

第四十九条 本办法自 2016 年 7 月 1 日起施行。

参 考 文 献

[1] 桂维民. 应急决策论 [M]. 北京：中共中央党校出版社，2007.
[2] 郭丽蓉. 群体性治安事件的构成要件及公安机关预警处置机制 [J]. 兰州交通大学学报，2015，34（2）.
[3] 胡象明. 公共部门决策的理论与方法 [M]. 3版. 北京：高等教育出版社，2016.
[4] 李文乐. 群体性突发事件政府信息发布机制研究——以重庆出租车罢运事件为例 [D]. 重庆：重庆师范大学，2010.
[5] 刘德海. 群体性突发事件中政府机会主义行为的演化博弈分析 [J]. 中国管理科学，2010，18（1）.
[6] 罗党，王淑英. 决策理论与方法 [M]. 北京：机械工业出版社，2011.
[7] 乔晓征，朱力. 谣言在群体性突发事件中的发生机制 [J]. 江苏警官学院学报，2007，（1）.
[8] 宋筱婷. 应急决策法制化研究 [M]. 北京：知识产权出版社，2014.
[9] 陶国根，黄毅峰. 群体性突发事件中的网络谣言分析及控制策略 [J]. 中国井冈山干部学院学报，2011，4（3）.
[10] 童星，张海波. 群体性突发事件及其治理——社会风险与公共危机综合分析框架下的再考量 [J]. 学术界，2008，（2）.
[11] 王东华. 关于积极预防和妥善处置新时期群体性事件的对策与思考 [J]. 公安研究，2004，（3）.
[12] 王晖，何振. 转型期群体性突发事件与县级政府应急能力研究 [J]. 求索，2011，（1）.
[13] 王勇. 群体性突发事件处理与信息公开 [J]. 行政与法，2012，（11）.
[14] 吴春阳. 新媒体视角下的高校群体性突发事件网络舆情应对策略研究 [J]. 河南工业大学学报（社会科学版），2015，11（4）.
[15] 武超群. 高等学校群体性突发事件网络传播规律探究 [J]. 沈阳农业大学学报（社会科学版），2012，14（3）.
[16] 于建嵘. 当前我国群体性事件的主要类型及其基本特征 [J]. 中国政法大学学报，2009，（6）.
[17] 赵红雷. 论公共安全危机中机会的识别与开发 [J]. 湖北警官学院学报，2012，25（6）.
[18] 钟开斌. 应急决策——理论与案例 [M]. 北京：社会科学文献出版社，2014.